国学句典

国学名句中的智慧

袁小兵◎编著

时事出版社
北京

图书在版编目（CIP）数据

国学句典：国学名句中的智慧 / 袁小兵编著 .—北京：时事出版社，2020.1

ISBN 978-7-5195-0363-5

Ⅰ . ①国… Ⅱ . ①袁… Ⅲ . ①国学 – 名句 – 汇编 Ⅳ . ① Z126

中国版本图书馆 CIP 数据核字（2019）第 278159 号

出 版 发 行：时事出版社
地　　　址：北京市海淀区万寿寺甲 2 号
邮　　　编：100081
发 行 热 线：（010）88547590　88547591
读者服务部：（010）88547595
传　　　真：（010）88547592
电 子 邮 箱：shishichubanshe@sina.com
网　　　址：www.shishishe.com
印　　　刷：三河市华润印刷有限公司

开本：670 × 960　1/16　印张：20　字数：310 千字
2020 年 1 月第 1 版　2020 年 1 月第 1 次印刷
定价：58.00 元
（如有印装质量问题，请与本社发行部联系调换）

前言

传统文化经典是中国传统文化的重要组成部分，而善于用典更是中国语言文化的一大特色。在说话、写作的过程中，引经据典，借助历史故事和古代名句表达想法和意见，已经成为中国人的文化习惯。中华文化历史悠久，汉语文字博大精深，造就了用典的文化传统。尤其是在需要表达意思而又不便明说，或者三言两语难以透彻表达出来时，学会用典更能起到画龙点睛的作用。

千百年来，古代名句名典被人们广为传诵，其中凝结了中华民族伟大的思想创造和强烈的性情表达，有的深刻反映了当时的社会现实，有的蕴含深刻的哲理思想，有的具备独特的语言美感。自古以来，用典的范围十分广阔，历史、哲学、地理、政治、民生、军事等各个方面，包罗万象，世情百态无所不有。

学典用典，不但能够对我们的生活、工作、学习起到积极的作用，还能够提高修养、陶冶性情，成为我们不可替代的精神食粮。中国历史文化如明珠般璀璨多姿，“腹有诗书气自华”，悠远的历史为我们创造出了鲜活精彩的语言和文字，好的句典会给人如沐春风之感。学典用典，可以让古人的思想滋养我们的心灵，提高自身修养；学典用典，可以让我们的语言简洁而又意味深长，提高自己在社交上的魅力。学典用典，学习和品鉴中国历史的精华，让我们懂得以史为鉴，指导自己的人生。

那么，“典”从哪里来？大量的句典来源于古代文化的积累，从古老的六艺到十三经，从前四史到二十四史，再加上历代思想家、文学家的各类著作，可谓汗牛充栋、数不胜数。这其中的每一句话都代表着中华文明的精华。本书从现代人的角度出发，从政治处事、道德修养、个人奋斗、人才选拔、改革立法、经济民生、教育哲学、军事谋略、历史文学等方面归类，提炼了古代句典的精华，诸多条目相互联系而又各自独立，为读者朋友们阅读和认知提供了极大的便利。

本书的板块设置适应现代人快节奏的阅读习惯，每个条目分为两个板块：经典和解读。“经典”含出处、原文、翻译等；“解读”则是针对名句名典所进行的简要的评论和赏析，切中要点，并结合现代社会人们遇到的问题，引导读者由浅入深地思考。

学典是为了用典，我们的目标是把句典这座语言的宝库展现给读者，让大家在学习的同时，可以吸收传统文化的精髓，并得到教益。

愿本书能成为你的良师益友，学而用之，融入日常生活和工作，更快地抵达成功。

目　录

第一章　敬民为政：

但愿苍生俱饱暖，不辞辛苦出山林

第二章 立德修身：

宁静可以致远，淡泊可以明志

039　莫见乎隐，莫显乎微，故君子慎其独也
040　己欲立而立人，己欲达而达人
041　益者三友，友直、友谅、友多闻
042　不患人之不己知，患不知人也
042　人而无信，不知其可也
043　士不可以不弘毅，任重而道远
044　凡观物有疑，中心不定，则外物不清；吾虑不清，则未可定然否也
045　反听之谓聪，内视之谓明，自胜之谓强
046　才者，德之资也；德者，才之帅也
047　忠信谨慎，此德义之基也；虚无谲诡，此乱道之根也
048　质胜文则野，文胜质则史。文质彬彬，然后君子
048　仁者不乘危以邀利
049　言忠信，行笃敬
049　失信不立
050　巧诈不如拙诚
051　勿以恶小而为之，勿以善小而不为
052　不戚戚于贫贱，不汲汲于富贵
052　以约失之者，鲜矣
053　君子之过也，如日月之食焉。过也，人皆见之；更也，人皆仰之
054　君子求诸己，小人求诸人
054　君子泰而不骄，小人骄而不泰
055　但攻吾过，毋议人非
056　自静其心延寿命，无求于物长精神
056　胜败兵家事不期，包羞忍耻是男儿
057　将相顶头堪走马，公侯肚里好撑船
058　我自横刀向天笑，去留肝胆两昆仑
059　心似白云常自在，意如流水任东西
059　历览前贤国与家，成由勤俭破由奢

060　由俭入奢易，由奢入俭难
061　不自见，故明；不自是，故彰；不自伐，故有功；不自矜，故长
062　江海不与坎井争其清，雷霆不与蛙蚓斗其声

第三章　力学笃行：

千磨万击还坚劲，任尔东西南北风

065　一勤天下无难事
065　合抱之木，生于毫末；九层之台，起于累土
066　图难于其易，为大于其细。天下难事，必作于易；天下大事，必作于细
067　慎易以避难，敬细以远大
067　耳闻之不如目见之，目见之不如足践之
068　不受虚言，不听浮术，不采华名，不兴伪事
069　善学者尽其理，善行者究其难
070　行百里者半九十
071　单则易折，众则难摧
072　路漫漫其修远兮，吾将上下而求索
072　积力之所举，则无不胜也；众智之所为，则无不成也
073　涉浅水者见虾，其颇深者察鱼鳖，其尤甚者观蛟龙
074　苟利国家生死以，岂因祸福避趋之
075　天行健，君子以自强不息
075　富贵不能淫，贫贱不能移，威武不能屈
076　吾生也有涯，而知也无涯
077　知之者不如好之者，好之者不如乐之者
078　不积跬步，无以至千里；不积小流，无以成江海
079　独学而无友，则孤陋而寡闻
080　纸上得来终觉浅，绝知此事要躬行

081 博学之，审问之，慎思之，明辨之，笃行之

082 夫道不欲杂，杂则多，多则扰，扰则忧，忧而不救

083 为天地立心，为生民立命，为往圣继绝学，为万世开太平

084 博观而约取，厚积而薄发

084 为学之道，必本于思

085 不深思则不能造于道，不深思而得者，其得易失

086 凡贵通者，贵其能用之也

087 老骥伏枥，志在千里；烈士暮年，壮心不已

088 燕雀安知鸿鹄之志哉

089 疾风知劲草

090 不入虎穴，不得虎子

091 不鸣则已，一鸣惊人

092 天生我材必有用

093 临渊羡鱼，不如退而结网

093 不经一事，不长一智

094 锲而舍之，朽木不折；锲而不舍，金石可镂

095 志不立，天下无可成之事

095 筑室于道谋，是用不溃于成

096 少成若天性，习惯如自然

097 人生在勤，不索何获

098 凡百事之成也必在敬之，其败也必在慢之

098 无以待之，则十百而乱；有以待之，则千万若一

099 形人而我无形，则我专而敌分

第四章 选贤任能：

人才不振，无以成天下之务

103 人材者，求之则愈出，置之则愈匮

104　盖有非常之功，必待非常之人
105　千人之诺诺，不如一士之谔谔
106　不知人之短，不知人之长，不知人长中之短，不知人短中之长，则不可以用人，不可以教人
107　骏马能历险，力田不如牛。坚车能载重，渡河不如舟
107　一花独放不是春，百花齐放春满园
108　万物并育而不相害，道并行而不相悖
109　己所不欲，勿施于人
110　智者求同，愚者求异
111　橘生淮南则为橘，生于淮北则为枳
112　明者因时而变，知者随事而制
113　立天下之正位，行天下之大道
113　国虽大，好战必亡；天下虽安，忘战必危
114　志合者，不以山海为远
115　千里同好，固于胶漆，坚于金石
116　日月不同光，昼夜各有宜
116　未之见而亲焉，可以往矣；久而不忘焉，可以来矣
117　济济多士，文王以宁
118　虽楚有材，晋实用之
119　有贤而不知，一不祥；知而不用，二不祥；用而不任，三不祥
120　家贫则思良妻，国乱则思良相
121　夜光之珠，不必出于孟津之河；盈握之璧，不必采于昆仑之山
121　君子用人如器，各取所长
122　一沐三捉发，一饭三吐哺
123　善疑人者，人亦疑之；善防人者，人亦防之
124　不以言举人，不以人废言
125　相马失之瘦，相士失之贫
126　黄金累千，不如一贤

第五章　革故鼎新：

路漫漫其修远兮，吾将上下而求索

第六章　经济民生：

万言经济略，策太平基

172 天下熙熙，皆为利来；天下攘攘，皆为利往

173 治国之道，必先富民。民富则易治也，民贫则难治也

174 国多财则远者来，地辟举则民留处，仓廪实则知礼节，衣食足则知荣辱

175 不富无以养民情，不教无以理民性

176 筑城者，先厚其基而求其高；畜民者，先厚其业而后求其赡

177 民者邦之本，财者民之心，其心伤则其本伤，其本伤则枝干颠瘁，而根柢蹶拔矣

178 国侈财用费，用费则民贫，民贫则奸智生，奸智生则邪巧作

179 取之有度，用之有节，则常足；取之无度，用之无节，则常不足

180 善治财者，养其所自来而收其所有余，故用之不竭而上下交足也

181 物之贵贱，系于钱之多少；钱之多少，在于官之盈缩

182 不困，在早图；不穷，在早稼

182 有国有家者，不患寡而患不均，不患贫而患不安。盖均无贫，和无寡，安无倾

183 安民则惠，黎民怀之

184 臣闻国之兴也，视民如伤，是其福也；其亡也，以民为土芥，是其祸也

185 一粥一饭，当思来处不易；半丝半缕，恒念物力维艰

185 六畜不育于家，瓜瓠荤菜百果不备具。国之贫也

186 农夫无草莱之事则不比，商贾无市井之事则不比

187 足寒伤心，民寒伤国

188 财之多少有无，非古人为国之所患。所患者，谋虑取舍，定计数，必治功之间耳

188 一丛深色花，十户中人赋

189 用财有节，则天下虽贫，其富易致也；用财无节，则天下虽富，其贫亦易致也

190 主奢一则下奢一，主奢五则下奢五，主奢十则下奢十

191　忧民之溺，由己之溺；忧民之饥，由己之饥

192　愿移灾咎及予躬，免使苍生受憔悴

第七章　教育哲学：

无药可延卿相寿，有钱难买子孙贤

197　一年之计，莫如树谷；十年之计，莫如树木；终身之计，莫如树人

198　虽有至圣，不生而知；虽有至材，不生而能

199　夫善国者，莫先育才；育才之方，莫先劝学

200　列士并学，能终善者为师

201　师严然后道尊，道尊然后民知敬学

201　古之学者必有师。师者，所以传道授业解惑也

203　弟子不必不如师，师不必贤于弟子

203　博学而笃志，切问而近思

204　观天下书未遍，不得妄下雌黄

205　读书患不多，思义患不明。患足已不学，既学患不行

206　君子之学必日新。日新者，日进也；不日新者，必日退，未有不进而不退者

207　学者有二病：积学未厚而用之遽，养德未足而谈有余

208　学易而好难，行易而力难

209　教妇初来，教儿婴孩

210　有偏宠者，虽欲以厚之，更所以祸之

211　爱其子而不教，犹为不爱也；教而不以善，犹为不教也

212　道生一，一生二，二生三，三生万物

213　天之所能者，生万物也；人之所能者，治万物也

214　物无妄然，必由其理

215　有无相生，难易相成，长短相形，高下相倾，音声相和，前后相随，恒也

216 故坚强者死之徒，柔弱者生之徒。是以兵强则灭，木强则折。强大处下，柔弱处上
217 不清不见尘，不高不见危，不广不见削，不盈不见亏
218 道可道，非常道；名可名，非常名。无名天地之始；有名万物之母
219 自细视大者不尽，自大视细者不明
220 尺之木必有节目，寸之玉必有瑕瓋
221 人之所欲，适与天相值实难
222 凡见识出于道理者第一，出于气质者第二，出于世俗者第三，出于自私者为下
223 闻之而不见，虽博必谬；见之而不知，虽识必妄；知之而不行，虽敦必困
224 天道之数，至则反，盛则衰
225 人法地，地法天，天法道，道法自然
226 循名实而定是非，因参验而审言辞
227 千丈之堤，以蝼蚁之穴溃；百尺之室，以突隙之烟焚
228 木秀于林，风必摧之；堆出于岸，流必湍之；行高于人，众必非之
229 大直若屈，大巧若拙，大辩若讷
230 是是、非非谓之知，非是、是非谓之愚
231 旧书不厌百回读，熟读深思子自知
232 读书之法，在循序而渐进，熟读而精思
232 非学无以成才，非志无以成学
233 士别三日，即更刮目相待
234 人之为学，不日进则日退
235 尽信书，则不如无书
235 好读书，不求甚解
236 染于苍则苍，染于黄则黄

265　千军易得，一将难求
266　以战去战，虽战可也
267　民勇者，战胜；民不勇者，战败。能壹民于战，民勇；不能壹民于战者，民不勇
268　攻在于意表，守在于外饰
269　几时拓土成王道？从古穷兵是祸胎
270　出其所不趋，趋其所不意
271　兵以诈立，以利动，以分合为变者也
272　善为兵者阴谋。阴谋之守坚于城，阴谋之攻惨于兵
272　计熟事定，举必有功
273　无路请缨，等终军之弱冠；有怀投笔，慕宗悫之长风
274　朔气传金柝，寒光照铁衣
275　醉卧沙场君莫笑，古来征战几人回

第九章　历史文学：

人事有代谢，往来成古今

279　疑今者，察之者；不知来者，视之往
280　明镜所以照形，古事所以知今
281　得道者多助，失道者寡助
282　靡不有初，鲜克有终
283　情者文之经，辞者理之纬；经正而后纬成，理定而后辞畅。此立文之本源也
284　太山之高，背而弗见；秋毫之末，视之可察
285　风翻白浪花千片，雁点青天字一行
286　褚小者不可以怀大，绠短者不可以汲深
287　舟车所至，人力所通，天之所覆，地之所载，日月所照，霜露所坠。凡有血气者，莫不尊亲，故曰配天
288　笼天地于形内，挫万物于笔端

289　观古今于须臾，抚四海于一瞬

290　前事之不忘，后事之师

291　武人之刀，文士之笔，皆杀人之具也

292　立身先须谨重，文章且须放荡

293　吟安一个字，捻断数茎须

293　言以载事，而文以饰言，事信言文，乃能表见于后世

294　文章切忌参死句

294　炼句不如炼字，炼字不如炼意，炼意不如炼格

295　闭门觅句非诗法，只是征行自有诗

296　但写真情与实境，任他埋没与流传

296　才生思，思生调，调生格。思即才之用，调即思之境，格即调之界

297　物须见少方为贵，诗到能迟转是才

298　都云作者痴，谁解其中味

298　诗有天然物色，以五彩比之而不及，由是言之，假物不如真象，假色不如天然

299　句中池有草，字外目俱蒿

300　文章最忌百家衣

300　写出此身真阅历，强于钉饾古人书

第一章

敬民为政

但愿苍生俱饱暖，
不辞辛苦出山林

人视水见形，视民知治不

【经典】

出自（西汉）司马迁《史记·殷本纪第三》

汤征诸侯葛伯不祀，汤始伐之。汤曰：“予有言：人视水见形，视民知治不。”伊尹曰：“明哉！言能听，道乃进。君国子民，为善者皆在王官。勉哉，勉哉！”

看到水中的倒影，可以知道自己的样子；聆听民众的意见，可以知道施政的得失。

【解读】

这个典故出自司马迁《史记·殷本纪》。“殷”指的是历史上的商朝，其开国君主叫“汤”，也就是我们常说的“商汤”。

“不”在这里音 fǒu，是“否”的通假字。

简单来说，这个典故讲的就是“以民情为镜子”，是有据可查的最早的“镜子论”。这也说明早在两千多年前，我们的先人就已经认识到了民情的重要性，知道了民情才是衡量施政措施的重要标准。

到了后世，开明的统治者也都非常认同这个观念。例如《诗经·大雅·荡》中有“殷鉴不远，在夏后之世”；《韩非子》中有“镜无见疵之罪，道无明过之怨。目失镜则无以正须眉，身失道则无以知迷惑”；唐太宗有“以铜为镜，可正衣冠；以古为镜，可知兴替；以人为镜，可明得失”等。

政之所兴在顺民心，政之所废在逆民心

【经典】

出自《管子·牧民·四顺》

政之所兴在顺民心，政之所废在逆民心。民恶忧劳，我佚乐之；民恶

贫贱，我富贵之；民恶危坠，我存安之；民恶灭绝，我生育之。

政权之所以能够兴盛，是因为顺应了人民的需求；政权之所以废弛，是因为违背了人民的愿望。

【解读】

管子（约前723—前645年），名夷吾，“仲”是他的字，春秋时代齐国著名的政治家、经济学家、哲学家和军事家。他在担任齐国相国的时候，内部施行富国强兵政策，对外采取尊王攘夷，曾九合诸侯，辅佐齐桓公成为春秋五霸之首。

《管子》现存76篇，内容极丰，包含儒、道、法、兵、名、阴阳等诸子百家的思想，囊括了天文、地理、经济、农业等各方面的内容。从后世的考证来看，这部书是后人假托管仲的名义创作的，而且也不是一人一时的创作，但是这并不妨碍这部作品的伟大性。

在古代的中国，人们的思想比较自由，也不认同一家一姓的统治。例如上古神话中精卫填海、后羿射日等神话，都代表着对专制统治的反抗；而三代时期的“伊尹放太甲”“国人暴动”都说明，臣民可以驱赶无道的君王；到了秦朝，陈胜吴广更是喊出了“王侯将相宁有种乎”的口号。这些都充分说明，天下“唯有德者居之”。

那么什么样的统治者才是“有德者”呢？其实判断的标准很简单，只要看看他的子民能不能安居乐业就知道了。在古今中外的历史上，如果老百姓饥寒交迫卖儿卖女，那么很快就会发生大规模的反抗，朝代也可能会更替；如果老百姓衣食无忧安居乐业，那么统治者会受到人民的爱戴，国力会蒸蒸日上，国祚也会更加长久。

乐民之乐者，民亦乐其乐；忧民之忧者，民亦忧其忧

【经典】

出自（战国）孟子《孟子·梁惠王下》

齐宣王见孟子于雪宫。王曰：“贤者亦有此乐乎？”孟子对曰：“有。人不得则非其上矣。不得而非其上者，非也；为民上而不与民同乐者，亦非也。乐民之乐者，民亦乐其乐；忧民之忧者，民亦忧其忧。乐以天下，忧以天下，

然而不王者，未之有也。……”

（国君）把老百姓的快乐当成自己的快乐，那么老百姓也会把（国君）的快乐当成自己的快乐；（国君）把老百姓的忧患当成自己的忧患，那么老百姓也会把（国君）的忧患当成自己的忧患。

【解读】

孟子（约前 372—前 289 年），名轲，字子舆，战国时期邹国（今山东邹城）人。孟子是仅次于孔子的儒家代表人物，也是著名的哲学家、思想家、政治家、教育家。

他在这里提出，国君的利益必须要和人民的利益保持一致，如果能做到这一点，必然能够得到人民的支持。这句话是孟子“仁政”思想的一个重要组成部分，也就是通常所说的“以民为本”。

我们常说的“以民为本”“鱼水之情”也是从这句话发展出来的。为政者如果能够倾心为民、乐民之乐、忧民之忧，民众自然也能感受到政府的诚意，会发自内心地拥护和支持政府。“以民为本”“以人为本”是通过一件件实事体现出来的，这些实事不仅包括推动经济社会发展和惠及全社会的“大事”，也包括和老百姓的生活息息相关的“小事”。说的再具体一点，那么“乐民之乐”就是让社会发展的成果惠及每一个百姓；“忧民之忧”就是对百姓的疾苦感同身受，及时为百姓排忧解难。

德莫高于爱民，行莫贱于害民

【经典】

出自（战国至秦）《晏子春秋·内篇·问下》

叔向问晏子曰：“意孰为高？行孰为厚？”对曰：“意莫高于爱民，行莫厚于乐民。”又问曰：“意孰为下？行孰为贱？”对曰：“意莫下于刻民，行莫贱于害身也。”

最高尚的品德，莫过于爱民如子；最卑劣的行为，莫过于戕害百姓。

【解读】

晏婴（？—前 500 年），亦称“晏子”，字平仲，春秋时期齐国著名政治家、思想家、外交家。

晏子在这里提出，“爱民”是最高尚的德政，“害民”最令人不齿。虽然这是古人在两千多年前说的话，但对于现代社会仍然有着积极的意义。例如“爱民”，它强调的是立场和要求的结合。作为立场，它要求在工作中，尤其是领导者，不要忘记自己的服务对象是谁，要清楚自己的工作不是为了个人私利或者某个利益集团；作为要求，它要求为政一方者要时刻牢记人民群众的疾苦。如果对民生没有好处，只是所谓的“形象工程”“面子工程”之类的政绩，就坚决不能上马，更不用说对人民群众不利的那些事情了。

利民之事，丝发必兴；厉民之事，毫末必去

【经典】

出自（清）万斯大《周官辨非·天官》

圣人之治天下，利民之事，丝发必兴；厉民之事，毫末必去。

对人民有利的事情，即使再小也要推行；对人民有害的事情，即便再小也必须革除。

【解读】

万斯大（1633—1683 年），字充宗，别字褐夫，晚号跛翁，浙江鄞县（今宁波）人，清初著名经学家。

群众利益无小事，如果对百姓有利，再小也要做；如果对百姓有危害，再小也要祛除。对于领导干部来说，这句话既是一种工作态度，也是具体的工作方法。好高骛远、空话连篇，不如俯下身子去做一件微不足道的小事、实事，解决群众最关心、最迫切的问题，解决与群众利益切身相关的问题，将工作做到实处，让群众获得切实的利益，让人民群众更加满意。

一个政策究竟是“利民”还是“厉民”，不是为政者拍脑袋想出来的，而是根据人民群众的态度决定的。群众为之欢欣鼓舞，说明这个政策是正确的，应该继续推行并加以发展；如果群众不堪其扰，就说明这个政策是错误或者有较大疏漏的，需要尽快废止或者调整。

知屋漏者在宇下，知政失者在草野

【经典】

出自（东汉）王充《论衡·书解》

知屋漏者在宇下，知政失者在草野，知经误者在诸子。

只有在房屋下的人，才能知道房屋是否漏雨；也只有在民间，才能知道政治是否有过失。

【解读】

王充（27—约 97 年），字仲任，东汉哲学家、思想家、文学批评家，会稽上虞（今浙江绍兴上虞）人。

王充认为，为政者不能远离群众实际，只有亲身经历才能够知道政策的得失。用现代的话来讲，就是不能高高在上，不能脱离群众、脱离现实，必须走群众路线。

任何一个政策的成败得失，只有群众才有资格评价，因为他们亲身经历过这些政策的实施过程，知道对他们有益与否。如果一个从政者想要知道真实的舆情和为政的得失，就必须走到群众之中才可以，因为这些关系到他们的切身利益，他们不会阿谀奉承、精心安排甚至刻意导演。只有了解到真实的民情、舆情，才能够知道哪些政策是符合群众利益的，哪些政策是不受群众欢迎的，才能够制订出真实可行的政策，才能够获得群众的认可。如果不听取这些来自于民间的声音，就是闭门造车，完全不符合“为人民服务”的宗旨。

政者，正也。其身正，不令而行；其身不正，虽令不从

【经典】

出自《论语》

季康子问政于孔子。孔子对曰：“政者，正也。子帅以正，孰敢不正？”

子曰："其身正，不令而行；其身不正，虽令不从。"

自己的品行端正，即使不发布命令，老百姓也会去施行；自身品行不端正，即使发布命令，老百姓也不会服从。

【解读】

孔子（前551—前479年），名丘，字仲尼，春秋末期鲁国陬邑（今山东曲阜）人，中国古代思想家、教育家，儒家学派创始人。

这里面"政"的意思是品行端正。

孔子要求为政者必须首先端正自己的行为。他认为，"政"就是端正，如果为政者自身首先做到了品行端正，那么剩下的人谁又敢不端正自己的品行呢？随后他又在《子路》一篇进行了详细的解释，告诉我们首先要做到自身端正的重要性，以及会产生什么样的效果。

民间有句俗话叫"正人先正己"，讲的就是这个道理。我们常说领导者要注意自己的一言一行，就是要求他以身作则，率先垂范，发挥模范带头作用。如果他连自己制定的政策法令都不遵守，又如何能够希望其他人遵守呢？只要自己切实遵守了，就算不用下命令，大家也会自觉地去遵守，才可以让政令更迅速、更切实地推行下去。

大道之行，天下为公

【经典】

出自（西汉）戴圣《礼记·礼运》

大道之行也，天下为公，选贤与能，讲信修睦。故人不独亲其亲，不独子其子，使老有所终，壮有所用，幼有所长，矜、寡、孤、独、废疾者皆有所养；男有分，女有归。

大道通行于天下的时候，天下是大家所公有的。

【解读】

戴圣（生卒年不详），字次君，祖籍梁国甾县（今河南省商丘市民权县），出生于梁国睢阳（今河南省商丘市睢阳区）。戴圣是西汉时期的学者、经学家，曾经编写了《礼记》，世称"小戴"。

“大道之行，天下为公”是孔子的理想，当“大道”得到施行之后，天下就是所有人所共有的，就可以实现“老有所终，壮有所用，幼有所长，矜（guān，通‘鳏’）寡孤独废疾者皆有所养”的大同世界。然而在漫长的封建社会中，这个理想是不可能实现的，只能是一个美好的梦想，但是也正是一代代的仁人志士有着这样一个美好的梦想，并且为之进行着不懈的努力，才让中国成为强国，傲立于世界民族之林。

从马克思主义的哲学观念来看，不管是按劳分配的社会主义社会，还是按需分配的共产主义社会，都和孔子心目中的大同社会有着极大的相似性，也都是人类希望达到的最高级的社会。当社会的生产力得到极大的发展之后，物质的需求就不再是问题，精神上的需求也得到了满足，天下大同自然也就到来了。

修其教不易其俗，齐其政不易其宜

【经典】

出自（西汉）戴圣《礼记·王制》

凡居民材，必因天地寒暖燥湿，广谷大川异制。民生其间者异俗：刚、柔、轻、重、迟、速异齐，五味异和，器械异制，衣服异宜。修其教不易其俗，齐其政不易其宜。中国、戎夷五方之民，皆有其性也，不可推移。

加强对他们的教化，无需改变他们的风俗；统一他们的政令，无需改变他们的生活习惯。

【解读】

在先秦时期，“中国”这个词语指的是现代意义中的中原地区，除此之外的地区指的是儒家口中的“蛮夷”。即便是儒家口中的“中国”这个文明地区，也有着大大小小的几百个诸侯国。由于交通不便，各个诸侯国都有着自己独特的文化和风俗习惯，到了秦始皇统一六国并征服南方之后，这些地区差异变成了一个严重的问题，严重影响到国家的统一性，所以秦始皇才会推行“书同文，车同轨，行同伦”、统一度量衡和货币。可以说正是有了秦始皇的这些举措，才使得中国虽然历经劫难，仍然保证了国家和民族的统一性。然而我们也可以看到，雄才大略的秦始皇没有强行改变各地的风俗习惯，仍然让他们按照自己本来的生活方式继续生活，也正是因为秦始皇这个高瞻远瞩的举措，才让六国和被征服地的百姓对秦国的征服没有那么抵触，让中国第一次完成了大一统。

对于一个国家的政权来说，某个地区的某个风俗并不会对整体的管理造成影响，所以在中国古代统一和发展的历史中，一直都很重视对被征服地区人们风俗习惯的尊重，这种做法让征服的成本大大降低，也为后代留下了不同的民族文化，正是有了这些不同，才让我们的民族文化更加灿烂。

为国不可以生事，亦不可以畏事

【经典】

出自（北宋）苏轼《因擒鬼章论西羌夏人事宜札子》

夫为国不可以生事，亦不可以畏事。畏事之弊，与生事均。譬如无病而服药，与有病而不服药，皆可以杀人。夫生事者，无病而服药也。畏事者，有病而不服药也。

治理国家不可以随意制造事端，但是当有了事端的时候，也不能因为害怕而不敢面对。

【解读】

苏轼（1037—1101 年），字子瞻，号东坡居士，眉州眉山（今属四川省眉山市）人，唐宋八大家之一，北宋著名的文学家、书法家、画家。

苏轼认为，如果随便制造事端，就像人没有病去喝药一样，会破坏原来良好的平衡；而有了事端不敢处理，就像有了病不去吃药，本来能够轻松解决的小事，却因为不敢采取果断的措施而最终陷入无法挽回的局面。

在当前这个时期，改革程度日益加深，“生事”“畏事”这些都是要不得的，会破坏我们目前的大好局面。“生事”有两个方面：从小的方面说，是不可以朝令夕改，让人民群众无所适从；从大的方面讲，是要保持制度的稳定，让人民群众对政府充满信心。而“畏事”也分为大小两个方面：小的方面就是不能听到某些风言风语就丧失了信心，必须坚定信念；而大的方面则是有了某项于民有益的措施或者政策时，不能因为害怕损害某些集团的利益而不敢实施。

治国犹如栽树，本根不摇则枝叶茂荣

【经典】

出自（唐）吴兢《贞观政要·政体第二》

太宗谓侍臣曰："往昔初平京师，宫中美女珍玩，无院不满。炀帝意犹不足，征求无已，兼东西征讨，穷兵黩武，百姓不堪，遂致亡灭。此皆朕所目见。故夙夜孜孜，惟欲清净，使天下无事。遂得徭役不兴，年谷丰稔，百姓安乐。夫治国犹如栽树，本根不摇则枝叶茂荣。君能清净，百姓何得不安乐乎？"

治国就像栽树一样，只要根基牢固不摇动，自然能够枝繁叶茂。

【解读】

吴兢（670—749年），汴州浚仪（今河南开封）人，唐朝著名史学家。

《贞观政要》这本书记载的是唐太宗和他的大臣关于如何"为政"的对话，其中很多言论都非常精辟，后世的政治家也从中获得了很多启迪。

在这段话中，唐太宗分析隋朝灭亡的原因主要有两点：一个是隋炀帝欲壑难填，一个是穷兵黩武，这两点都给人民带去了沉重的负担，最后不堪重负的人民只有通过造反而死中求活。他也从此总结出了自己的治国之道：惟欲清净、徭役不兴。

唐太宗把人民比作"本根"，把政权比作"枝叶"，应该是受到了"民为贵、君为轻"思想的影响。这种思想无疑是正确的，就像前面说的"乐民之乐者，民亦乐其乐；忧民之忧者，民亦忧其忧"，只有获得了人民群众的支持，政权才会有强大的生命力，才能够永葆青春。为政者解决老百姓的温饱问题，让他们不至于流离失所，其实就是在巩固自己的统治基础，最终受益的还是自己。

以实则治，以文则不治

【经典】

出自（清）唐甄《潜书·权实》

然有治不治者，以实则治，以文则不治。若徒以文也，譬之优偶之戏，衣冠言貌，陈事辨理，无不合度，而岂其实哉！

工作落到了实处，百姓自然安居乐业；而一味文饰浮夸，百姓必然不得安宁。

【解读】

唐甄（1630—1704 年），初名大陶，字铸万，号圃亭，四川省达县（今四川省达州市通川区蒲家镇）人，明末清初的思想家和政论家。

纵观古今中外，任何一个成绩都是实实在在做出来的，而不是说出来的。例如中国的晋朝，士大夫们崇尚清谈，不愿意俯下身子做实务，认为做实务的官员都是“浊官”。然而残酷的事实却告诉了他们，不为老百姓做实事就是在自掘坟墓，接踵而来的五胡乱华、衣冠南渡，使原本大一统的晋朝变成苟安一隅的“东晋”，在历史上留下了“清谈误国”的教训。

每一个人都有自己的理想，自己的计划和自己的目标。很多人的理想、计划、目标显得那么的宏伟，让人一听觉得这个人志向远大，但是他们却一直都是理想、计划、目标，从来不见付诸行动，自然也就没有实现的可能了。不积跬步无以至千里，不采取行动，成功永远都是遥不可及；而只要有了行动，哪怕只是前进了一小步，是离成功接近了一小步，就有了成功的可能。

不管是学习还是工作，都要严字打头、实字打底，将“严”和“实”贯彻到每一个方面。能否实实在在去做，是判断一个人能力的标准，不能徒陈空文、浮光掠影，要有知难而进、锲而不舍的精神，更要树立求真务实、真抓实干的作风。

审大小而图之，酌缓急而布之；连上下而通之，衡内外而施之

【经典】

出自（明）冯梦龙《东周列国志·第二十六回》

穆公曰："诚如先生之言，遂可以霸天下乎？"蹇叔对曰："未也。夫霸天下者有三戒：毋贪、毋忿、毋急。贪则多失，忿则多难，急则多蹶。夫审大小而图之，乌用贪？衡彼己而施之，乌用忿？酌缓急而布之，乌用急？君能戒此三者，于霸也近矣。"

审视事情的重要程度，然后决定做哪个；斟酌事情的缓急，然后统筹安排；联系事物的上下使其通畅，衡量事物的内外然后实施。

【解读】

冯梦龙（1574—1646 年），字犹龙，南直隶苏州府长洲县（今江苏省苏州市）人，明代的文学家、戏曲家。

冯梦龙在这里提出，做事情前要仔细分析孰大孰小、孰急孰缓，然后抓大放小，先做急迫的，后做能够缓一缓的；在做事情的时候要注意沟通好上下、内外，这样才能够顺利地进行。

从哲学的观点来看，任何事物都是一个系统工程，不可能单独存在，工作尤其如此。当我们开始一项工作的时候，往往会感到千头万绪无从下手，这时候就要仔细分析，哪些是主要的、必须完成的，哪些是次要的、即使去掉也无碍大局的。如此一来，整个工作的安排就会井然有序，做起来也会事半功倍。

所谓"牵一发而动全身"，说的就是任何一个事物都和其他的事物有着这样那样的联系，无法完全分割。所以我们在开始工作的时候，就必须考虑到上上下下、里里外外的关系，只有把所有的关系全部理顺，才会最大限度地减少掣肘和障碍，才可以顺利地把工作进行下去。

为之于未有，治之于未乱

【经典】

出自（春秋）老子《老子·第六十四章》

其安易持，其未兆易谋；其脆易泮，其微易散。为之于未有，治之于未乱。

在事情尚未发生之前，就要做好处理的准备；在祸乱尚未产生之前，就要着手进行治理。

【解读】

老子，姓李名耳，字伯阳，春秋时期思想家，楚国苦县（今河南省鹿邑县）人，道家学派创始人和主要代表人物。

中国人一直都有居安思危的意识，主张“凡事预则立，不预则废”。任何祸患在刚开始的时候都是最脆弱的，如果在一开始就治理，就可以用最小的代价取得最好的效果，而如果等到祸患全面爆发再进行治理，不仅要承担原本可以避免的巨大损失，还要花费难以计数的人力物力。然而老子对此提出了更好的做法，就是在祸患发生之前就采取行动，“防患于未然”，显然要比把祸患消灭在“萌芽状态”“襁褓之中”更进一步。

老子的这个观点还有“防微杜渐”的意思。任何问题的出现都是有征兆的，如果我们能够细心、敏锐地察觉到这些征兆，就可以预先采取措施，把即将发生的问题化解于无形之中。如果对产生的征兆不闻不问，那么将来必然会有问题产生，甚至会带来巨大的祸患。

审度时宜，虑定而动，天下无不可为之事

【经典】

出自（明）张居正《答宣大巡抚吴环洲策黄酋》

但愿审度时宜，虑定而动，天下无不可为之事。况今时则易然耳。

审视天时、形势是否有利，经过深思熟虑后再开始行动，天下就没有做不成的事。

【解读】

张居正（1525—1582年），字叔大，号太岳，湖广江陵（今湖北省荆州市）人，明朝中后期政治家、改革家。

“审度时宜”，说的是做事的时机。形势一直都是处于动态的变化当中的，不可能始终保持不变。同样的一件事，在某个时刻做会取得极好的效果，但是当形势有了改变之后，再去做很有可能就没有这样的效果了，甚至会弄巧成拙。就像“刻舟求剑”这个故事，就是一个典型的没有考虑形势变化的例子。所以我们决定要做某件事情的时候，一定要结合当时的形势进行考虑，这个时候去做是不是合适？是不是将来还会有更好的机会？能够将效果最大化的时机，才是最好的时机。当然这个想法是理想化的，现实中很少有人会等到这样好的时机，但是有了这个思想，就会懂得分析利弊得失，采取行动的时候就能够尽量避免不利的因素，利用有利的因素。

“虑定而动”，说的是做事的方法和影响。即使是应该做、合适做的事情，如果做事的方法不对，也不会取得比较好的效果。而影响则分为两种情况，有因为做了这件事情受益的，也有因为做了这件事情利益受损的。所以做事的时候必须考虑清楚有多少利益是增加的、有多少利益是受损的，只要受益的比受损的多，就能够获得多数人的拥护，这件事情才能够顺利地进行下去。

临大事而不乱，临利害之际不失故常

【经典】

出自（北宋）苏轼《策略四》《陈侗知陕州制》

夫宽深不测之量，古人所以临大事而不乱，有以镇世俗之躁，盖非以隔绝上下之情，养尊而自安也。

——《策略四》

敕陈侗：士临利害之际而不失故常者，鲜矣。

——《陈侗知陕州制》

当大事来临时不心慌意乱。

在利害攸关的时候，要能够保持平常状态。

【解读】

这两句话都是苏轼说的，其中“临大事而不乱”，出自宋仁宗嘉祐五年（1060 年）苏轼应制科考试的试卷《策略四》；“临利害之际不失故常”，出自苏轼任翰林学士知制诰时为皇帝代拟的圣旨《陈侗知陕州制》。这两句话表达了一种镇定沉着、从容不迫的处事态度，因此经常被一起引用。对于多数人来说，遇到了大事或者紧急情况时，就会惊慌失措，无法保持正常的心态，苏轼认为这样是不对的，应该“临大事而不乱，临利害之际不失故常”。发生了大事，不惊慌失措才能够权衡利弊得失，才能够采取更好的处理方式；在利益攸关之时，保持平常心才能够不被利益迷惑，做出正确的选择。

万物各得其和以生，各得其养以成

【经典】

出自（战国）荀子《荀子·天论》

列星随旋，日月递炤，四时代御，阴阳大化，风雨博施，万物各得其和以生，各得其养以成。

阴阳二气以不同的方式结合，于是产生了世间万物；世间万物得到了风雨的滋养，于是开始茁壮成长。

【解读】

“和”指的是不同事物之间互相融合，也有和谐有序的意思。世间万物都有自己独有的特点，都遵循着自然界中的规律，正因为它们各司其职、井然有序，这个世界才能够和谐、平衡地发展。

随着社会的发展，这句话也被赋予了更多的内涵，例如人与自然的平衡、和谐发展等。懂得了这句话的道理，我们就会明白，做事情的时候必须顺应社会的发展、考虑到各方面的利益才能够成功。

知其事而不度其时则败

【经典】

出自（唐）陆贽《论缘边守备事宜状》

盖以中夏之盛衰异势，夷狄之强弱异时，事机之利害异情，措置之安危异便。知其事而不度其时则败，附其时而不失其称则成，形变不同，胡可专一。

知道怎么做，但是做的时候不知道审度当时的形势，就会失败。

【解读】

知道某件事情应该做、也知道如何去做是不够的，还要结合当时的形势和环境去做，不然也难以取得成功。例如赵括，说起兵法来头头是道，但是就因为不知道根据实际情况采取变通的措施，最终断送了赵国的 40 万大军；还有“橘生南国为橘，生北国则为枳”，虽然是同一种果树，但是因为环境改变了，水土、气候等自然条件发生了变化，结出的果实当然也就不是同样的味道了。世界上没有一成不变的道理，所以形势改变了，原来能够让事物成立的条件也随之发生了变化，即使是同一件事情，如果条件改变之后仍然采用原来的处理方式，也会产生截然不同的结果，这就是“知其时”的重要性。

随着时间的推移，世事也在产生变化。我们办事情、想问题的时候不能拘泥于以前的方式和思路，必须从实际出发，根据发生的变化提出新的解决方案和新的思路。只有符合当时的情况了，才能更好地解决问题，推动事物向我们希望的方向发展。

其人存，则其政举；其人亡，则其政息

【经典】

出自（战国）子思《礼记·中庸》

文武之政，布在方策。其人存，则其政举；其人亡，则其政息。

执政的人还活着，发布的政令就能执行下去；执政的人去世了，政令就随之废止了。

【解读】

这句话还可以这样理解：当执政者尚在其位的时候，他所发布的政令就可以得到落实；当执政者不在其位了，他发布过的政令也就会随之废止。说明了政治体制具有相当大的残酷性，体现出一种“世态炎凉”的境况。

在儒家思想中，执政的重点在于人。这里所说的“人”不是指“老百姓”或是“人才”，而是指在统治国家时起关键作用的执政者本身。

在国家的统治和管理中，最关键在于执政者和管理层要德才兼备。如能拥有二者兼具的人才，国家大业方能振兴；如果缺乏这样的人才，那么国家的发展和前途将很容易陷入困境。这句话很好地点出了“国以人兴，政以才治”的道理。

天下之本在国，国之本在家，家之本在身

【经典】

出自（战国）孟子《孟子·离娄上》

人有恒言，皆曰天下国家。天下之本在国，国之本在家，家之本在身。

天下的根本在于国家，而统治国家的关键在于管理每一个家庭，而管理好每个家庭的关键在于管理好我们每个人本身。

【解读】

这句话出自《孟子·离娄上》，其主要意思可以用“修身、齐家、治国、平天下”来概括，说明了治理国家的关键在于人，这对于后来的治国方式都有很好的启发和指导。

这句话强调的是，社会稳定和国家发展的本质在于管理好每一个家庭。家庭就好比组成社会的“细胞”，每一个“细胞”都健康，不出问题，社会才会蒸蒸日上，这甚至会关系到民族和国家的命运。在实际生活中，有一些家庭家风严谨，家庭成员素质修养好；有一些家庭则相反，伤风败俗，最终会走向衰亡。

注重家教是中国的文化传统，历史上流传着种种“家训”“家规”“治家名言”等书籍，起到了道德教育的作用。其中的尊老爱幼、勤俭持家、以身作则等教育理念，对营造良好的社会氛围起到了重要作用，成为中国传统文化教育的重要部分。其中，诸如《朱子治家格言》《颜氏家训》等，在代代相传的过程中深深印刻在人们的脑海里，在社会生活中发挥着重要的指导作用。

优良严谨的家风具有重大的社会价值。中国历来认为，优良的家教，优于良好的学堂；严谨的家风，胜于丰厚的家财。古代有一句名言：“积善之家，必有余庆；积不善之家，必有余殃。”简单的几句话，点出了家庭好坏兴败的道理。一个家庭的兴衰，不是由财富的多少决定的，如果没有优良严谨的家风，再多的财富也无法代代相传。

有理而无益于治者，君子弗言；有能而无益于事者，君子弗为

【经典】

出自（战国）尹文《尹文子》下篇

全治而无阙者，大小、多少，各当其分；农商工仕，不易其业。老农、长商、习工、旧仕，莫不存焉，则处上者何事哉？故有理而无益于治者，君子弗言；有能而无益于事者，君子弗为。君子非乐有言，有益于治，不

得不言。君子非乐有为，有益于事，不得不为。故所言者不出于名法权术，所为者不出于农稼军阵，周务而已，故明主任之。

有些言语尽管有道理，但对于治理国家没有好处，作为君子也是缄口不言的；那些对于事业发展没有益处的事情，尽管有能力，作为君子也不会去碰的。

【解读】

这两句话出自《尹文子》，主旨在于劝诫执政者不能单纯凭借自己的才能或权势去作为，而要根据实际情况，进行充分的利弊判断后，再做出更合适的决定。

古代有些官员自称清流，但却借批评时政为名热衷于党争，内斗不止，这种行为早已背离了清流本身的宗旨。尽管他们的议论本身可能是正确的，但于国于民却没有实际的益处。在现代社会中也是如此，自媒体十分发达，有一些平时逃避实际问题的“键盘侠”，用电脑或手机进行网络评论的时候，说的头头是道，对于任何社会问题都有一大堆的建议和意见，虽然貌似有理，细究却只是玩弄文字技巧，大多数言论只是流于空谈，只管评论而不论具体效果，没有实质性的意义。

气乱则智昏，智昏不可以为政

【经典】

出自（西汉）刘安《淮南子·齐俗训》

夫载哀者闻歌声而泣，载乐者见哭者而笑。哀可乐者，笑可哀者，载使然也。是故贵虚。故水击则波兴，气乱则智昏。智昏不可以为政，波水不可以为平。故圣王执一而勿失，万物之情既矣，四夷九州服矣。夫一者至贵，无适于天下。圣人托于无适，故民命系矣。

当人们处于愤怒情绪时，容易头昏脑涨，从而理智混乱。而理智混乱的人是不可以治理国家的。

【解读】

从理性分析的角度看，保持稳定平和的情绪，有利于对形势进行理智的判断。

古语有云："水激则波兴，气乱则智昏""利令智昏，欲令智迷"，这都说明了，人们一旦利欲熏心，就很容易丧失理智，做出不科学的愚笨的决定。所以，真正拥有大智慧的人，善于和情绪和解，会保持稳定的情绪和理智的头脑。

治世以大德，不以小惠

【经典】

出自（西晋）陈寿《三国志·蜀书·后主传》

丞相亮时，有言公惜赦者。亮答曰："治世以大德，不以小惠，故匡衡、吴汉不愿为赦。先帝亦言：吾周旋陈元方、郑康成间，每见启告，治乱之道悉矣，曾不语赦也。若刘景升、季玉父子，岁岁赦宥，何益於治也！"

要想真正把国家治理好，要从大的方面去建功立德，而不是对百姓施以小恩小惠。

【解读】

很多领导者在执政的过程中都会面临"大德"与"小惠"的问题。所谓"大德"，就是从大局的角度去维护社会的和谐稳定，保证大部分民众的利益；所谓"小惠"，则侧重小部分人的权益，这容易造成社会不公，引起动荡不安的局面。这是任何一名出色的管理者都应该要注意和提防的地方。

历史上，有人对于诸葛亮当政时的评价是：其对于赦免非常不宽容。诸葛亮是这样回答的：管理要从大局的角度出发，要对大众施以大恩大德，而不是靠一些小恩小惠。因此，蜀国人对于诸葛亮的治国之道非常佩服。《三国志》的作者陈寿对于诸葛亮的评价是：善于治国理政，不轻易赦免罪犯，目光长远。

在罪犯赦免的问题上，历史上每个朝代都有。严格来说，这是一种政治需要。但是，得看这一制度用得是否合适合时。因为，有时候大赦天下不仅仅是统治者在布施，更是一种收买人心的行为。

当然，在今天这个时代背景之下，已经没有必要去探讨这一举措到底是积极意义大还是消极意义大了。凡事都具有两面性，一件事情往往具有积极意义的同时也具有消极意义。我们更需要思考诸葛亮“治世以大德，不以小惠”这句话，从不同的角度去理解他口中的“大德”和“小惠”。笔者认为，诸葛亮之“大德”，指的是国家富强和人民幸福；而“小惠”，则是指用讨好小部分人去博得好名声。在诸葛亮眼里，赦免是小惠而非大德。把这句话引申到现实中，有些人不考虑大众的利益，而只是专注于用一些小恩小惠收买人心，他们把自己的地位和名望看得太重，而忽略了大局。

显然，施以小恩小惠确实能够为自己赢来一些好人缘，但是从长远来看，这些小恩小惠很难为国家、为人民做出真正的贡献，这是不值得我们学习和提倡的。

理国要道，在于公平正直

【经典】

出自（唐）吴兢《贞观政要·论公平》

玄龄对曰："臣闻理国要道，在于公平正直。故《尚书》云：'无偏无党，王道荡荡。无党无偏，王道平平。'又孔子称'举直错诸枉，则民服'。今圣虑所尚，诚足以极政教之源，尽至公之要，囊括区宇，化成天下。"

太宗曰："此直朕之所怀，岂有与卿等言之而不行也？"

治国理政，关键在于保持公平和正直。

【解读】

《贞观政要》写于唐朝开元、天宝之际。当时社会正处于繁荣昌盛的时期，然而一些潜在危机已经隐隐可窥，当时著名的史学家吴兢素来对政治较为敏感，他察觉到了一些颓败的迹象，认为有必要把唐太宗治国的成功经验进行总结归纳，以对当时的皇帝有警示作用。就是在这样的背景和目的下，《贞观政要》诞生了。一直以来，它对于治国理政都具有很大的指导意义，成为了历朝历代执政者奉为经典的枕边书。

如果不够公正公平，那么一些奸佞之人就会趁机为非作歹，导致正直的人受到冤枉和委屈；而如果能够秉持公正公平的态度，这些人就找不到机会乘虚而入。房玄龄曾经说:“理国要道，在于公平正直，故《尚书》云:‘无偏无党，王道荡荡。无党无偏，王道平平。’又有孔子称‘举直错诸枉，则民服’。”如何做到公平公正，首先就要提高人的道德修养。古语有云:“德者，所以循己也；威者，所以理人也。民之生也，犹铄金在炉，方圆薄厚，随镕制耳。是故世之善恶，俗之薄厚，皆在于君。”说的也是这样的道理。而魏徵在进谏唐太宗的时候，也曾引用《潜夫论》中的一段话:“人君之理，莫大於道德教化也。民有性、有情、有化、有俗。情性者，心也，本也；俗化者，行也，末也。是以上君抚世，先其本而后其末，顺其心而履其行。心情苟正，则奸慝无所生，邪意无所载矣。”在大多数情况下，唐太宗能够做到以礼法为戒尺，赏罚有度，赏罚分明。总而言之，治国理政要本着公平公正的原则和态度，长此以往，才能让社会保持风清气正。

不能治其民，而能强其兵者，未之有也

【经典】

出自《管子·七法》

不能治其民，而能强其兵者，未之有也；能治其民矣，而不明于为兵之数，犹之不可。不能强其兵，而能必胜敌国者，未之有也；能强其兵，而不明于胜敌国之理，犹之不胜也。

不能管理好百姓却能够管理好军队，这样的事情未曾有过。

【解读】

从来没有一个国家只有管理军队的能力，而缺乏管理百姓的才能。在这里，作者意在强调，民众百姓才是强国之基。如果君主想要国家强盛，但是又缺乏治理国家和管理百姓的能力，只是一味地注重军队的训练，是无法达到其目的的。百姓是组成一个国家的基本元素，只有上下一致，众志成城，国家才能百战不殆，兴旺发达。

君，舟也；人，水也。水能载舟，亦能覆舟

【经典】

出自（唐）吴兢《贞观政要·政体》

魏徵对曰："自古失国之主，皆为居安忘危，处治忘乱，所以不能长久。今陛下富有四海，内外清晏，能留心治道，常临深履薄，国家历数，自然灵长。臣又闻古语云：'君，舟也；人，水也。水能载舟，亦能覆舟。'陛下以为可畏，诚如圣旨。"

一个国家的君王，就好比是一艘船；而这个国家的百姓，就好比是水。水能将船托起来，也能将船弄翻。

【解读】

这句古训经常被贤德的君主诵读和思考。作为一国的执政者，要了解到百姓对于一个国家稳定繁荣的重要性，不能只图眼前利益，不做长久规划，让老百姓心生怨怼，进而造成严重的后果。

唐太宗李世民是历史上著名的政治家、战略家、军事家。他的父亲李渊是唐朝的开国皇帝，他曾辅佐父亲击败隋朝，一统天下。他亲眼见到曾经兴旺发达的隋王朝在隋炀帝长期暴政之下，终于官逼民反，最终是老百姓亲手推翻了帝王的统治。唐太宗对民众的力量深有感触，意识到了"君，舟也；人，水也。水能载舟，亦能覆舟"的深刻道理。在"玄武门之变"后，唐太宗登上帝位，从此开始了贞观盛世。他在位初期，知人善任，对于群臣的意见虚心接受，对外开疆拓土，对内文治天下，薄赋尚俭，开创了"贞观之治"的局面，实现了国泰民安，为唐朝长达一百多年的辉煌盛世奠定了重要的基础。

言不中法者，不听也；行不中法者，不高也；事不中法者，不为也

【经典】

出自（战国）商鞅《商君书·君臣》

故明主慎法制。言不中法者，不听也；行不中法者，不高也；事不中法者，不为也。言中法，则辩之；行中法，则高之；事中法，则为之。故国治而地广；兵强而主尊。此治之至也，人君者不可不察也。

言语不符合法律的，不要听它；行为不符合法律的，不去推崇它；事情不符合法律的，就不要去做。

【解读】

这几句话出自《商君书·君臣》，这是商鞅献给国君的奏书。商鞅认为，社会纷繁复杂，法律对于社会秩序的稳定具有重要的作用。作为执政者，必须从思想上高度重视法律，在行动中紧紧依靠法律，切实做到依法办事。但凡不符合法律规定的，不管是言语、行为还是事情，都不要听从、不去推崇、拒绝去做。如此治理国家方能服众，自然而然可以提高执政者的威望。这句话放在今天，就是告诉我们依法治国、以法自律的重要性。

第二章

立德修身

宁静可以致远，
淡泊可以明志

当官之法，惟有三事，曰清、曰慎、曰勤

【经典】

出自（南宋）吕本中《官箴》

当官之法，惟有三事：曰清、曰慎、曰勤。知此三者，可以保禄位，可以远耻辱，可以得上之知，可以得下之援。

做官的原则有三个，就是清廉、慎重、勤勉。

【解读】

吕本中（1084—1145 年），南宋诗人，字居仁，世称东莱先生，寿州（今安徽凤台）人。

吕本中认为，只有做到了清廉、慎重、勤勉，才可以保住官位不犯错误，还能够得到上司的赏识和下属的帮助。其实这个道理不仅适用于官场，在其他行业也是通用的。

“清廉”不仅仅指贪腐，更是指不能产生不该有的欲望。人有欲望是正常的，但是要分清楚哪些欲望是有利的，哪些欲望是有害的，同时也不能用不正当的手段去实现欲望。例如追求荣誉是有利的欲望，而沉湎享乐则是有害的欲望，但是荣誉需要通过勤奋工作来实现，而不能采取弄虚作假的方式。

“慎重”和“勤勉”指的是做事的态度。任何一个决定在做出之前都必须经过慎重的思考，要考虑到这个决定做出之后会涉及哪些人和事，会产生什么样的影响。对工作要有敬畏之心，只有勤勤恳恳做事才能做好工作，如果没有敬畏之心，就很难取得事业上的成功。

一心可以丧邦，一心可以兴邦，只在公私之间尔

【经典】

出自（北宋）程颢、程颐《二程集·河南程氏遗书·卷第十一》

仲弓曰：“焉知贤才而举之？”子曰：“举尔所知。尔所不知，人其舍诸？”

便见仲弓与圣人用心之大小。推此义，则一心可以丧邦，一心可以兴邦，只在公私之间尔。

一个心念可以让国家灭亡，一个心念也可以使国家振兴，就看这个心念是公心还是私心了。

【解读】

程颢、程颐兄弟是北宋时期的理学大家。二程认为，做人、做事都要秉持一颗公心，这样才能让国家兴旺发达，如果时时处处都以私心为主，那么国家的灭亡也就为期不远了。

这句话在现代也有着很大的借鉴意义。或许有人认为：我就是一个普通人，能够养家糊口就不错了，哪里有能力决定国家的前途呢？其实不然，明朝顾炎武说过，“国家兴亡匹夫有责”，任何一个人对国家的前途和命运都有着不可推卸的责任，也在有意无意地书写着历史。例如我们努力工作就是“公心”的一种，从个人来看是为了养家糊口，实际上是为国家做出了贡献，虽然这种贡献很小，但是积累到一起就是一个非常可观的贡献了。可是如果整天吃喝玩乐，那就是为了“私心”而生活，对个人、对社会、对国家都没有任何的益处，要是整个国家的人都是这样，那这个国家又有什么前途可言呢？

人之忠也，犹鱼之有渊

【经典】

出自（三国·蜀）诸葛亮《兵要》

人之忠也，犹鱼之有渊。鱼失水则死，人失忠则凶。故良将守之，志立而扬名。

人有了忠诚，就像鱼有了水。

【解读】

诸葛亮是三国时期著名的政治家和军事家，不管在正史还是文学作品中，他都是以忠义的形象出现的，真正实现了“鞠躬尽瘁死而后已”的诺言。

在封建社会，“忠”的对象是君王或者主人，而忠诚也是任何一个领导者对下属的重要要求，甚至超出对“能力”的要求。毕竟对于一个领导者来说，下属能力不足还可以通过其他方法来弥补，如果没有忠诚，就是留下了一颗随时可能爆炸的定时炸弹，说不定什么时候就会给这个团体带来无法挽回的损失。

到了现代社会，“忠诚”的对象已经不再是个人，而是民族和国家。民族的复兴、国家的强盛，需要每一个人切实的努力，如果对国家和民族没有一颗忠诚的心，显然是做不到这一点的。

即使从个人的角度来讲，也不能忽视“忠诚”的重要性，不管是对家庭还是感情，如果没有了忠诚，也就没有了和睦的家庭。

不患位之不尊，而患德之不崇

【经典】

出自（东汉）张衡《应间》

君子不患位之不尊，而患德之不崇；不耻禄之不夥，而耻智之不博。

（君子）不担心自己的职位不够尊贵，担心的是自己的德行不高尚。

【解读】

张衡（78—139年），字平子，东汉时期伟大的科学家、文学家。张衡曾经做过十多年的太史令，一直没有升迁，他做的这篇《应间》，表达的是一种“德行比职位更重要”的思想。

在中国的传统文化中，德行是比职位、能力更重要的，如果德行不好，几乎就失去了做任何事的资格；反之，如果德行高尚，就会赢得大家的尊重，做起事来也会事半功倍。例如《春秋》和冯梦龙的《东周列国志》中，就经常出现某人“贤”的说法，其实说的就是这个人道德高尚。

进入新世纪之后，人们在追求金钱、地位的过程中容易迷失本心，对道德的要求变得不再那么严格，出现了一些不敢见义勇为、不愿帮助他人的道德滑坡现象。从这一点来说，重新学习一下张衡的“不患位之不尊，而患德之不崇；不耻禄之不夥，而耻智之不博”是很有必要的。

慧者心辨而不繁说，多力而不伐功，此以名誉扬天下

【经典】

出自（春秋战国之际）墨子《墨子·修身》

慧者心辨而不繁说，多力而不伐功，此以名誉扬天下。言无务为多而务为智，无务为文而务为察。

有大智慧的人虽然心中明明白白，但是却不会过多地宣扬自己；虽然做的很多，但是却不会炫耀自己的功劳，这就是他们能够誉满天下的原因。

【解读】

墨子是战国时期著名的思想家、科学家、军事家、教育家，也是墨家学说的创始者。墨子认为，知道自己聪明就可以了，没有必要过多地宣扬自己多么能干；埋头苦干就行了，不要一定要争取功劳；说话的时候要做到言之有物，不要夸夸其谈；不要过多修饰，要做到直指事物的核心。

不管是什么行业，话说的再多、再漂亮，最后还是用结果来决定成绩，只要做出了成绩，即使自己不说，大家也都会看在眼里。如果一个人只会夸夸其谈而不能俯下身子去真正做事，那么他永远也不可能成功；如果做出一点成绩就四处炫耀，那么就会因为心满意足而无法取得进步，也会惹人厌烦，甚至心生嫉恨，惹来祸端。

静而后能安，安而后能虑，虑而后能得

【经典】

出自（春秋至秦汉）《礼记·大学》

知止而后有定，定而后能静，静而后能安，安而后能虑，虑而后能得。

心里安静了，才能够有安定平和的心态；心态平和了，才能够仔细思考；仔细思考了，才能够有所收获。

【解读】

知道了应该达到的境界，才能产生坚定的志向，志向坚定才可以心神不乱，心神安稳了才能够思虑周详，而后才可以有所收获。

现代社会生活节奏飞快，很多人之所以陷入“忙碌又茫然”的生活境遇之中，大多是因为没有找准自己的人生目标和方向，就如同在黑夜里前行，跌跌撞撞不知所行。我们在前行时，一定要有明确的目标，目标如同灯塔，目标明确，就已经成功了一半，剩下的就是脚踏实地的努力前行。

在遇到困难挫折时，要努力做到心神不乱，这样才能临危不惧，泰然处之；做事情前要做好周全的规划，这样才能在处理事情的过程中增长见识，收获智慧。

国有四维，礼义廉耻。四维不张，国乃灭亡

【经典】

出自《管子·牧民·四维》《管子·牧民·国颂》

国有四维，一维绝则倾，二维绝则危，三维绝则覆，四维绝则灭。倾可正也，危可安也，覆可起也，灭不可复错也。何谓四维？一曰礼、二曰义、三曰廉、四曰耻。

——《管子·牧民·四维》

凡有地牧民者，务在四时，守在仓廪。……四维不张，国乃灭亡。

——《管子·牧民·国颂》

维持国家的稳定有四个要素，分别是礼、义、廉、耻。如果这四个要素无法得到贯彻，国家就会灭亡。

【解读】

“礼”是礼节、礼仪，指的是要遵守各种道德和法律的规定；“义”是正义、道义，指的是要有一颗懔守公义的心；“廉”是廉洁，指的是要大公无私，不因为私欲而损害公共利益；“耻”是羞耻，指的是要知道什么该做，什么不该做。

“礼”得到了贯彻，人们就知道了什么能做、什么不能做；“义”得到

了贯彻，人们就知道了做什么对社会有益，对他人有益；“廉”得到了贯彻，人们就不会放任自己的私欲；“耻”得到了贯彻，人们就不会做伤害大家利益的事情。

在我国悠长的历史中，“礼义廉耻”一直是官方和民间极力宣扬的重点，也是中华民族传统美德的核心，即使到了现代也有着极大的社会意义和道德意义。人人守礼，自然也就减少了违背道德和违法乱纪的事情；知道了什么是道义，社会的风气自然也会变好；每一个人都要求自己廉洁奉公，欺诈贪腐的现象也就没有了；人人都有羞耻之心，各种道德沦丧的事情也就绝迹了。

与人不求备，检身若不及

【经典】

出自（上古时代）《尚书·商书·伊训》

鸣呼！先王肇修人纪，从谏弗咈，先民时若。居上克明，为下克忠，与人不求备，检身若不及，以至于有万邦，兹惟艰哉！

对于他人不要求尽善尽美，对于自己要时刻检查有哪些不足之处。

【解读】

我国在古代就有“严于律己、宽以待人”的思想。不管是生活还是在工作中，我们经常会遇到一些让人烦恼的事情，有人怨天尤人，把责任推给别人或者某种客观原因，不从自身寻找不足。在事物发展的进程中固然会发生这样或那样的困难，其中有来自他人的人为障碍，也有属于客观现实的实际困难，但是我们不能把受到的挫折都归结到这些客观原因上面，最重要的是从我们自身做起，查找一下是不是我们在哪些方面做的不够，这样才能够让我们更快地成长起来。

退一步说，即使真的有人从中设置障碍或者有实际困难，我们也应该反思一下，是不是我们在为人处世上有失误，因此让人对我们不满？还是我们的能力不足以处理所面临的问题？不管是哪一种情况，能够做到“严于律己”，有则改之无则加勉，那么不管是德行还是能力都会有质的提高。

同时，没有人会做到十全十美，当别人有了失误或者不足时，不能求全责备，应该去包容他们、帮助他们，做到“宽以待人”。

祸莫大于不知足，咎莫大于欲得

【经典】

出自（春秋）老子《老子·第四十六章》

祸莫大于不知足，咎莫大于欲得。故知足之足，常足矣。

不知道满足是最大的祸患，欲望过多是最大的错误。

【解读】

人的欲望是无限的，合理的欲望是促使人类进步的动力，这是值得肯定和提倡的。但是并不是所有的欲望都是可以满足、可以实现的，必须要从现实出发，不能一味地认为“这是我的理想，所以一定要实现”。

民谚有“有多大碗吃多少饭”，古时候也有“德不称其任，其祸必酷；能不称其位，其殃必大”的教训，说的都是量力而行，不要追求超出自己能力的愿望。

从善如登，从恶如崩

【经典】

出自（春秋）左丘明《国语·周语下》

谚曰：“从善如登，从恶如崩。”昔孔甲乱夏，四世而陨；玄王勤商，十有四世而兴。帝甲乱之，七世而陨。彫稷勤周，十有五世而兴，幽王乱之，十有四世矣。守府之谓多，胡可兴也？

向好处发展就像登山一样艰难，向坏的方面发展就像山崩一般迅速。

【解读】

左丘明（约前502—约前422年），春秋末期的史学家，也是中国传统史学的创始人。他的代表作有《左传》和《国语》，司马迁在《史记》中说过“左丘失明厥有《国语》”。《国语》是我国最早的国别体史书，记载了从西周中期到战国时期、前后大约有五百年的历史。

“从善如登，从恶如崩”，意思是就是学坏容易学好难。人的本性都希望能够让自己过得更加安逸，不愿意接受束缚。但是不管是从道德还是行动上来说，所有好的方面都要有这样那样的规矩，实质上这是对人的本性进行压抑和束缚，而坏的方面则能够让人放飞自我，更能够满足人的私欲。

我们在生活中也会有这样的体验：一个好的习惯可能几个月都无法养成，即使能够养成也会承受很大的痛苦，而且稍有懈怠就无法坚持下去；而坏的习惯则不然，很可能几天就形成了，再想改变就是一件非常痛苦的事情。所以我们必须时刻注意对自己的思想和行为进行反思，一定要和不良现象保持安全的距离。

见善如不及，见不善如探汤

【经典】

出自《论语·季氏》

子曰：“见善如不及，见不善如探汤。吾见其人矣，吾闻其语矣。隐居以求其志，行义以达其道。吾闻其语矣，未见其人也。”

看到好的行为，就要努力学习，唯恐自己无法做到；遇到丑恶的现象，就要像手伸进了沸水中赶快缩手一样尽快远离。

【解读】

每个人都有自己的长处，看到了别人的长处，就要努力学习，争取自己也有同样的长处；每个人也都有自己的短处，看到了别人的短处，就要反思自己是不是也有这样的错误和不足，如果有的话就一定要尽快改正。

很少有人能够不受外界的影响，当看到不良现象的时候，一定要尽快远离，并且提醒自己这些现象是不对的；如果不尽快远离，时间长了就会觉得这些现象是司空见惯的，不再觉得是丑恶，于是自己也就不知不觉成为制造丑恶现象的人。

吾日三省吾身

【经典】

出自《论语·学而》

曾子曰："吾日三省吾身：为人谋而不忠乎？与朋友交而不信乎？传不习乎？"

我每天都要多次反省自身的行为。

【解读】

在生活和工作中，即使我们非常小心，也不免会产生错误。犯错并不可怕，可怕的是不知道自己做错了，不知道错在哪里，不知道如何去改正。

当我们结束一天的工作后，尽量抽出时间反思一下：我今天做错了什么？为什么会产生这样的错误？以后又该如何改进以防止再发生类似的错误？如果能做到这一点，就会深刻地认识到自己的不足之处在哪里，就能够有的放矢地补足自己的短板，以后的工作也就更加顺利。除了找出不足和教训，反思自己的行为还有另外一个好处，那就是总结经验，让好的做法能够发扬光大。

反之，如果不对自己的行为进行反思，就会既不知道自己的不足在哪里，也无法得到经验和教训。

见贤思齐焉，见不贤而内自省也

【经典】

出自《论语·里仕》

子曰："见贤思齐焉，见不贤而内自省也。"

见到了道德高尚的人，就要向人家学习，争取自己也能做这样的人；看到了道德败坏的人，就要反思自己有没有这样的错误。

【解读】

道德的提高是从两方面进行的，一方面是学习别人的优点，一方面是改正自己的缺点。

俗话说“人贵有自知之明”，所谓“自知之明”，就是清楚地知道自己的不足在哪里，自己擅长的又是什么。可以说绝大部分人都无法做到有“自知之明”的，所以能够做到这一点才显得弥足珍贵。如果不知道自己的缺点，那么当看到别人不足之处的时候，就可以反思一下：我是不是也有同样的缺点？即使是自己擅长的方面，或许也有人比我们做的更好，如果遇到了这样的人，我们就要虚心地学习以精益求精。

时常自我反省，不仅可以提高我们的修养和道德，对工作也有极大的帮助。如果能够及时地借鉴他人成功的经验，吸取他人失败的教训，必然可以使我们少走弯路。

观于明镜，则疵瑕不滞于躯；听于直言，则过行不累乎身

【经典】

出自（东汉）王粲《仿连珠》

臣闻观于明镜，则疵瑕不滞于躯；听于直言，则过行不累乎身。

看看自己在镜子里的样子，身上有了污垢斑渍就会及时清理；能够听进去直率的批评，那么即使有了错误的言行也能够及时改正，不至于影响自己的名声。

【解读】

王粲（177—217年），山阳郡高平（今山东邹城）人，字仲宣，东汉末年著名文学家，“建安七子”之首。

人都有自我保护的心理，不愿意谈及自己的缺点或者错误，当对方用不恰当的方式提起或者直言不讳自己不喜欢的话题时，很多人会生气甚至恼怒，认为对方是在羞辱自己。其实这种做法是不明智的，不利于我们的进步和成长。“忠言逆耳”，不管对方出于什么目的、采用什么样的态度，只要说的话是事实，就是对我们的鞭策，可以让我们认识到原来不曾注意的缺点或者错误，从而有了改正的机会。

非淡泊无以明志，非宁静无以致远

【经典】

出自（三国·蜀）诸葛亮《诫子书》

夫君子之行，静以修身，俭以养德。非淡泊无以明志，非宁静无以致远。夫学须静也，才须学也，非学无以广才，非志无以成学。

不清心寡欲，就不会有明确坚定的志向；不安定清静，不排除外来的干扰，就无法实现远大的目标。

【解读】

诸葛亮在临终的时候，给他 8 岁的儿子诸葛瞻写下了著名的《诫子书》，字里行间充满了殷殷的教诲。“非淡泊无以明志，非宁静无以致远”就是其中的名句，既是他对自己一生经历的总结，也是对诸葛瞻的期望和要求。

“淡泊”是一种古老的道家思想，就是顺其自然、不务求其成。从这句话里我们可以得到这样的启示：人要禁得住诱惑、耐得住寂寞，才能够树立远大的志向、实现美好的理想。

古往今来诸多的名人，他们都是在艰难困苦的环境中树立起明确的志向，然后坚定地一步一步走向了成功，这样的例子不胜枚举。在人心浮躁的现代，我们一定不能被横流的物欲迷住眼睛，不能屈服于暂时的困难，要坚信终有拨云见日的那一刻，终究会有成功的那一天。

莫见乎隐，莫显乎微，故君子慎其独也

【经典】

出自（战国）子思《礼记·中庸》

天命之谓性，率性之谓道，修道之谓教。道也者，不可须臾离也；可离，非道也。是故君子戒慎乎其所不睹，恐惧乎其所不闻。莫见乎隐，莫显乎微，故君子慎其独也。

越隐蔽、越细微的地方越能看出一个人的修养，所以品德高尚的人即使是一人独处，也要严格要求自己的行为和思想。

【解读】

子思（约前483—前402年）是孔子的孙子，名伋，战国初期著名的思想家，也是“思孟学派”的创始人之一。

想要了解一个人的品质，最好的做法就是观察他在最隐蔽时、最细微处的言行。对于很多人来说，在大庭广众之下不会做出格的事情，因为要顾忌大众的看法，还有道德的约束和法律的要求。只有在别人看不到、听不到的地方仍然不放松对自我的要求，能够严格约束自己的一言一行，才是真正的彬彬君子。

“莫见乎隐，莫显乎微”不仅是对道德方面的要求，放到其他方面也有很强的借鉴意义。例如工作，就是要注意细节、不做表面功夫；例如阅读，就是要理解作者没有明确说出的用意、注意细微之处想要表达的含义。

己欲立而立人，己欲达而达人

【经典】

出自《论语·雍也》

子贡曰:“如有博施于民而能济众，何如？可谓仁乎？”子曰:“何事于仁，必也圣乎！尧舜其犹病诸！夫仁者，己欲立而立人，己欲达而达人。能近取譬，可谓仁之方也已。”

自己想要站稳，也要让别人站稳；自己要通达事理，也要让别人通达事理。

【解读】

这句话是儒家思想“仁”的具体体现。

在儒家的观念里，如果一个人有能力，在照顾好自己和家人的同时，还要对周围的人进行力所能及的帮助，让他们也能过得更好；不能仅仅满足于自己道德品质的提高，还要帮助更多的人提高他们的道德品质。

现如今我们经常提倡“社会责任”，这和儒家提倡的“己欲立而立人，己欲达而达人”“穷则独善其身，达则兼济天下”有异曲同工之妙，都是要求人在力所能及的情况下对弱势群体提供一定的帮助。当所有的人都有了“我为人人、人人为我”的意识后，理想的大同社会自然也就到来了。

当然，这种帮助并不是强制要求，也不必做超出自己能力范围的事情，哪怕是为一个人提供了微不足道的帮助，同样也是“仁”的体现。同时，拥有“仁”的人也要不断提升自身的能力，争取能够帮助更多的人，履行更多的社会责任。

益者三友，友直、友谅、友多闻

【经典】

出自《论语·季氏》

孔子曰：“益者三友，损者三友：友直，友谅，友多闻，益矣；友便辟，友善柔，友便佞，损矣。”

有益的朋友有三种：正直的朋友，诚信的朋友，知识广博的朋友。

【解读】

估计每一个人在小的时候都听父母讲过这样的话：要和那些好学生多交往，不要和那些坏学生一起玩。这就是父母传授给我们的交友原则，只不过没有具体的标准，只用大而化之的“好”和“坏”概括了。而孔子在这里提出“好朋友”的具体标准，那就是正直、诚信、知识渊博。

品行正直的人，必然不会做违背原则的事情；讲究诚信的人，必然不会出尔反尔；知识渊博的人，可以将自己的知识分享给周围的人。和这样的人做朋友，我们的品行和知识也会逐日提高和增长，最终成为一个正直的人、诚信的人、知识渊博的人。

不患人之不已知，患不知人也

【经典】

出自《论语·学而》

子曰："不患人之不己知，患不知人也。"

没有必要去担心别人不了解自己，需要担心的是自己不了解别人。

【解读】

孔子在这里告诉我们应该采取什么样的为人处世之道。

修养品德的目的，是让我们成为道德高尚的人；努力学习的目的，是让我们掌握更广博的知识；提高能力的目的，是让我们能够解决更困难的问题。只要自己得到了提高，别人的看法于我们而言既不会有所增益、也不会有所损失，那么别人是不是知道这些又有什么关系呢？如果一味地希望他人了解自己、理解自己，那就是本末倒置了。与其花费大量的时间精力让别人了解自己，还不如将这些时间和精力用在自己修养和能力的提高上。

而"不知人"就不同了。如果不了解对方的品行和能力，我们又怎么能够知道这是一个什么样的人呢？又怎么能够决定对这个人是该亲近还是远离呢？如果没有充分的了解就贸然做出决定，或许我们就失去了一个"益友"，而结交了一个"损友"！

人而无信，不知其可也

【经典】

出自《论语·为政》

子曰："人而无信，不知其可也。大车无輗，小车无軏，其何以行之哉？"

一个人如果不讲诚信，不知道他还能做什么。

【解读】

在《说文解字》一书中，“信”的解释是“诚也”，用现代的话来说就是要讲信用、不能骗人。诚信是中华民族的传统美德之一，从古时候就流传下了许多诸如“言而有信”“一言九鼎”“一诺千金”等词语，而且儒家也将诚信列入了五常（仁、义、礼、智、信）之中。

在人际交往中，诚信是最重要的，它代表了人对自身和他人的重视程度，也反映了说话人的践行行为。我们不否认形势总是变化的，很有可能因为外部条件变化的原因，导致事态的发展完全脱离了预计，但是这并不是不诚信的理由，而且在这种情况下仍然践行诺言，更体现出了诚信的可贵。古人说“少言多行”，也就有这方面的因素，如果说出去了，到头来却做不到，那就是“失信”了。

既然“信”这么重要，又该如何保证不“失信”呢？我们应从两方面加以注意：第一，不要随便许下诺言，如果自己做不到，干脆就不要说；如果可能做到，那就做了再说；第二，要学会控制自己的欲望，只要许下了诺言，就不要贪恋眼前的小利而损害了自己的品行。

士不可以不弘毅，任重而道远

【经典】

出自《论语·泰伯》

曾子曰：“士不可以不弘毅，任重而道远。仁以为己任，不亦重乎？死而后已，不亦远乎？”

读书人不能没有远大的抱负和坚强的意志，因为他担负着沉重的社会责任，需要走的路很长。

【解读】

“士”在春秋时期是一个社会阶层，也就是“士农工商”中的士，有一定的社会地位，一般都做官管理人民，后来逐渐演化为读书人的泛称。

在曾参看来，“士”的责任是很重的，当他出仕的时候，不但要管理百姓日常的工作和生活，还要负责提高百姓们的道德水平。特别是后一点，是一个长期的、只有身死之后才能够放下的任务。也正是如此，读书人必须严格要求自己、磨炼自己，必须要有远大的抱负和坚韧的意志。因为没有远大的抱负，就无法担负起教化百姓、以天下为己任的重任；没有坚韧的意志，就无法忍受求学时的种种痛苦，无法解决出仕后的种种困难，无法面对人生中一些无法预料的意外或者窘境。

虽然曾参这句话说的是预备官员，但是对于普通百姓的我们仍然有很强的借鉴作用，因为我们每一个人也都担负着沉重的家庭责任和社会责任，同样也需要“弘毅”。不管从事哪一个行业，都必须有远大的志向和坚韧的意志，才能够做得更好、走得更远。

凡观物有疑，中心不定，则外物不清；吾虑不清，则未可定然否也

【经典】

出自（战国）荀子《荀子·解蔽》

凡观物有疑，中心不定，则外物不清；吾虑不清，则未可定然否也。冥冥而行者，见寝石以为伏虎也，见植林以为后人也，冥冥蔽其明也。醉者越百步之沟，以为跬步之浍也；俯而出城门，以为小之闺也，酒乱其神也。

但凡观察事物就会有疑惑，心中没有确定的概念，那么对外物的认识就不会清楚；思想认识不清楚，就无法正确确定是非。

【解读】

我们常说不要带着有色眼镜去看待事物，是因为偏见会妨碍我们得出正确的结论。其实这个说法并不是现代才产生的，早在两千多年前，荀子就已经提出了类似的观点，只不过没有现代说的这么直白而已。

荀子认为，事物本身是客观的，也是可以被人们所认知的，而且人们也有着认知事物的能力，但是出于主观或者客观的原因（主要是主观的原因），人们对事物的认知很难全面，都有着一定的局限性和片面性，有时甚至会得出与客观现实完全相反的认知。客观的原因我们无法解决，例如某些现在的科学水平无法解释的现象，我们只能够“存而不论”，等到科技发

展到更为先进的时候，也许会有一个令人满意的解释。而主观的原因则是完全可以避免的，当我们不存有任何偏见去认知一个事物的时候，自然就会得出正确的认知。或许这种认知仍然会有局限性和片面性的存在，但是就整体而言，我们已经尽到自己最大的努力，让错误减小到了最小的限度。

影响认知事物的偏见有三种，一种是能力上的不足，也就是没有足够的认知事物的水平；一种是利益上的偏见；最后一种就是“三观不正”，没有树立正确的人生观、价值观、世界观。能力不足，得出的结论可能只是片面。如果是后面两种情况的话，得出的结论就会背离真理，没有任何能够令人信服的价值。解决了这三种偏见，也就扫清了认知事物时可能存在的主观上的偏见，对事物的认知也就更为全面、客观。

反听之谓聪，内视之谓明，自胜之谓强

【经典】

出自（西汉）司马迁《史记·商君列传第八》

赵良曰：“反听之谓聪，内视之谓明，自胜之谓强。虞舜有言曰：‘自卑也尚矣。’君不若道虞舜之道，无为问仆矣。”

能够听进不同意见的，是聪明人；能够反省自己的，是明智的人；能够战胜自我的，是强大的人。

【解读】

“反听”“内视”“自胜”说的是一个人对人生不同境况的态度，也是三个不同的层次。

“反听”是第一个层次，允许别人指出自己的错误，并且能够耐心聆听。常人大多都喜欢听好听的，不喜欢听逆耳的话，很多英雄豪杰也都无法忍受别人对自己的错误直言不讳。然而，事实不会按照人的意愿而消失，即使不愿意让别人指出来，错误仍然是存在的，并且还会继续错下去。

“内视”是比“反听”更高的第二个层次。这种人不仅愿意听取别人的批评，还能够自觉地查找自身存在的问题。内视的方法有两种：一种是以史为镜，从历史人物身上探寻自身的问题；第二种是以人为镜，“见不贤而

内自省也”，从周围的人那里寻找自己是不是也有同样的问题。

但是不管是“内视”还是“反听”，都是找出问题的手段，并不是解决了问题、改正了错误，于是就有了第三个层次“自胜”，也就是战胜自我。知道了自己有哪些错误，却不愿意改正，那么就会继续错下去，和不知道又有什么区别呢？只有改正了错误，才能离“完人”更进一步，完成生命层次的提升，让自己成为一个更强大的人。

才者，德之资也；德者，才之帅也

【经典】

出自（北宋）司马光《资治通鉴·周纪一》

才者，德之资也；德者，才之帅也。云梦之竹，天下之劲也，然而不矫揉，不羽括，则不能以入坚。棠之金，天下之利也，然而不溶范，不砥砺，则不能以击强。

才华是德行的资本，德行是才华的统帅。

【解读】

司马光（1019—1086年），字君实，陕州夏县涑水乡（今山西夏县）人，谥号文正，世称涑水先生，北宋政治家、史学家、文学家。

究竟是才华重要还是德行重要，在很长时间里都是众说纷纭，莫衷一是。其实早在北宋，司马光就已经回答了这个问题。他认为，德才兼备的是圣人，有德无才的是君子，有才无德的是小人，无才无德的是愚人。才华只是德行得以实现的基础，而德行则是指导才华施展的方向，说明德行要比才华重要。例如历史上有名的暴君商纣王，司马迁对他的评价是“智足以拒谏，言足以饰非”。意思就是说他的才华很高，足以用各种理由拒绝大臣们的谏劝，用各种花言巧语来文饰自己的错误！隋炀帝同样也是如此，从他开凿大运河一事来看，说明他知道大运河能够促进帝国的经济，能够强大自己的国家。但是他的德行不足，急功近利又不恤民力，最终激起了农民起义而导致帝国灭亡。

忠信谨慎，此德义之基也；虚无谲诡，此乱道之根也

【经典】

出自（东汉）王符《潜夫论·务本》

夫用天之道，分地之利，六畜生于时，百物聚于野，此富国之本也。游业末事，以收民利，此贫邦之原也。忠信谨慎，此德义之基也；虚无谲诡，此乱道之根也。故力田所以富国也。

忠诚守信、谨言慎行，这些才是道德信义的基础；弄虚作假、荒诞怪异，这些都是产生混乱的根源。

【解读】

王符（约85—约162年），字节信，安定临泾（今甘肃镇原）人，东汉哲学家。

不管是个人还是团体，还是一个政府，都需要忠诚守信，做每一个决定的时候都要谨慎小心。关于忠诚守信、谨言慎行的重要性我们前面已经说过了，这里就不再赘述，主要解释一下什么是“谨慎”和“虚无谲诡”，以及它们会带来什么样的影响。

“虚无”就是弄虚作假，“谲诡”的意思是装神弄鬼。不管是“虚无”，还是“谲诡”，都是不可取的，都会造成严重的后果。例如统计数据假造，如果以这个数据为基础做计划，在执行的时候就会脱离实际，产生不该有的错误，付出高昂的代价。而装神弄鬼损害的是人和人之间的信任，如果一个团队的成员之间没有了信任，又何谈通力合作？没有了合作，所谓的团队也就名存实亡，最终会致使团队解散。

质胜文则野，文胜质则史。文质彬彬，然后君子

【经典】

出自《论语·雍也》

子曰："质胜文则野，文胜质则史。文质彬彬，然后君子。"

质朴胜过文饰就会显得粗野，文饰胜过质朴就会显得虚浮，只有质朴和文饰得当，方才具备君子的素养。

【解读】

"质"指的是质朴的品格，"文"指的是文化素养，也就是说，一个人没有文化素养就会显得很粗俗，但是过于文雅则会太虚浮，不切实际。所以，既要有文化素养，又不能迷失本性，只有这样才能称得上是真正的君子。由此可见，孔子所推崇的"君子"的理想人格，是"质"与"文"兼具且得当，二者不偏不倚方才是真君子。

仁者不乘危以邀利

【经典】

出自（明）冯梦龙《东周列国志》

仁者不乘危以邀利，智者不侥幸以成功，与之为当。

仁义的人不会乘人之危去谋取自己的私利。

【解读】

这句话强调的是仁义之道。古语有云："君子爱财，取之有道"。不管是对于个人还是集体，如果依靠乘人之危去获取不义之财，那么所得到的必将不能长久，最终甚至会对自己造成不可逆的伤害。

乘人之危、落井下石，或许短时间内不会被发现，甚至可以为自身谋取私利，但最终定会因为不仁不义遭到人们的唾弃和道德的谴责，这样的

成功是短暂的、不长久的、经不起推敲的。这两句意义深刻，历来作为警示人们的格言或座右铭而流传于世。

言忠信，行笃敬

【经典】

出自《论语·卫灵公》

子张问行。子曰："言忠信，行笃敬，虽蛮貊之邦，行矣。言不忠信，行不笃敬，虽州里，行乎哉？立则见其参于前也，在舆则见其倚于衡也，夫然后行。"子张书诸绅。

言语要忠诚守信，行为要恭敬认真。

【解读】

作者认为，说话要忠诚老实，做事要尽职尽责，这不仅是做人最基本的要求，也是为人处事应该具备的基本素质。

尽管具备一定的才华，对社会做出贡献，但是为人处事如果没有良好的道德品质，缺乏最基本的忠诚，长此以往，很可能会被社会所淘汰。因为，才华或技能是可以培养的，一个人的品格和态度远比这些重要得多。所以，我们应当在具备良好品德的前提上，去提高自己的技能，这样才能真正成为对社会有用的人。

失信不立

【经典】

出自（春秋）左丘明《左传·襄公二十二年》

秋，栾盈自楚适齐。晏平仲言于齐侯曰："商任之会，受命于晋。今纳栾氏，将安用之？小所以事大，信也。失信不立，君其图之。"弗听。退告陈文子曰："君人执信，臣人执共，忠信笃敬，上下同之，天之道也。君自弃也，弗能久矣！"

如果失去了诚信，就会很难立足于社会。

【解读】

忠诚守信不仅是为人处事的一种品格，更是立世之本。讲诚信的人会忠于事物原本的模样，不篡改不扭曲，同时也会把自己内心真正的想法呈现出来，言真意切，光明磊落，坦坦荡荡。

从古至今，诚实守信都是被人们所推崇的。小到个人，大到社会、国家，都应该遵循这个根本之道。在明辨是非和善恶的情况下，做到诚信、仁义。“仰不愧于天，俯不怍于人”，这样才能立足于世。

巧诈不如拙诚

【经典】

出自（战国）韩非《韩非子·说林上》

孟孙猎而得麑，使秦西巴持归烹之。麑母随之而啼，秦西巴弗忍，纵而予之。孟孙归，求麑安在。秦西巴对曰：“其母随而啼，臣诚弗忍，窃纵而予之。”

孟孙怒，逐秦西巴。居一年，取以为子傅。左右曰：“秦西巴有罪于君，今以为子傅，何也？”孟孙曰：“夫一麑而不忍，又何况于人乎！”

巧妙的奸诈，不如拙朴的诚实。

【解读】

这句话出自《韩非子·说林上》，“巧诈”指的是机灵的诡诈，投机取巧可能在短期内会获得较大的收获，但所谓“路遥知马力，日久见人心”，时间长了总经不起推敲，很可能会导致身边的人怀疑甚至远离。相反，“拙诚”看起来可能不够聪明灵巧，但是踏踏实实地做人做事，最终会得到人们的肯定。

做事也好，做人也罢，都要从长远的角度去考虑，为了暂时的小利，失去了自己的信誉并不值得。只有诚信才能成为立世之本，才能收获人心，才能把事情真正地做大做强。

勿以恶小而为之，勿以善小而不为

【经典】

出自（西晋）陈寿《三国志》

人五十不称夭，年已六十有余，不复自伤，但以卿兄弟为念。射君到，说丞相叹卿智量，甚大增修，过于所望，审能如此，吾复何忧！勉之，勉之！勿以恶小而为之，勿以善小而不为。惟贤惟德，能服于人。

只要是坏事，不管多小的坏事都不应该做；只要是善事，不管多小的善事都要努力去做。

【解读】

三国时期，刘备发动东吴之战，旨在为关羽报仇以及夺回荆州失地。不料在夷陵全军覆没，惨败于东吴。后来，刘备退到永安，也就是今天的四川省奉节县，到蜀汉章武三年四月处于病危状态时，刘备把诸葛亮从成都叫来，告诉他："你和曹丕相比，才华胜其十倍，一定可以建功立业的。但是我的儿子刘禅，缺乏才华，如果可以你就辅佐他；如果他实在扶不起来，你就取代他吧。"诸葛亮泪流满面地说："陛下对我如此信任，我一定尽心尽力辅佐幼主，愿意以死效忠。"刘备又和刘禅说："你与丞相相处，要像对待父亲一样对待他。"他在遗书中告诫刘禅："只要是坏事，哪怕很小的坏事也不能去碰；只要是善事，哪怕是很小的善事，也要努力去做。"

刘备去世以后，诸葛亮肩负起重任，尽心辅佐刘禅，一直到最后死于五丈原。刘备的一生，堪称英雄的一生，从没落王孙到蜀国皇帝，其传奇的人生让世人啧啧称道。临终对儿子的教育和叮嘱用心良苦，这句"勿以恶小而为之，勿以善小而不为"更是成为了流传后世的经典名言。

不戚戚于贫贱，不汲汲于富贵

【经典】

出自（东晋）陶渊明《五柳先生传》

黔娄之妻有言："不戚戚于贫贱，不汲汲于富贵。"其言兹若人之俦乎？衔觞赋诗，以乐其志，无怀氏之民欤？葛天氏之民欤？

不要因为贫困就感到发愁，也不要急切地去追求富贵。

【解读】

这句话是作者陶渊明自己的写照。陶渊明生活于晋代末年，当时的社会风气较为浑浊，不少人为追名逐利不择手段，整个社会充满着虚伪和狡诈，但是陶渊明在这样的大环境下，依然能保持自身的风清气正，幽居于田园，不因为贫穷忧愁，也不心急追求富有，一直过着简朴的生活。

孔子的学生颜回，也是"不戚戚于贫贱，不汲汲于富贵"的典型。颜回是孔子最得意的弟子，他极富学问，同时也以品行著称。孔子对颜回的夸奖最多，曾经这样夸赞他："一箪食，一瓢饮，在陋巷，人不堪其忧，回也不改其乐。贤哉回也！"他的生活简单，住在简陋的房子里，只有一点粮食，喝一点点水，生活条件这么艰苦，依然乐在其中。

这句话反映出陶渊明淡泊名利的高尚品德。人活一生，未必要去急急切切地追求功名利禄，平凡普通的清贫日子依然可以享受到快乐。安贫乐道，不慕荣利，才能更深刻领会到生活的意义。

以约失之者，鲜矣

【经典】

出自《论语·里仁》

子曰："以约失之者鲜矣。"

懂得约束自己，谨慎的人过失就比较少。

【解读】

心中有礼法，懂得约束自己的人，犯错就比较少。相反，放纵自我，不加以自我约束的人，就比较容易犯错。

每个人都要学会加强自身的管理和约束，首先要做到问心无愧。因为，当一个人做了违背道德仁义的事情时，首先会遭到自己良心的拷问和谴责。所以，我们要保持正直和诚实，让良知成为自己的审判官。有人说，人生的痛苦之一就是遭受良心的惩罚。的确如此，背负良心的惩罚会让人痛苦不堪，只有做到无愧于心，才能坦坦荡荡。

约束自我，也是慎独的表现之一。从自己做起，从小事做起，加强对于自我的管理，时刻用良知审视自己。当你的心灵充满正直和诚实的光芒时，阴霾自然会被驱散。

君子之过也，如日月之食焉。过也，人皆见之；更也，人皆仰之

【经典】

出自《论语·子张》

子贡曰："君子之过也，如日月之食焉。过也，人皆见之；更也，人皆仰之。"

君子所犯的过错就像日食、月食一样，犯错时，人人都看得见；改正以后，人人都仰望着他。

【解读】

作者认为，君子有过错就好比日食和月食，虽然有阴影，每个人都看得到，但是只要承认错误并改正错误，君子原本的人格光辉又焕发了出来，仍然不失为君子的风度。

实际生活中，我们不难发现，居于高位的人犯错会特别容易被发现和放大。这是因为，人们对于位居高位的人有着更高的评判标准，认为他们是不应该犯错的。但是所谓"谁人无过？过而能改，善莫大焉"，就算犯错了只要勇于承认，并找到错误的原因及时改正，人们还是愿意原谅他的过错。

当然，不仅仅是君子要勇于改正错误，我们所有人面对自己所犯的错误时都应该持有正确的态度，坦率承认，加以改正，避免再犯，这才是对待错误最正确的态度和方法。

君子求诸己，小人求诸人

【经典】

出自《论语·卫灵公》

子曰：君子求诸己，小人求诸人。

君子遇到问题时，会先从自身找原因；而小人遇到问题时总是推卸责任，从不会反思自己，不会从自身找原因。

【解读】

俗话说“人生不如意事，十之八九”，人的一生不可能一直顺顺利利，总会出现一些问题或困难。君子遇到困难的时候，第一反应是反思自己的问题，想着怎么依靠自己的力量去解决眼前的难题；而小人则相反，他们遇到问题时总是先推卸责任，不去反思自己，总是想着去求助于他人。我们要学习君子的品行，然而也需要注意一点，并不是完全不能借助他人的力量，而是在自己能够解决的情况下，不要过于依赖他人。

君子泰而不骄，小人骄而不泰

【经典】

出自《论语·子路》

子曰：“君子泰而不骄，小人骄而不泰。”

君子泰然不骄傲，小人傲慢而内心不泰然。

【解读】

这句话是君子和小人心态的对比。君子胸襟宽广，泰然自若，沉着冷静，对人有礼而不傲慢；小人则相反，心胸狭窄，目中无人，傲慢无礼，缺少了一份坦然。

做事泰然，不以势压人，不张扬的行事之风，是赢取人心的根本。而傲慢大多来自于炫耀自己的心态，其实，真正成功的人靠的是实力，而不是外在的张扬。秦末名将项羽，力能举鼎，有万夫不当之勇，多次打败秦国的军队，却过于骄傲，在咸阳火烧秦国宫殿，在鸿门宴不顾谋臣范增的劝阻放走刘邦。最终，骄傲的西楚霸王本有雄霸天下之才，却在争霸天下的战争中为刘邦所败，退守垓下，自刎于乌江，成为千古悲剧。由此看来，即便是一个人十分强大，如果过于骄傲，也很容易出现问题。

但攻吾过，毋议人非

【经典】

出自（清）陈确《不乱说》

但攻吾过，毋议人非。

只努力克服自己的缺点，不议论别人的是非。

【解读】

这句话主要在于告诫大众，要把眼光多放在自己身上，发现自己的缺点并努力去改正它，而不要对自己的缺点视而不见，反而盯着别人的过失看，议论别人的是非对错。

日常生活中，人们常常难以发现自己身上的错误，有些错误即使自己已经意识到了，也很容易被自己“原谅”；而对于别人身上的缺点，即便再小，也会抓住不放，甚至在背后大肆议论。这样的人，无法客观地认识自己和评价他人，是难以获得成功的。

因此，我们提倡“严于律己，宽以待人”，我们对自身要加强自我反省和自我批评，对他人则要采取更宽容的态度，去包容他人身上的缺点或者一些小过失。

自静其心延寿命，无求于物长精神

【经典】

出自（唐）白居易《不出门》

自静其心延寿命，无求于物长精神。

能行便是真修道，何必降魔调伏身。

心平气和就能长寿，不过分追求外物就能保持精神爽利。

【解读】

人之所以会烦恼不断，一个重要的原因在于过分追求外物。古希腊著名哲学家伊索曾说："很多人为了得到想要的东西，有时候会把眼前已经拥有的给失去了。"其实，欲望是无穷无尽的，如果一心追逐无穷尽的欲望，那么这一生就会过得非常痛苦。

俗话说"人心不足蛇吞象"，试想一下，小小的蛇想要去吞下巨人般的大象，那将会是一种什么样的体验？咽不进去又吐不出来，噎在喉咙，难受万分。人也一样，如果这也想要，那也想要，最终可能会掉进欲望的黑洞里，什么都得不到。所以，不如保持平和的心态，活得更洒脱一些。

胜败兵家事不期，包羞忍耻是男儿

【经典】

出自（唐）杜牧《题乌江亭》

胜败兵家事不期，包羞忍耻是男儿。江东子弟多才俊，卷土重来未可知。

胜败乃兵家常事，难以预期，能够忍受失败和屈辱的方是真男儿。

【解读】

第一句点出了"胜败乃兵家常事"的道理，既然有战争，那么就没有从不失败的队伍，有胜有负是正常的事情，而且难以预料，关键在于面对胜负的态度。作者发出感慨，倘若项羽能够明白这个道理，忍受失败的屈辱，总结经验教训，那么或许还有机会卷土重来。诗人在略带惋惜的语气中，宣扬了大丈夫应当具有越挫越勇、能屈能伸的气度。

在实际生活中，那些锋芒毕露，咄咄逼人的人不一定是强者，真正的强者往往不会体现在表面上。他们明白失败乃成功之母，承受得了失败，隐忍得了屈辱，才是真正能成大业的强者的体现。

将相顶头堪走马，公侯肚里好撑船

【经典】

出自（明代）《增广贤文》

将相顶头堪走马，公侯肚里好撑船。萤仅自照，雁不孤行。

将相的额头宽阔，可以容得下马在上面奔跑；公侯的肚量如海深，可以让船行走。

【解读】

胸襟宽广、气度宏大是真正能成大事的人所拥有的特质，真正有大成就的人，不仅能包容各种人，还能包容别人的短处和过错。历史上有很多这样的英雄，刘邦宽宏大量能容人，所以能一统天下；李世民能容人之过，成为一代明君；蔺相如以国家利益为重、善自谦抑，成就了“将相和”的历史佳话。

从古至今，能够成为王侯将相的人，并不是因为命中注定，而是因为他们具有高尚的品质修养。能够成为领导的人，大多都是气度恢弘、宽宏大量的人。今天的领导者也应该如此，“肚里好撑船”才能众望所归。

宽宏大量的人即便不能成为领导，也能成为人缘广、评价佳的豪爽仁义之人。韩信小时候失去了亲生父母，平日里常常接受一位漂洗妇人的帮助，经常遭到周围人的歧视和轻蔑。有一次，一位屠夫当众羞辱韩信：“别看你长得高大，身上还配有刀剑，但是你却是一个胆小鬼，你有本事用你的佩剑来刺伤我吧，要是不敢你就从我胯下钻过去。”韩信自知当下的情况无法与之抗衡，于是当着众多围观者的面，从屠夫的胯下钻了过去。这就是历史上著名的“胯下之辱”的故事。也正是因为这么宏大的气度，韩信最终成就了一番伟业。

我自横刀向天笑，去留肝胆两昆仑

【经典】

出自（清）谭嗣同《狱中题壁》

望门投止思张俭，忍死须臾待杜根；

我自横刀向天笑，去留肝胆两昆仑。

我横刀而出，仰天大笑，因为去者和留者肝胆相照、光明磊落，有着昆仑山一般的宏伟气魄。

【解读】

这是在慈禧太后发动政变逮捕了谭嗣同以后，谭嗣同于狱中写下的豪言壮语。

谭嗣同用这两句话，说明了自己并不怕死的一种豪迈的情怀，也表明了其堪比昆仑山的赤胆忠心。1898 年 6 月，谭嗣同与康有为、梁启超等维新派人士发动了戊戌变法，但因戊戌变法损害到以慈禧太后为首的守旧派的利益而遭到强烈抵制。1898 年 9 月，慈禧太后发动戊戌政变。其实，谭嗣同被捕之前，有多次机会可以逃走，但是他却说：“各国变法，无不从流血而成，今中国未闻有因变法而流血者，此国之所以不昌也。有之，请自嗣同始。”决定为变法牺牲，最后慷慨就义。这首诗，就是他临死前写在监狱墙壁上的。

杀身成仁，舍生取义，历来是有气节的人的追求。孟子说：生存是我想要的，道义也是我想要的，假如两者不可能都得到，我会舍弃生存，而取道义。宋末民族英雄文天祥，组织军队抵抗元军，兵败被俘。元世祖忽必烈对作为当时文士楷模的文天祥非常重视，用了很多方法劝降。忽必烈本人甚至亲自去大牢里，许以相位，文天祥大义凛然，毫不动摇，宁死不降。忽必烈无计可施，只得选择杀掉了他，文天祥从容赴死，慷慨就义，留下绝笔书，大意为：孔子说要“成仁”，孟子说要“取义”，惟有行为完全符合“义”的要求，才能达到“仁”的境界……从今往后，我没有什么可惭愧的。历代仁人志士如文天祥和谭嗣同等人，这种高尚的民族气节，为大义而献身的精神，值得后人永远学习。

心似白云常自在，意如流水任东西

【经典】

出自（明）许仲琳《封神演义》

心似白云常自在，意如流水任东西。

心像白云一样自由自在地飘，情绪像流水一样随意流向各处。

【解读】

这句话表达的是道家自由自在的逍遥思想。内心像空中的白云一样，追求的是随心所欲；情绪如同流水一般，追求的是无拘无束。

我们在生活中也要做到这样的心态，努力解开内心的枷锁，才能过得轻松。人往往会过于在意他人对自己的看法，其实越在意别人的看法，就越是给自己的内心加以束缚，越加重自己的包袱，就更加无法活得自在无拘。人无完人，任何人都无法做到被所有人喜欢，那么最快乐的方法，就是从心出发。无论是饱经风霜，还是历尽沧桑，常怀一颗云水之心，用心在生活的土壤中播种豁达、开朗、宽容、泰然，自然就会收获满足和快乐。

历览前贤国与家，成由勤俭破由奢

【经典】

出自（唐）李商隐《咏史》

历览前贤国与家，成由勤俭破由奢。

何须琥珀方为枕，岂得真珠始是车。

运去不逢青海马，力穷难拔蜀山蛇。

几人曾预南薰曲，终古苍梧哭翠华。

纵览历史，凡是贤明的国家，成功来自勤俭，衰败起于奢靡。

【解读】

诗人认为，回顾古代，凡是贤明的国君，崇尚勤俭节约之风的，国家就能繁荣昌盛；凡是盛行腐败奢靡之风的，国家必将走向衰亡。

勤俭节约不仅可以积累财富，还可以营造良好的社会风气，有助于促进社会的稳定和谐；腐败奢靡不仅会破坏经济基础，而且会滋生歪风邪气。因此，国家和社会的发展，与这两者有很大的关系。

古往今来，成功的创业者大多经历过艰苦奋斗的人生阶段，因而懂得勤俭节约的重要性。但是，对于一些守业者来说，他们往往具有较好的基础条件，没有经历过艰苦的日子，容易养成贪图享乐的坏习惯。因此，守业者大多都会走向事业衰败的结局。这就是几千年历史给人们带来的启示，“成由勤俭败由奢”也是这样的道理。

由俭入奢易，由奢入俭难

【经典】

出自（北宋）司马光《资治通鉴·训俭示康》

吾今日之俸，虽举家锦衣玉食，何患不能！顾人之常情，由俭入奢易，由奢入俭难。

从节俭到奢侈容易，从奢侈到节俭困难。

【解读】

作者意在说，生活如果从勤俭节约转变为奢侈富贵较为容易，反过来从富裕奢侈到穷困简朴就会困难得多。所以，人处于安逸的生活环境时不能过于奢侈，要保持勤俭节约的生活态度。

习惯的力量是很可怕的，当人们在生活中已经形成了一定的消费模式，再重新调整就会非常困难了。举个简单的例子，住惯豪宅的人突然要舍弃豪宅去住小茅屋，这是难以接受的；开惯豪车的人突然只能骑自行车了，这也是非常难受的。因此，不管是富裕还是贫穷，我们都要时刻保持艰苦朴素的生活态度。

雍正皇帝就是一个生活简单的人，他虽然贵为皇帝，但对于饮食用度的要求非常低。雍正年间，清王朝正处于鼎盛时期，而清宫史料《国朝宫史》记载，雍正二年，雍正帝下旨御膳房，大意为：宫中剩下的粥饭、菜肴，切不可随意抛弃在沟渠之中（食毕有余者，切不可抛弃沟渠）。如果人不能继续吃，可以给猫狗吃；猫狗也不能吃的，则晒干之后喂养禽鸟，决不可丢弃（再不可用，则晒干以饲禽鸟，断不可委弃）。我会派人随时查看，如果再发现有人随意丢弃食物，一定要严加治罪。三年后，因发现太监随意丢弃吃剩下的米饭，雍正帝再次下诏，对此进行斥责。

如今，我们大多数人的生活条件都得到了很好的改善，但是我们依然要保持艰苦朴素的生活习惯，摒弃奢靡浪费的不良风气，要时刻牢记“由俭入奢易，由奢入俭难”的道理。

不自见，故明；不自是，故彰；不自伐，故有功；不自矜，故长

【经典】

出自（春秋）老子《老子》

曲则全，枉则直，洼则盈，敝则新，少则得，多则惑。

是以圣人抱一为天下式。不自见，故明；不自是，故彰；不自伐，故有功；不自矜，故长。

不是只看到自己，所以更能明白世事；不自以为是，所以更能彰显自己；不自我夸耀，所以可以成就功业；不骄傲自大，所以能够不断进步。

【解读】

老子认为，每个人最大的敌人并非他人，而是自己。他把阻碍人生成功的因素高度概括为“自见”“自是”“自伐”和“自矜”。也就是说，如果一个人过分热衷于表现自我、自以为是、夸耀自己、骄傲自大，那么最终会走向失败。因此，人应当以这四个“自”来时刻反省自己，去除身上的这些缺点，才能取得最终的成功。

对于不明白这四个因素的坏处，固执己见地带着这四个“自”去与人争强好胜的这一类人，老子的形容是：“余食赘形，物或恶之”。也就是说，这一类人就像剩菜剩饭一样多余，像身上长的毒瘤一样让人恶心。但是如果自己能把这四个“自”战胜，超越自己，完善自己，那么就可以成为真正的强者。

江海不与坎井争其清，雷霆不与蛙蚓斗其声

【经典】

出自（明）刘基《郁离子·韩垣干齐王》

夫以策干人，不合而怨者非也。人有言不察，恚而雠之亦非也。臣闻之：江海不与坎井争其清，雷霆不与蛙蚓斗其声，硁硁之夫，何足杀哉？

辽阔的大江大海不会去和小小的废弃水井比较谁的水更清，九霄之上的雷霆不会去和小小的青蛙蚯蚓比较谁的声音更洪亮。

【解读】

这句话的用意是旨在比喻真正的大人物不会和普通的平庸之辈比较高下。君子应当拥有宽广的胸怀和容人的气度，方能成就长久的事业。

竞争的真正要义在于找到合适的竞争对手。只有与真正的对手竞争，才能体会到对方较自己的优胜之处，才能发现自己身上存在的不足和缺点，进而找到努力改进的方向。

那么，该如何选择合适的竞争对手呢？其实并不难，我们身边的每个人都可能成为你各个方面的竞争对手。换句话来说，身边的每个人都可能成为你学习的对象。因此竞争的目的是为了更好地学习。所以，我们必须要擦亮自己的眼睛，怀抱一颗好学的心，去发现身边人的优点。扬其所长，避其所短，反省自身，改善自身。

当然，我们要拥有一颗好学的心，但不能过度地拥有一颗好胜的心。所谓“人外有人，天外有天”，竞争和比较是无止境的。我们更多的是要和自己对比，今天的自己比昨天的自己进步了一点点，明天的自己又比今天的自己进步了一点点，这样慢慢积累，则会日有所长，一步一个脚印地取得成功。

第三章

力学笃行

千磨万击还坚劲，
任尔东西南北风

一勤天下无难事

【经典】

出自（清）钱德苍《解人颐·勤懒歌》

丈夫志气掀天地，拟上百尺竿头立。百尺竿头立不难，一勤天下无难事。

只要勤奋，天下就没有困难的事情。

【解读】

钱德苍生平不祥，字沛恩，号慎斋，江苏长洲人。

古人在很早之前就认识到了勤奋的重要性，例如“勤能补拙”“书山有路勤为径，学海无涯苦作舟”“业精于勤荒于嬉”等。而钱德苍对“勤”的理解更加深刻，直言只要能够勤奋，所有的事情都不会有困难存在。

勤奋固然不是成功的唯一要素，但却是最重要的因素之一。有了勤奋，或许会因为困难重重而速度很慢，但是终会有成功的那天；没有了勤奋，哪怕天资卓绝、条件优越，即使有所寸进，终究也不可能成功。

合抱之木，生于毫末；九层之台，起于累土

【经典】

出自（春秋）老子《老子·第六十四章》

合抱之木，生于毫末；九层之台，起于累土；千里之行，始于足下。

双臂合抱的大树，从细小的幼苗长成；九层的高台，是从一层层泥土夯筑起来的。

【解读】

这句话是“量变引起质变”最朴素的表达，也说明了从小事做起的重要性。

我们知道，任何事物的发展都是渐进性的，不可能一蹴而就，只有从

一件件的小事做起，才能够成就一番大事业。此外，仅仅重视小事也是不够的，还必须以坚强的毅力坚持下去，积少成多，才会有质变的结果。

图难于其易，为大于其细。天下难事，必作于易；天下大事，必作于细

【经典】

出自（春秋）老子《老子·第六十三章》

为无为，事无事，味无味。大小，多少。图难于其易，为大于其细。天下难事，必作于易；天下大事，必作于细。是以圣人终不为大，故能成其大。夫轻诺必寡信，多易必多难。是以圣人犹难之，故终无难矣。

想要解决困难的事情，就要从容易之处开始着手；想要成就大事，就要从细微之处开始。天下所有的难事，必须从容易的事起步；天下所有的大事，必须从小事做起。

【解读】

我们常说万事开头难，可是难在哪里？归根结底主要是难在心里没底，不知道从什么地方入手，也不知道怎么做才最有效率。只要解决了这些问题，就没有什么难办的事了。

几千年前，圣人就告诉了我们处事的捷径。天下所有的难事都是从简易处开始的；天下所有的大事也都是从小事开始的。因此在处理任何事情时，要先从细小和容易处着手。这就如同士兵在战场上，想攻破敌人，要先找到敌人防线的“突破口”，这样才会形成“势如破竹”的局面。选择简易细小处，并不是避重就轻。而是因为解决问题本就是一个循序渐进的过程，只有先做最有把握的事情，由易而难，这样在解决问题的过程中才能越来越熟悉，才能增强自信心，使后续的工作更加得心应手。就算困难越来越大，我们也可以沉着应付，不失方寸。做事从容易处和有把握的地方做起，也是提高工作效率的最重要的方法。

慎易以避难，敬细以远大

【经典】

出自（战国）韩非子《韩非子·喻老》

有形之类，大必起于小；行久之物，族必起于少。故曰："天下之难事必作于易，天下之大事必作于细。"是以欲制物者于其细也。故曰："图难于其易也，为大于其细也。"千丈之堤，以蝼蚁之穴溃；百步之室，以突隙之熛焚。……此皆慎易以避难，敬细以远大者也。

谨慎地对待每一件容易的事情以避免困难；严肃的对待细小的漏洞以远离大的灾祸。

【解读】

韩非（约前 280—前 233 年），法家代表人物，战国末期哲学家。

这句话和"图难于其易，为大于其细"一样，都是讲的难和易、大和小的辩证关系。"慎易以避难，敬细以远大"讲的是不给难事、大事产生的机会。

任何事物的产生，都必须满足其能够产生的条件。如果我们提前把难事、大事产生的条件都给铲除了，那么难事、大事也就无从出现了。例如所有存放有易燃物的场所都有"严禁烟火"的标志，目的就是为了防止火灾的发生。"严禁烟火"就杜绝了火源，没有了火源，易燃物就无法燃烧，无法燃烧自然也就不会有火灾发生。

耳闻之不如目见之，目见之不如足践之

【经典】

出自（西汉）刘向《说苑·政理》

夫耳闻之不如目见之，目见之不如足践之，足践之不如手辨之；人始入官，如入晦室，久而愈明，明乃治，治乃行。

听别人的讲述，不如自己亲眼看到的效果好；亲眼所见，不如自己亲自动手体验的效果好。

【解读】

刘向（前77—前6年），字子政，西汉经学家、目录学家，文学家，编纂有《新序》《说苑》《列女传》《洪落五行传》等。

无论做什么事情，亲身的体验才是最重要的。听别人的讲述，毕竟是他人的体会，其中必然有两点难以避免的地方：第一，每个人的知识水平不同，必然会有认识的深度差异；第二，站立的角度不同，对事物的认识也有不同的侧重点。所以别人的认识只有一定的参考作用，并不能完全替代我们自己亲眼所得的认识。

眼睛看到的，也只是事物流露在外部的表象和演变之后的最终结果，如果不是亲身经历，内部的变化和演变过程也同样无从得知。民谚说“看人挑担不吃力，自己挑担压断脊”和“事非经过不知难”，说的也是同样的道理。只有亲身体验了，才会知道具体的工作有什么难处，需要哪些方面的支持，也只有知道了这些，才能够将工作做得更好。

不受虚言，不听浮术，不采华名，不兴伪事

【经典】

出自（东汉）荀悦《申鉴·俗嫌》

在上者不受虚言，不听浮术，不采华名，不兴伪事。言必有用，术必有典，名必有实，事必有功。

不聆听夸大虚妄的言辞，不听从不切实际的方法，不谋取不合自己实际的名声，不去做弄虚作假的事情。

【解读】

荀悦（148—209年），东汉颍川颍阴（今河南许昌）人，字仲豫，著名的史学家、哲学家。

荀悦认为，人不管做什么事情都要从实际出发，不能搞形式主义而弄虚作假，说话必须言之有物，不能泛泛而谈；出的主意必须有切实的根据，

不能贸然决定；不能追求超出自己能力和贡献的荣誉，更不能做没有实际效益的“面子工程”。

然而在实际生活中这样的事情却屡见不鲜：为了获得种种利益，不管什么地位的人，总会夸大自己的成绩，媚上欺下，丝毫不顾忌是否“德配其位”，自己所做的这些是否会产生真正的价值。这种行为的危害无疑是很大的，根据夸大的言辞做出不切实际的决策，势必会产生难以预料的后果和无法挽回的损失。

善学者尽其理，善行者究其难

【经典】

出自（战国）荀子《荀子·大略》

君子之学如蜕，幡然迁之。故其行效，其立效，其坐效。其置颜色、出辞气效。无留善，无宿问。善学者尽其理，善行者究其难。

善于学习的人，必然会探究清楚所学的知识是什么道理；善于实践的人，必然会研究明白所做的事情困难之处在哪里。

【解读】

人只有不断学习，才能够掌握更多的知识；只有经过了实践，才能够把知识融会贯通。所以儒家经典《中庸》讲道，“好学近乎知，力行近乎仁”，充分说明了学习和实践的重要性，认为这是实现“知”和“仁”的必要前提。荀子则对学习和实践提出了具体的要求，就是学习要“尽其理”，实践要“究其难”。

什么是“尽其理”呢？就是不论学习什么，都要将知识点充分理解并完全掌握，不能够囫囵吞枣不求甚解。《史记》中说孔子读《易经》的时候“韦编三绝”，说的是他经常研读《易经》，以致于编联书简的牛皮多次被他翻断，可见孔子为了把《易经》中的精髓研究明白，下了多么大的功夫。“圣人”尚且如此，作为普通人的我们，又有什么理由、什么资格不努力呢？

“究其难”同样也是如此，只有俯下身子认真地进行实践，才能够明白在具体的工作中究竟哪些是重点、哪些是难点，才能够有的放矢地进行解决，才能够统筹安排并分配好自己的精力、财力、物力。如果不知道重点、难点在哪里，就会造成“胡子眉毛一把抓”的混乱局面，既浪费人力物力，也浪费了时间。

行百里者半九十

【经典】

出自（战国至秦汉）《战国策·秦策五》

《诗》云：“行百里者半于九十。”此言末路之难也。

一百里的路程，走了九十里，和走了一半没有任何区别。

【解读】

这个典故说的是坚持的重要性。很多人在开始的时候都是雄心勃勃，但是随着时间的推移，原来的激情慢慢消退，以致以虎头蛇尾告终。

从字面上理解，不管是“九十里”还是“五十里”，都没有达到“一百里”，同样都属于没有完成目标。或许有人说，走了九十里的人已经离成功不远了，因为已经付出了很多的劳动，没有功劳也有苦劳，应该算成功了。但是这个世界是严酷无情的，它从来不会考虑做事情的人付出了多少，做了什么样的努力，大多都“以成败论英雄”，成功了就是成功了，失败了就是失败了。所以不管遇到了什么困难，也都要咬牙坚持下去，不要倒在胜利的前一刻。

“行百里者半九十”还有更深一层的含义，也就是越是到了最后，遇到的困难也越多、越难，也更需要坚韧的毅力和更多的努力。如果不能坚持到最后，也算是半途而废。

单则易折，众则难摧

【经典】

出自（北齐）魏收《魏节·吐谷浑列传》

阿豺有子二十人，纬代，长子也。阿豺又谓曰："汝等各奉吾一只箭，折之地下。"俄而命母弟慕利延曰："汝取一只箭折之。"慕利延折之。又曰："汝取十九只箭折之。"延不能折。阿豺曰："汝曹知否？单者易折，众则难摧，戮力一心，然后社稷可固。"言终而死。兄子慕瑰立。

一支（箭）很容易就能折断，很多（箭）绑在一起就难以摧毁了。

【解读】

这句话可分成两个方面来理解，一个是团队的重要性，一个是团结的重要性。个人的力量是有限的，如果仅仅依靠单打独斗，很多事情都无法完成；有了他人的配合和帮助，不仅原来个人无法完成的任务可以轻而易举地完成，还可以完成更大、更难的任务。我国的历史上很少宣扬个人英雄主义，例如东汉光武帝刘秀的成功靠的是云台二十八将、唐太宗靠的是凌烟阁二十四功臣等，班超在威震西域的时候也提到了他是在三十六个部下的帮助下完成的。"寡助之至，亲戚畔之；多助之至，天下顺之"，这句话从另一个方面说明了团队的重要性。

对于任何一个团队而言，团结始终都是第一位的。没有了团结，也就没有了凝聚力，团队中的每一个人都各行其是，不仅无法完成团队的目标，也很容易被外敌打败。俗话说"众人拾柴火焰高""团结就是力量"，只有大家心往一处想、劲往一处使，才能够完成个人无法完成的任务。

路漫漫其修远兮，吾将上下而求索

【经典】

出自（战国）屈原《楚辞·离骚》

朝发轫于苍梧兮，夕余至乎县圃。

欲少留此灵琐兮，日忽忽其将暮。

吾令羲和弭节兮，望崦嵫而勿迫。

路漫漫其修远兮，吾将上下而求索。

前方的道路漫长又遥远，我要去努力探索和追求（理想的大道）。

【解读】

屈原（约前340—前278年）名平，以字行，战国时期楚国诗人。

在原著中，屈原的本意是“我已经决定要追寻理想的大道，不管路有多远，我都不会放弃”。此语一出，立刻成为流传千古的励志名句，成为两千多年来仁人志士鞭策自己的座右铭。

生命不息战斗不止，不管是学习还是工作，都可以说是没有止境的，如果没有百折不挠的精神，想要完成预定的目标是很困难的，甚至可以说是不可能的。所以，当我们定下一个目标的时候，就一定要咬紧牙关坚持下去，排除障碍、解决困难，这样才能到达成功的彼岸。

积力之所举，则无不胜也；众智之所为，则无不成也

【经典】

出自（汉）刘安《淮南子·主术训》

智不足以为治，勇不足以为强，则人材不足任，明也。而君人者不下庙堂之上，而知四海之外者，因物以识物，因人以知人也。故积力之所举，则无不胜也；众智之所为，则无不成也。

集中大家的力量，就没有什么不可战胜的；汇总大家的智慧，就没有什么事情是不能成功的。

【解读】

这句话说的也是团队的重要性。世界上没有一个人是全能的，没有任何一个人能够精通每一个领域，每个人都不是圣人，都有着这样那样的缺点和不足。“积力”说的就是集体的力量，如果能够把团队中每一个人的特长都发掘出来，并且把他们放到最合适的位置，那么这个团队会发挥出最高的战斗力。

而“众智”说的是集中大家的智慧。我国有“一人计短，众人计长”“三个臭皮匠，顶个诸葛亮”这样的谚语，强调的都是做事情的时候不要单打独斗，更不能盲目做决定，只有让大家都参与进来，才能够发现自己忽略和考虑不周到的地方，这样就可以把计划做得更好，实施的时候也会更加顺畅。

涉浅水者见虾，其颇深者察鱼鳖，其尤甚者观蛟龙

【经典】

出自（东汉）王充《论衡·别通》

涉浅水者见虾，其颇深者察鱼鳖，其尤甚者观蛟龙。足行迹殊，故所见之物异也。

行走在浅水里，能够看到的只有小虾，在较深的地方才能看到鱼类和龟鳖，只有到了很深的地方，才可能观察到蛟龙的存在。

【解读】

王充（27—约 97 年）字仲任，会稽上虞（今浙江绍兴上虞）人，东汉时期著名的哲学家。

人对事物的认识是一步步深入的，付出了多少精力，就会有多少收获。真理从来都不会在事物的表象上表现出来，而是蕴含在事物的核心之中，只有认真地研究、仔细地探索，才能够得到其中的精华。如果敷衍了事，得到的认识只能是事物的表象。

在遇到陌生的事物时，一定要养成善于观察的习惯，才能够发现其中

的特点；知道了事物的特点，才能够判断出这个事物和其他事物的不同点，它的本质又是什么，才能够有的放矢地做出解决的方案。

苟利国家生死以，岂因祸福避趋之

【经典】

出自（清）林则徐《赴戍登程口占示家人》

力微任重久神疲，再竭衰庸定不支。

苟利国家生死以，岂因祸福避趋之？

谪居正是君恩厚，养拙刚于戍卒宜。

戏与山妻谈故事，试吟断送老头皮。

如果是对国家有利的事情，即使牺牲自己的性命也在所不惜，怎么可能做出趋福避祸的行为呢？

【解读】

林则徐（1785—1850年）字元抚，又字少穆，福建侯官县人。清朝时期的政治家、思想家和诗人。虎门销烟后，林则徐被作为替罪羊充军伊犁，这首诗是他在流放的途中写给家人的，充分表达了他忧国忧民、不顾个人安危的报国之情。虽然这个典故中有“生死”“祸福”两个意思截然相反的词语，但是重点只有“死”和“祸”，“生”和“福”只不过是陪衬，这也是古文中经常使用的一种表达方式。

在大是大非面前，个人的生死荣辱算不得什么；在国家和民族的利益之前，个人的得失也不能计较。如果每个人都只顾打自己的小算盘，国家何时才能够强大？民族何时才能够复兴？为了建立民主自由的新中国，多少先烈献出了生命，他们又何曾想过为自己谋取什么利益？为了制造出中国自己的核武器，多少科学家抛家弃子隐姓埋名，他们又计较过什么荣誉地位？只有有了“苟利国家生死以，岂因祸福避趋之”的胸怀，才会更快地实现伟大的民族复兴！

天行健，君子以自强不息

【经典】

出自（殷周至秦汉）《周易·乾卦》

《象》曰：天行健，君子以自强不息。

上天（即自然）的运行刚强劲健，所以君子要像上天那样力求进展、永不止息。

【解读】

古人认为，天道的运行有着自身的规律，不会因为人的意志而改变。按照天人感应的理论来说，在“人”的方面就是要自强不息。

每个人都有自己的人生价值，这个价值的具体体现指的是实现自己的目标。但是目标的实现过程并非一帆风顺，总会出现这样那样的挫折，如果没有自强不息的精神和坚韧不拔的意志，就会被这些挫折打败，无法实现人生的价值。从另一种意义上来说，这些挫折也是一种宝贵的财富，它会让我们明白成功的不易，从而更加珍惜拥有的一切。成功从来都属于那些意志坚定的人，如果遇到了挫折就轻言放弃，不愿意去战胜这些挫折，等待你的只有失败这一结果。

富贵不能淫，贫贱不能移，威武不能屈

【经典】

出自（战国）孟子《孟子·滕文公下》

居天下之广居，立天下之正位，行天下之大道；得志，与民由之；不得志，独行其道。富贵不能淫，贫贱不能移，威武不能屈，此之谓大丈夫。

面对富贵思想不迷惑，面对贫贱操守不改变，面对强权意志不屈服。

【解读】

这是孟子对“大丈夫”的定义，也是他的名言之一，每一个字都有着思想和人格力量的光芒在闪耀，至今读来仍然振聋发聩，也是历史上诸多仁人志士的座右铭，鼓舞着他们不断前行。

人的一生会遇到各种诱惑，也会遇到经济困难和强权的压制，这时候能够做到不忘初心是很困难的。但是也正因为困难，能够做到才显得如此珍贵，才会被人们称为“大丈夫”！

人的一生会遇到各种各样的情况，既有一帆风顺的顺境，也有逆水行舟的逆境。处于顺境的时候要不骄不躁，分析一下让自己顺利的原因是什么，后面的路就会越走越顺；处于逆境的时候不能怨天尤人，检查一下是什么让自己走得如此困难，才能让自己更快地走出逆境。

吾生也有涯，而知也无涯

【经典】

出自（战国）庄子《庄子·养生主》

吾生也有涯，而知也无涯。以有涯随无涯，殆已！

人的生命是有限的，然而需要学习的知识是无限的。

【解读】

庄子（约前369—前286年），名周，字子休（亦说子沐），宋国蒙人，战国时期哲学家，是继老子之后的道家代表人物，与老子合称“老庄”。

在通常的认知中，“吾生也有涯，而知也无涯”是劝学的名句，鼓励学生要把有限的时间投入到学习无限的知识之中，不要浪费光阴。这个解释也不能说没有道理，但是已经完全违背了庄子的本意，因为他对这种做法的评价是“殆已”，也就是“危险了”！

世间的学问极其庞杂，而人的时间是有限的，这就要求我们必须有选择地去学习自己需要的知识，吃透专业内的知识，而不是一味地求多、求全。即使是古代，也有儒家、名家、法家、道家之分，也没有出现过一个人兼通诸子百家的现象。到了现代，各个学科的分类越来越细，能够精通某个领域就很不容易了，想要完全掌握根本是不可能的事情。

不过这并不是不鼓励学习，而是说要注意分辨哪些知识是自己急需的，哪些是自己用不上的，要有针对性的将时间用到需要的地方。

知之者不如好之者，好之者不如乐之者

【经典】

出自《论语·雍也》

子曰："知之者不如好之者，好之者不如乐之者。"

知道学习的人，不如那些喜欢学习的人；喜欢学习的人，不如那些以学习为乐的人。

【解读】

孔子在这里用层层递进的方式，告诉我们学习态度的不同会产生不同的学习效果，充分说明了学习兴趣的重要性。

兴趣是最好的老师，也是学习的动力。很多人都知道知识的重要性，也知道应该去学习，但是却因为种种原因不喜欢学习，只有在家长和老师的督促下才肯学习，这样的学习效率就可想而知了。

喜欢学习的人要比知道学习的人效率更高，因为他们已经建立了一定的学习兴趣。但是这种学习态度仍然存在一定的问题，那就是为了学习而学习，学习能给他们带来的不全是快乐，有时候也会产生厌倦的心理，这样自然也就有懈怠的现象发生。

而将学习当作快乐的人则完全不同。在他们看来，学习就是他们最大的爱好，学习的时候是他们最快乐的时候，这样不仅学习效率高，对知识点的理解也比较深刻，能够举一反三，学到的知识印象会更加深刻。

不积跬步，无以至千里；不积小流，无以成江海

【经典】

出自（战国）荀子《荀子·劝学》

积土成山，风雨兴焉；积水成渊，蛟龙生焉；积善成德，而神明自得，圣心备焉。故不积跬步，无以至千里；不积小流，无以成江海。骐骥一跃，不能十步；驽马十驾，功在不舍。锲而舍之，朽木不折；锲而不舍，金石可镂。

没有半步、一步的积累，就无法到达千里之外；不积累小河小溪，就无法形成大江大海。

【解读】

学习无法一蹴而就，只能慢慢地积累。

任何领域的知识都是一个系统的工程；有基础性的知识，也有高端知识；有相对重要的关键知识，也有相对次要的普通知识。学习的时候不要觉得基础性的普通知识没有用处，要知道所有的高端知识都是从基础知识发展而来的。无论学习哪个领域的知识，都要从零开始，有一个由不懂到懂得，由懂得到精通的过程。

即使是最复杂的汉字，也是由一个个的笔画组成，少了一个笔画，这个字也就不是这个字了；即使是最精密的机器，也是由一个个简单的零件构成，缺了一个零件，这台机器也就不是完整的机器了。荀子举的例子就简单明了：觉得半步、一步跨过的距离短而不愿意走，又怎么能够到达千里之外？因为“千里”的距离虽然遥远，但也是由无数个半步、一步组成的。

所以我们不管是学习、工作还是生活，都不要好高骛远，要脚踏实地努力，夜以继日地坚持下去。有了这样的毅力，就没有什么事情是做不成的！

独学而无友，则孤陋而寡闻

【经典】

出自（春秋至秦汉）《礼记·学记》

发然后禁，则扞格而不胜；时过然后学，则勤苦而难成；杂施而不孙，则坏乱而不修；独学而无友，则孤陋而寡闻；燕朋逆其师；燕辟废其学。此六者，教之所由废也。

一个人独自学习，不和学友们研讨交流，学到的知识必然不多，见识必然短浅。

【解读】

纵观古今中外，那些在治学方面有所成就的人，不仅会勤奋读书，更注重和朋友之间进行学习心得方面的交流。如果不和外部进行知识交流，只懂得“死读书、读死书”，那么他所得到的知识就只有书上记载的那些，既不知道它是否先进，也不知道它是否实用，最终成为无源之水、无本之木。只有和学友们多交流，才能获得更多的知识以弥补自身的不足，让自己的知识更全面。

《论语》说“三人行，必有我师焉”，也是在强调交流的重要性。古人注重“游学”，就是在学有所得之后，在游历的过程中和不同的读书人进行交流和切磋，以检验自己的理解是否正确。知识水平有高低、阅历有多寡，即使是同一个事物，每个人对它的认识和感悟也是不同的。在和学友们的交流中，我们可以学习到更独特的认识，获得更深刻的理解，而这些东西不是闭门造车能够得到的。哪怕是遇到了错误的观点，在交流的过程中，也可以让正确的观点得到完善。从本质上讲，和他人的交流就是在吸收他人的先进思想，一步步地让我们的思想基础更牢固，从而登上一个新的高度，使思想升华。

朋友间的交流是我们了解外部世界最好的手段，也是我们了解自己不足的最好方法，通过这种方式，既可以补足我们原来的短板，还可以让我们原来擅长的方面如虎添翼。

纸上得来终觉浅，绝知此事要躬行

【经典】

出自（南宋）陆游《冬夜读书示子聿》

古人学问无遗力，少壮工夫老始成。

纸上得来终觉浅，绝知此事要躬行。

从书本上学习到的只是理论知识，终究是比较肤浅的。想要深刻地了解，就必须亲自动手进行实践才行。

【解读】

陆游（1125—1210 年），字务观，号放翁，越州山阴（今浙江绍兴）人，南宋诗人。

这句诗是陆游的名句之一，告诉我们做学问要从哪里下功夫，怎么样才能对知识有深刻的理解。书面上讲述的知识都是浅薄的，也是别人的见解，想要从根本上了解某个事物，或者认清某个事理的本质，就必须通过自身的实践才行，只有做到了这一点，才能够将书面上的知识变成脑海里的知识，将别人的理解变成自己的感悟。实践也是验证的过程，在很多时候，只有自己吃过苦头、走过弯路，才能够明白书上讲述的道理是正确的，不是古人的臆想。

实践也是学习方式之一。就如前面说到的游学，不仅是为了交流和切磋，还要用实践来验证书面知识，在“知其然”之后，还要能够“知其所以然”。我们现代提倡的“理论联系实际”也是从这一点出发的。只有有了亲身的体会，才能够对书面知识有更深刻的体会，才能够知道这些理论是否和实际脱节。

博学之，审问之，慎思之，明辨之，笃行之

【经典】

出自（春秋至秦汉）《礼记·中庸》

博学之，审问之，慎思之，明辨之，笃行之。有弗学，学之弗能弗措也；有弗问，问之弗知弗措也；有弗思，思之弗得弗措也；有弗辨，辨之弗明弗措也；有弗行，行之弗笃弗措也。人一能之，己百之；人十能之，己千之。果能此道矣，虽愚必明，虽柔必强。

学习的内容要广博，不懂的地方要追究明白，思考问题要慎重，有问题要辨别清楚，对学问的实践一定要笃实。

【解读】

“博学之，审问之，慎思之，明辨之，笃行之”，讲的是递进关系的几个学习阶段。

第一个阶段是“博学之”，就是扩大学习范围，兼容并蓄地学习各方面的知识，只有有了宽广的知识和博大的胸怀，才能有放眼天下的目光和胸襟。

“审问之”是第二个阶段，在学习的过程中，有不懂的地方就要问，只有问清楚了，才不会有疑问存在。

没有了疑问，就要深入地对所学习的内容进行分析和思考，融会贯通之后也就成了自己永恒的记忆。这是第三个阶段“慎思之”。

不是所有的学习内容都是正确的，其中的道理鱼龙混杂、真伪难辨，这就需要我们仔细地对其进行辨别，剔除那些谬论或者不合时宜的内容。这是第四个阶段“明辨之”。

最后就是第五个阶段“笃行之”。知道了什么是真理，就要踏踏实实地将学到的知识运用到实践中去，能够做到“知行合一”的地步，才是真正学习到了知识，才能真正地学以致用、知行合一。

夫道不欲杂，杂则多，多则扰，扰则忧，忧而不救

【经典】

出自（战国）庄子《庄子·人间世》

颜回见仲尼，请行。曰:“奚之?”曰:“将之卫。”……仲尼曰:“嘻!若殆往而刑耳！夫道不欲杂，杂则多，多则扰，扰则忧，忧而不救。古之至人，先存诸己而后存诸人。所存于己者未定，何暇至于暴人之所行？……”

修道不能心杂，心杂了想法就多了，想法多了心情就会困扰，困扰了就会有忧患，忧患降临时就自身难保。

【解读】

庄子的文字运用能力很强，这里以顶真的方式层层推进，说出了“杂”的后果。

不管做什么，都不能贪大求全。人的精力是有限的，本来只有能够做一件事的精力，却分散到多个事情上，最终的结果就是哪个事情都做不好。毛泽东在《中国革命战争的战略问题》中说，“伤其十指不如断其一指”，就是告诉我们在处理问题的时候不要贪图数量，而是宁可少做一些，也要将问题彻底解决。

学习同样也是如此。或许会有“门门精”的天才，不过对于世界上大部分的普通人来说，什么都去学，或许能够什么都懂一些，但是绝对做不到样样精通的程度，最终只能成为一个杂家而不是专家。能够成为一个杂家还算是好的，更多的可能是“样样稀松”，只了解一些流于表面的知识。

为天地立心，为生民立命，为往圣继绝学，为万世开太平

【经典】

出自（北宋）张载《张子语录》

为天地立心，为生民立命，为往圣继绝学，为万世开太平。

为天地确立生生不息之心，让百姓都有安身立命之处，为过去的孔孟等圣人传播他们快要消亡的学问，为国家开辟万世太平的局面。

【解读】

张载（1020—1077年），字子厚，凤翔郿县（今陕西眉县）人，世称横渠先生，北宋哲学家，理学创始人之一。

张载的这四句话，分别对应了民众的精神价值、生活意义、学统传承、政治理想这四个层面。张载认为，人要立天、立地、立人，能够诚意、正心、格物、致知、明理，然后修身、齐家、治国、平天下，这样才能达到圣贤的境界。张载作为宋明理学的奠基者，对佛道深入研究，统摄为儒学，建构起了具有创新性的理论思维体系。王夫之评价张载之学："上承孔孟之志，下救来兹之失，如皎日丽天。"评价之高，不言而喻。

张载具有海纳百川的宽阔胸怀和以民为本的忧患意识，他的一生都以"为万世开太平"作为自己的抱负和追求目标。他秉持悲天悯人的情怀，以国家兴亡为己任。他眼光长远，认为所谓"开万世的太平"，不只局限于一朝一世。他以一种哲学家和战略家的视野，为千秋万代以后的世界谋划，这是一种具有中华民族气魄的价值理想，是基于对整个世界为一个"命运共同体"的认识。虽已过去近千年，但仍具有很强的现实价值和深远意义。

张载的这句话被称为"横渠四句"，其言简意赅，四句之间交感会通，涵盖着世界观、道德观、历史观、价值观等，体现了中华民族自强不息、厚德载物的精神，以及坚持和平的意志。

博观而约取，厚积而薄发

【经典】

出自（北宋）苏轼《稼说·送张琥》

信于久屈之中，而用于至足之后；流于既溢之余，而发于持满之末。……博观而约取，厚积而薄发，吾告子止于此矣。

博览群书以汲取其中的精华，积累了深厚的知识之后再慢慢释放出来。

【解读】

苏轼在这里所说的“约取”，指的是接受知识要慎重，要取其精华去其糟粕。

想要开拓自己的知识面，就必须要博览群书。然而并不是每一部书都是经典，即使是经典也未必字字珠玑，未必每一句话都是正确的。如果不加分辨一概“兼收并蓄”，那么在接受了精华的同时，也接受了其中的糟粕，这是不可取的。所以我们在读书的时候必须“慎思之，明辨之”，做到去粗取精、弃伪存真。这里的“约取”，主要是指慎取、精取。古人说“尽信书不如无书”，讲的就是要学会怀疑，懂得有选择地汲取书中的精髓，不能全盘接受作者的观点。

积累的知识精华多了，量变就引起了质变，由莘莘学子变成了渊博的学者，这时候就可以将自己的思想进行精炼，有选择地传授给他人了。

为学之道，必本于思

【经典】

出自（北宋）程颢、程颐《二程遗书·伊川先生语》

为学之道，必本于思。思则得之，不思则不得也。故《书》曰：“思曰睿，睿作圣。”思所以睿，睿所以圣也。

治学的原则，必然是将思考作为根本。

【解读】

学习的途径有两种，一种是直接途径，也就是通过实践学习；一种是间接途径，也就是通过读书或者别人的传授来学习其他人的经验。不管是哪一种方式，思考都是必不可少的，这样才能够不断进步，才能够掌握真谛并发扬光大。

早在两千多年前，孔子就已经总结了学习和思考的关系。他认为“学而不思则罔，思而不学则殆”，只知道学习，而不去思考，就无法理解其中蕴含的道理，从而陷入迷惘的境地。只有在学习的时候勤于思考，才能够学到切实有用的东西；不思考就是囫囵吞枣，精华和糟粕俱下，也无法将别人的经验变成自己的知识。思考也是探究事物内部规律的前提，只有思考了，才能解开笼罩在事物表面朦胧的面纱，寻找到隐含其中的本质。思考也是了解作者本意的手段，出于种种原因，很多时候作者无法直接说出自己真实的想法，而是用一些似是而非或者寓言式的语句进行代指，如果不进行思考，显然是无法知道这些的。

不深思则不能造于道，不深思而得者，其得易失

【经典】

出自（北宋）程颢、程颐《二程遗书·伊川先生语》

不深思则不能造于道，不深思而得者，其得易失。然而学者有无思无虑而得者，何也？曰：以无思无虑而得者，乃所以深思而得之也。以无思无虑为不思而自以为得者，未之有也。

不进行深入的思考，就无法领悟到其中的道理；没有经过自己深入思考所得到的东西，即使得到了也容易失去。

【解读】

程颐认为，对事物运行规律的思考不能是浮光掠影式的，而是要“深思”。什么是深思呢？就是不能满足于“知其然”，还要“知其所以然”。用现代语言来解释的话，就是在知道了某个事物是什么形态之后，还要更深入地探究下去，弄清楚导致这个事物形成的原因是什么。

探究“所以然”的过程，就是探究事物的本质和内部规律的过程。只要知道了本质和规律是什么，不管这个事物的表象产生什么样的变化，都不会对我们的判断产生任何影响。这个过程无疑是艰辛的，需要付出极大的努力。如果从别人那里知道“所以然”，而没有自己的付出和努力，我们的印象就不会那么深刻，随时都有可能忘记；但是经过自己深思之后获得的认识就截然不同了，这个认识会牢牢地保存在我们的脑海里，除非经过漫长的岁月，否则很难消失。

凡贵通者，贵其能用之也

【经典】

出自（东汉）王充《论衡·超奇》

凡贵通者，贵其能用之也。即徒诵读，读诗讽术，虽千篇以上，鹦鹉能言之类也。

之所以会认为“通人”可贵，是因为他们的可贵之处在于能灵活运用所学到的知识。

【解读】

王充把所有的读书人分为四种：儒生、通人、文人和鸿儒。“通人”就是能博览古今的人。在王充看来，如果一些人只知道背诵文章，即使背的再多，也只不过是鹦鹉学舌罢了，没有什么用处，只有能够学以致用的“通人”才是宝贵的人才。

荀子曾经说过：“知之而不行，虽敦必困知之”。知识量很渊博，懂得的道理也很多，但是如果不能付诸实践的话，也会遇到各种各样的困难。我们学习是为了获得足够的理论知识，但是不能获得了理论知识就结束了，能够用理论知识指导实践，并且在实践中熟练地运用各种理论知识，才是学习的最终目的。我们常说的要学以致用、学以促用、学用相长，都是说的理论知识和实践的关系。古人说“百无一用是书生”，说的就是不能学以致用的人。如果只知道死读书、读死书，最终也只不过是一个“书虫”，于己于人都没有什么好处。

理论知识都是从实践中总结出来的，二者的关系相辅相成。理论知识在指导实践的同时，实践中也会产生新的认识和发现，进一步促进了理论知识的丰富和发展，进而又可以让人们更好地指导实践。从这一点上来说，整个人类的历史就是一部学习、实践、再学习、再实践的历史，如此螺旋式的循环往复进步的历史。

老骥伏枥，志在千里；烈士暮年，壮心不已

【经典】

出自（三国·魏）曹操《步出夏门行·龟虽寿》

神龟虽寿，犹有竟时。
螣蛇乘雾，终为土灰。
老骥伏枥，志在千里。
烈士暮年，壮心不已。
盈缩之期，不但在天；
养怡之福，可得永年。
幸甚至哉，歌以咏志。

年老的良马伏在马槽旁，但仍然有驰骋千里的雄心壮志；壮志凌云的人即使到了晚年，奋发上进的心也永不停息。

【解读】

汉献帝建安十二年，曹操率师北征，摧毁了袁绍在河北的统治根基，胜利回师，在途中写下了这首《步出夏门行》。这首诗是对于人生哲理的感叹，因其豪迈有力和饱满充沛的情感而流传千年。

在这两句诗里，曹操把自己比喻为一匹年老的良马，虽然年事已高，体力不佳，但是依然有驰骋千里的雄心。他想要表达的是，心中怀有凌云壮志的人，尽管到了晚年，也依然拥有一颗上进的心，对于理想的追求仍然不会停歇。

和曹操一样“老骥伏枥，志在千里”的还有战国时期的廉颇。战国末期，长平之战爆发。赵国将领廉颇原本率领了 20 万精兵强将上阵杀敌，迎战秦

国，然而此时赵惠文王的儿子赵孝成王中了秦国的反间之计，罢免了廉颇，改用赵括为将。

擅长于“纸上谈兵”的赵括致使赵国在一夜之间被秦国消灭了 40 多万大军，长平落败了。廉颇在赵国得不到重视，就投奔了魏国，然而魏国也没有人重用廉颇这名老将。

后来，赵秦两国又爆发了数次战争，但是赵国始终没有胜利，于是就派使者去寻找廉颇，看他是否还能带兵打仗，这就是典故“廉颇老矣，尚能饭否”的背景。廉颇当着使者的面，吃下了一斗米和十斤肉，吃完马上披上铠甲坐上马匹，表示自己仍然能够带兵打仗。然而遗憾的是，使者早已收受贿赂，回国没有禀报实情，而是告诉赵王说：“廉颇将军年事虽高，但饭量依然很大，只是吃饭的过程中，起身上了三回茅厕。”赵王认为廉颇已近暮年，不能再出战了，于是就再也没有让廉颇回国效力。廉颇晚年被迎接入楚，一直“思用赵人”而抑郁不乐，最终死在楚国的寿春。赵国人才稀少，不久便被秦国所灭。

不管是老有所为的曹操，还是晚年不得志的廉颇，都不曾放弃自己建功立业的理想，虽然年老而内心豪情不减，其雄心壮志值得人钦佩和学习。

燕雀安知鸿鹄之志哉

【经典】

出自（西汉）司马迁《史记·陈涉世家》

陈涉少时，尝与人佣耕，辍耕之垄上，怅恨久之，曰：“苟富贵，无相忘。”庸者笑而应曰：“若为庸耕，何富贵也？”陈涉太息曰：“嗟乎，燕雀安知鸿鹄之志哉！”

燕子和麻雀这一类的小鸟，又如何能知道大雁的志向呢。

【解读】

秦朝末年，老百姓深受朝廷的压迫和剥削。当时的农民被要求缴纳收获物三分之二的赋税，还要被征去修筑长城、建造宫殿坟墓等，可谓苦不堪言。

当时有一个年轻人姓陈名胜，是一名雇农。他对于秦王朝的暴虐无道非常愤恨，想要改变这种现状。一天，陈胜和其他雇农在地里干活。休息的时候，众人谈起了当前的苦日子，都是又愤怒又无可奈何。陈胜听了，对大伙儿说："若是以后谁大富大贵了，不能忘记对方啊。"雇农们笑着说："我们不就是种田的，哪儿来的大富大贵，你也一样别奢望了。"陈胜又叹了一口气，说："燕雀安知鸿鹄之志哉？"

这句话所延伸出来的意思是：目光短浅的人，怎么能知道有胸怀有抱负的人的凌云壮志呢？雇农们听了，都嘲笑他的自不量力。然而，他们当中谁也不曾想过，秦二世元年，陈胜吴广在大泽乡发动起义，那个曾经和他们一起种田的人，成为中国历史上第一次农民大起义的领袖，也因此被载入史册，流传千古。

疾风知劲草

【经典】

出自（南朝宋）范晔《后汉书·王霸传》

宾客从霸者数十人，稍稍引去。光武谓霸曰："颍川从我者皆逝，而子独留。努力！疾风知劲草。"

在猛烈的大风中，才能看出什么草是强劲的。

【解读】

在狂风中，只有足够坚韧的草才不会倒下。这句话用以比喻只有历经严峻的考验，才能知道谁是真正的强韧。

西汉末年，王莽篡汉建立新朝，其统治末期，天下大乱，爆发了全国范围的农民起义运动。在这期间，西汉皇族的刘秀也想趁机拉起自己的队伍起兵。他经过颍阳时，有一个名叫王霸的人拉了一帮朋友去投靠刘秀。自此，王霸跟着刘秀南征北战，他能征善战，赤胆忠心，辅佐刘秀取得了多次胜利。后来，王霸在昆阳大破王莽的战争中立下了功劳，获得了刘秀的信任。但因其父亲年事甚高，他告辞还乡照顾父亲。一次，刘秀带兵路过王霸的家乡，登门探望，让其非常感动。经向父亲请求，终于再次回到军中。那一年，刘秀的队伍进入河北，目的是招降各州郡的地方势力，但进行得很不顺利。其队伍在河北邯郸和王郎作战时，遭遇了重大挫折。形势不佳之时，队伍中的很多人开始分心出走，但王霸始终留在刘秀身边，忠肝义胆，不曾离去。刘秀对此很感动，就说了“疾风知劲草”这句话。后来，刘秀经过多年努力终于登上了帝位，王霸成为刘秀的心腹，被任命为偏将军。

不入虎穴，不得虎子

【经典】

出自（南朝宋）范晔《后汉书·班超传》

超曰：“不入虎穴，不得虎子。当今之计，独有因夜以火攻虏，使彼不知我多少，必大震怖，可殄尽也。灭此虏，则鄯善破胆，功成事立矣。”

不进入老虎的洞穴，就无法抓到小老虎。

【解读】

这句话用以比喻不经历艰难险阻，就无法取得成功。

班超是东汉时期著名的军事家、外交家，他自小爱读书，拥有远大理想。长大后跟随窦固出击北匈奴，在接下去的三十一年期间，班超经常出使西域各地。首先是去到郑善国，其国王对班超早有听闻，刚开始非常尊重，慢慢变得怠慢起来。原因是北方匈奴也派人去拉拢郑善国国王，使他开始犹疑不定。班超就与随从们说，我们现在的处境非常危险，郑善国王因为匈奴使者的到来已经改变了对我们的态度，要是再过些时候，或许就会把我们进献给匈奴了。随从觉得有道理，愿意听从他的看法和建议。班超接着说：“不入虎穴，不得虎子。我们现在只有想办法把匈奴杀了，这样郑善国王没有办法只能归顺我朝。”

当天晚上，班超就率领与他同去的三十六个同伴，与匈奴决一死战，最后告捷。郑善国王没有了退路，唯有归顺汉朝。

班超的故事告诉我们，不能因为形势凶险或环境艰苦就退缩，不历经艰难险阻，就无法取得最后的成功。

不鸣则已，一鸣惊人

【经典】

出自（战国）韩非子《韩非子·喻老》

楚庄王莅政三年，无令发，无政为也。右司马御座而与王隐曰：“有鸟止南方之阜，三年不翅，不飞不鸣，嘿然无声，此为何名？”王曰：“三年不翅，将以长羽翼；不飞不鸣，将以观民则。虽无飞，飞必冲天；虽无鸣，鸣必惊人。”

只是不鸣叫而已，一鸣叫就会惊为天人。

【解读】

这句话源自楚庄王的一个典故。楚庄王少年登位，当时楚国国内矛盾复杂，爆发过两个公子发动的叛乱。但是楚庄王却整日沉迷于歌舞打猎，对国家大事不管不顾，臣子们对此颇有意见，想要进谏。楚庄王却在门口竖起个大牌子，上写：“进谏者杀毋赦！”

当时的右司马伍举想方设法见到了楚庄王说：“有一个谜我始终猜不着，想请您猜猜。”庄王笑着说：“你说来听听。”伍举说：“听说楚国山上栖息着一只身披彩色羽毛的神气大鸟，但是三年了不飞也不叫，您说这是什么鸟呢？”楚庄王听明白了伍举的意思，告诉他说：“这并非普通鸟，不飞则已，一飞将要冲天，不鸣则已，一鸣定要惊人。你去吧，我已经明白了。”伍举退下了，也明白了庄王的用意。但是过了好几个月，楚庄王这只不普通的鸟依然不飞不鸣，不为所动。大夫苏从又去劝谏庄王。楚庄王责问：“你难道没看到我的禁令吗？”苏从说：“我知道禁令，只要大王能听取意见，被判了死罪，我也心甘情愿。”楚庄王高兴地说：“你们都是真心为国家好，我怎么会不明白呢？”

于是楚庄王就放弃了往日的享乐，决心要干一番大事业。原来在过去的三年里，楚庄王虽然表面上沉迷于享乐，对国家大事不闻不问，但实际上是在以静观动，以辨忠奸。后来，他励精图治，知人善任，兴修水利，重农务商，国家日渐强大，最后楚国成为春秋五霸之一。

天生我材必有用

【经典】

出自（唐）李白《将进酒》

君不见黄河之水天上来，奔流到海不复回。

君不见高堂明镜悲白发，朝如青丝暮成雪。

人生得意须尽欢，莫使金樽空对月。

天生我材必有用，千金散尽还复来。

烹羊宰牛且为乐，会须一饮三百杯。

岑夫子，丹丘生，将进酒，杯莫停。

与君歌一曲，请君为我倾耳听。

钟鼓馔玉不足贵，但愿长醉不愿醒。

古来圣贤皆寂寞，惟有饮者留其名。

陈王昔时宴平乐，斗酒十千恣欢谑。

主人何为言少钱？径须沽取对君酌。

五花马，千金裘，呼儿将出换美酒，与尔同销万古愁。

上天让我生在这世上，就一定会有用到我的地方。

【解读】

李白在写这首诗歌时，仕途受挫，但并没有因此灰心丧气，他对自己和未来依然充满信心。他觉得自己的才华不会遭到埋没，终会在合适的地方得到施展，因此觉得痛饮一番，感慨“上天生下我，一定有需要用到我的地方，需要我去完成；金钱用尽了，以后依然会归来。”这两句充满豪情壮志，鼓舞着后人在遇到逆境的时候不灰心气馁，依然保持乐观的态度，奋发思进。

在李白的一生中，既有翰林院供职被唐玄宗赞赏的时候，也有蹉跎岁月不得志的时候，但他始终胸怀大志，关心世事，有建功立业的抱负。他读书涉猎广泛，除了常见的儒家经典、古代文史名著，还遍览诸子百家之书。与人评文论诗之时，也不忘纵谈天下大势，为国家的隐患而担忧。李白作品中洋溢的豪情壮志，就是他内心的反映。

临渊羡鱼，不如退而结网

【经典】

出自（东汉）班固《汉书·董仲舒传》

古人有言曰："临渊羡鱼，不如退而结网。"今临政而愿治七十余岁矣，不如退而更化；更化则可善治，善治则灾害日去，福禄日来。

站在水边想得到水里的鱼，不如先回家去织网。

【解读】

这句话比喻凡事不能凭空想象，而是要脚踏实地去实践。抓鱼是目的，而"结网"是手段。有了明确的目的，下一步就是实施必要的手段，否则目的就是空中楼阁，永远无法实现。这句话也反映了在现实生活中，很多人有美好的愿望，有很多想法，但大多只停留在想象和谈论的阶段，没有真正将想法付诸实施，愿望自然也就落空了。有时，只是因为你行动之前的犹豫，成功的机会就与你擦肩而过，只留下无尽的懊悔。其实，生活中的许多事情并没有我们想象的那么艰难，反而是由于摇摆不定而显得格外困难。所以，人要有脚踏实地、兢兢业业的实干精神，从小事开始，马上去做，不要只羡慕别人的成功，却忘了别人付出的努力。只有朝着自己的目标付出，并坚持到底，才有可能获得成功。

不经一事，不长一智

【经典】

出自（清）曹雪芹《红楼梦》

俗话说："不经一事，不长一智。"我如今知道了，你又该来支问着我了。

不经历事情，就不能增长见识和智慧。

【解读】

这句话用以说明人的智慧是随着阅历逐渐增加的。人的知识和见识除了从书本中学习以外，还应从经验和阅历中学习。一个人的阅历越丰富，所获得的经验就越多，视野就越宽阔，见识就越渊博，体悟到的知识才能越多。所谓“读万卷书，行万里路”也是一样的道理，读书和阅历对于拓宽一个人的知识面缺一不可。更何况，人的成长大多时候都是从挫折的经验中总结出来的，要亲身经历一件事情，才能提高对这件事情的领悟。所以，无需害怕跌倒和挫折，这些经历都是帮助你成长的珍贵礼物。

锲而舍之，朽木不折；锲而不舍，金石可镂

【经典】

出自（战国）荀子《荀子·劝学》

骐骥一跃，不能十步；驽马十驾，功在不舍。锲而舍之，朽木不折；锲而不舍，金石可镂。

不能坚持下去，即使是腐朽的木头也无法折断；如果坚持不停地用刀刻，就算是金属、玉石也可以雕出花饰。

【解读】

这句话用以比喻不管做什么事情，都应该坚持到底，倘若无法坚持，那么再容易的事情也可能会失败；如果一直坚持下去，那么再困难的事情最终也将取得成功。伏尔泰曾有一句话，是这么说的：“想要获得最后的成功，那就必须把剑一直握在手中，坚持到底，至死都不能撒手。”成功是来之不易的，在成功之前必然会遭遇多次失败，如果轻言放弃，那么成功将不会青睐于你，只有锲而不舍，才能离成功越来越近。

老虎冲入羊群的时候，羊儿们通常都会受到惊吓往四处逃跑，如果老虎此时盯着一只去追赶，通常都可以成功捉拿；但如果老虎盯了一只追了一会儿追不到，马上放弃换另一个目标，追不到又换一个目标，那么老虎最终可能一无所获。频繁更换目标，总是半途而废，事情便很难成功。人也一样，如果没有一个明确的目标，而是随心所欲，摇摆不定，半途而废，那么最终只会浪费时间和精力，只会离成功越来越遥远。

志不立，天下无可成之事

【经典】

出自（明）王守仁《教条示龙场诸生》

志不立，天下无可成之事。虽百工技艺，未有不本于志者。今学者旷废隳惰，玩岁愒时，而百无所成，皆由于志之未立耳。故立志而圣，则圣矣；立志而贤，则贤矣；志不立，如无舵之舟，无衔之马，漂荡奔逸，终亦何所底乎？

如果一直没有立下志向，那么天下就没有可以做成的事情。

【解读】

这句话告诫我们，想要获得成功，首先要树立远大的志向。志向就是目标，目标就好比明灯，能够照亮一个人前进的路，让人明确方向，勇往直前。志向没有好与坏之分，每个人的性格、爱好、成长环境各不相同，只要是符合个人发展的，积极向上的目标，都可以作为志向。所以每个人可以结合自身的天赋条件和兴趣爱好去确定自己的目标。一旦明确目标，那么就要为此付诸努力，坚持到底。所谓"锲而不舍，金石可镂"，要相信只要努力和坚持，没有达不到的目标。

没有人生目标的人，做事往往漫无目的，随心所欲。长此以往，就会滋生惰性，渐渐远离自律的生活。这一类人，往往最后都与成功无缘。

筑室于道谋，是用不溃于成

【经典】

出自《诗经·小雅·小旻》

哀哉为犹，匪先民是程，匪大犹是经。维迩言是听，维迩言是争。如彼筑室于道谋，是用不溃于成。

在路上建房子，总是要咨询路上行人的意见，而行人总是持不同的反对意见，所以房子很难建成。

【解读】

在当时的时代背景下，作者对于周幽王的昏庸痛心不已，作此诗以讽谏。这句诗意在比喻，面对众多而无法统一的意见，对于做决定根本起不到帮助，反而会因为七嘴八舌而混淆了视听，最终难以成功。

有些人缺乏主见，遇事喜欢咨询他人的看法和意见。每个人的立场不同，意见往往是众说纷纭的，如果缺乏一定的判断力，盲目地听从他人，最终很容易做出一个错误的选择和判断。

这样的状态并不是不可改变的，想要改变，就应当时刻警醒自己，遇事要有自己的判断力。一是要从自身的角度出发去考虑，二是要结合各个方面的因素去考虑，三是对于他人的意见仅作为参考，最终还要靠自己去做决定。做了选择和判断后，就不要瞻前顾后，畏首畏尾。就算是这次选择错了也不怕，吸取教训，不断改进自身，方可取得最后的成功。

少成若天性，习惯如自然

【经典】

出自（东汉）班固《汉书·贾谊传》

孔子云“少成若天性，习惯如自然”是也。俗谚曰：“教妇初来，教儿婴孩。”诚哉斯语！

小时候养成的习惯就像天性一样难以改变，习惯后就成很自然的事情了。

【解读】

贾谊作为太子的老师，对于太子的教育是非常重视的，这句话就出自他进谏汉文帝的奏折中。在教育太子的问题上，贾谊纵览历史，提醒汉文帝应当加强对于接班人的培养，这关乎国家的长治久安和前途命运。在这个问题上，他引经据典，将儒家治世育人的观点充分发挥。

人一旦养成习惯，做事就容易依赖习惯，会不经思考下意识地发生一些行为。俗话说“习惯成自然”，习惯一旦形成了，就好像天性一样自然。所以，养成什么样的习惯，最后就能够成为一个什么样的人，这句话并非夸张。技能增长、素质培养和知识积累等都与一个人良好习惯的养成有关。相反，养成了坏习惯则会阻碍人的成长和发展。

因此，我们在意识到习惯的力量后，要主动去做习惯的主人，培养有益于我们身心健康的好习惯，摒弃那些对我们有坏处和伤害的坏习惯，不要让坏习惯影响了我们的人生。

人生在勤，不索何获

【经典】

出自（东汉）张衡《应闲》

昔有文王，自求多福。人生在勤，不索何获。曷若卑体屈己，美言以相克？

人活一辈子就应当勤奋，不积极努力，怎么可能有所收获呢？

【解读】

这句话旨在说明勤奋的重要性。很多人认为人活一辈子，关键在于开心和自由，勤不勤奋对于人生的成功并不是决定性因素。甚至有些人觉得，那些成功的人甚至不需要多勤奋，更多是靠机遇和运气。这些想法都是错误的，有一句话大概是这么说的：“你的努力还没有达到与别人拼天赋的程度。”意思就是说，很多天赋智商高的人依然很勤奋努力，没有丝毫懈怠。奉行享乐主义但又怨天尤人的人，单单是努力的程度都不足以与他人同日而语，最后又怎么可能会获得成功呢？任何事光想不做、光说不做，或者是拖到明天后天，那么最终会导致一事无成，也是在所难免的。成功没有捷径，只有勤奋努力、孜孜不倦，才是通往成功最有效的道路。

凡百事之成也必在敬之，其败也必在慢之

【经典】

出自（北宋）司马光《资治通鉴》

凡百事之成也必在敬之，其败也必在慢之。故敬胜怠则吉，怠胜敬则灭，计胜欲则从，欲胜计则凶。

所有能够成功的事情，一定是因为被谨慎对待了；如果失败了，一定是因为怠慢了它。

【解读】

这句话旨在说明态度的重要性。不同的态度对于一件事情的成功或失败可能会起到决定性的作用。如果一件事情最后能够取得成功，必然是因为它得到了足够的重视；如果一件事情最后是失败的，那么必然是因为人们忽视了它。所以我们做人做事时，要严肃认真，要积极主动，不能采取消极被动、敷衍了事的态度，因为态度最终将影响到一件事情的成败。

试想一下，你的工作和生活中是不是发生过这样的事：对于领导交办的任务，如果踏实认真地去完成，那么最终往往可以做好；如果采取草率和敷衍的态度，那么最后可能会亲手毁掉这个任务。认真是成功的前提，敷衍是失败的原因。那么，认真是长期培养形成的，如何培养呢？从做好每一件小事开始，有头有尾，仔细校对，确保不因粗心草率而出错，并从每一件小事中获取经验，最终形成自己的能力。

无以待之，则十百而乱；有以待之，则千万若一

【经典】

出自（北宋）苏辙《类篇叙》

虽天下甚多之物，苟有以待之，无不各获其处也。多而至于失其处者，非多罪也。无以待之，则十百而乱；有以待之，则千万若一。今夫字之于

天下，可以为多矣！然而从其有声也，而待之以《集韵》，天下之字以声相从者，无不得也。从其有形也，而待之以《类篇》，天下之字以形相从者，无不得也。

处理事情时如果不讲究方法，那么即便事情很少，也会杂乱无章；处理事情如果方法得当，即便事情再多，也会井然有序。

【解读】

“待”是处理事情的方法；“十百”比喻事情的数量少；“乱”表示杂乱难以处理；“千万”比喻事情的数量多；“若一”指如同只有一件事。

日常生活中充斥着各种各样的大事小事，如果我们没有运用合适的方法，那么不仅会耗费自身大量的时间和精力，也很可能最后不能把事情处理得当。所以，我们应当运用合适的方法，化繁为简。

面对繁杂的大事小事，我们可以采用“列表法”。首先，把一天当中需要完成的事情一件一件地写下来，然后花点时间将其按照紧急重要程度进行排序。较为紧急需要马上处理的事情优先。反之，可以放慢速度去处理的事情就暂时搁下，选择合适的时间去做。这样一来，就能有条不紊地把所有事情处理完毕。

形人而我无形，则我专而敌分

【经典】

出自（春秋）孙武《孙子兵法·虚实篇》

故形人而我无形，则我专而敌分。我专为一，敌分为十，是以十攻其一也，则我众而敌寡；能以众击寡者，则吾之所与战者，约矣。吾所与战之地不可知，不可知，则敌所备者多；敌所备者多，则吾所与战者，寡矣。故备前则后寡，备后则前寡，备左则右寡，备右则左寡。无所不备，则无所不寡。寡者，备人者也；众者，使人备己者也。

了解敌情、暴露敌情而隐藏我军的情况，就可以集中我军兵力，使得敌军分散兵力。

【解读】

让敌军处于暴露状态而我军处于隐蔽状态，这样我军就可以集中兵力，而敌军就不得不分散。如果双方兵力差不多，那么我军兵力集中，对方兵力分散，就可以在局部战场达到以十敌一的效果。在这种情况下，我军可以轻松获得胜利，敌军则不得不处处设防，防备了前面顾不了后面；防备了后面则前面兵力不足；顾此失彼。如果敌军在所有的地方都防备，则所有的地方都兵力不足。由此可见，兵力不足，全是因为分兵防御敌人；兵力充足，是由于迫使敌人分兵防御我。这是很高明的军事手段。

第四章

选贤任能

人才不振，

无以成天下之务

人材者，求之则愈出，置之则愈匮

【经典】

出自（清）魏源《默觚下·治篇九》

国家之有人材，犹山川之有草木，蔚然羽仪，而非山麓高大深厚之气不能生也。夫惟人君不以高危自处，而以谦卑育物为心，人人得而亲近之，亦人人得而取给之。……故人材者，求之则愈出，置之则愈匮。

人才这个事物，越是积极地求取就会越多，不闻不问就会越发匮乏。

【解读】

魏源（1794—1857年），名远达，字默深，湖南邵阳人，清代末期思想家、史学家、文学家，主要作品有《海国图志》等。

在任何一个时期、任何一个团体，人才都是最宝贵的。汉高祖刘邦原来只不过是一个亭长（职权大致相当于现代的乡长），而且品行一般，在当时可能只能算是一个混混头子，他之所以能够建立长达四百年的汉朝，就是因为善于发掘人才、重用人才。他曾经说："夫运筹策帷帐之中，决胜于千里之外，吾不如子房。镇国家，抚百姓，给馈饷，不绝粮道，吾不如萧何。连百万之军，战必胜，攻必取，吾不如韩信。"正是有了这三个军政方面的超级人才，他才战胜了勇武盖世却不重视人才的项羽。

获得人才的途径有两个，一个是外部引进，一个是内部发掘。如果重视人才、善用人才、重用人才，虽千里之外也会有人才来投奔。最善于引进人才的是历史上的秦国，因为重用人才，让人才觉得自己学有所用，于是六国的人才纷纷来到了咸阳，最终让秦国横扫六国，一统环宇。

不过引进人才虽好，也有一定的弊端，既有忠心的问题，也有能不能引进的问题，还有和本土人才的冲突问题，因此内部发掘也是一条不错的途径。人才随时随地都有，就看上位者能不能知人善用。韩愈在《马说》中提到，"虽有千里之能，食不饱，力不足，才美不外见，且欲与常马等不可得，安求其能千里也？"如果不重视人才，即使有人才也会当成庸才使用，最终人才也会"泯然众人矣"；只有重视人才，让人才有机会显露他们的才华，才会有源源不断的人才涌现，整个团体才会有充足的活力，才能够兴旺长久。

盖有非常之功，必待非常之人

【经典】

出自（东汉）班固《汉书·武帝纪第六》

盖有非常之功，必待非常之人。故马或奔踶而致千里，士或有负俗之累而立功名。夫泛驾之马，跅弛之士，亦在御之而已。其令州郡察吏民有茂才异等，可为将相及使绝国者。

想要建立非同寻常的功业，就必须依靠那些非同寻常的人才。

【解读】

汉武帝在历史上以雄才大略、求贤若渴著称，他曾多次颁布命令征召有才能的人士来充实朝廷，“非常之功，必待非常之人”这句话，充分体现了他唯才是举的用人观。

人才也是有高下之分的，普通的人才只能胜任普通的工作，在一些关键岗位和关键领域，就需要一些特别优秀的人才了。

在生产力的三种要素中，人是最活跃的要素。有了人，才会有生产力；有人才，才有生产力的发展；有了特别优秀的人才，才会有生产力的快速发展。一个团体乃至一个国家同样也是如此，没有人才，工作就无法顺利进行，甚至会导致衰退和灭亡；有了非同寻常的人才，团队和国家的发展就会蒸蒸日上，迈上一个新的台阶。

千人之诺诺，不如一士之谔谔

【经典】

出自（西汉）司马迁《史记·商君列传第八》

赵良曰:“千羊之皮，不如一狐之腋；千人之诺诺，不如一士之谔谔。武王谔谔以昌，殷纣墨墨以亡。君若不非武王乎，则仆请终日正言而无诛，可乎？”

一千个唯命是从的人，不如一个直言相谏的人。

【解读】

在古代汉语中，“诺”是稍缓一下才答应（“唯”是立刻答应）的意思，“诺诺”的意思是只知道唯命是从，不敢或者不愿意说出自己的意见；而“谔”是直来直去地说出自己真实的看法。

人都会犯错误，上位者也不例外。或者是思虑不周，或者是情绪不稳定，都有可能做出不合适的决定。作为下位者这时候就应该指出来，以免因为错误的决定而产生难以挽回的后果，这才是对上位者最大的忠心、对整个团体最大的负责。而那些只知道唯命是从的人，看似保全了上位者的面子，其实是对上位者在错误的道路上推了一把，让他们的错误得不到纠正，最终丢了更大的面子，造成了更严重的后果。唐太宗李世民有博大的胸怀，也是历史上有名的善于纳谏的君王，魏征曾多次把他顶的下不来台，他虽然生气，但还是从谏如流，有此明君直臣，最终造就了“贞观之治”，君臣二人也因为这一佳话而千古流芳。

不知人之短，不知人之长，不知人长中之短，不知人短中之长，则不可以用人，不可以教人

【经典】

出自（清）魏源《默觚·治篇七》

不知人之短，不知人之长，不知人长中之短，不知人短中之长，则不可以用人，不可以教人。用人者，取人之长，辟人之短；教人者，成人之长，去人之短也。惟尽知己之所短而后能去人之短，惟不恃己之所长而后能收人之长；不然，但取己所明而已，但取己所近而已。

不知道一个人有什么短处，有什么长处，不知道一个人长处中的短处，短处中的长处，就不能很好地使用人才，也无法去教导他人。

【解读】

不论古今中外，如何用人都是一个最大的难题。知道一个人有什么缺点和优点并不困难，但是能够控制自己的主观看法，用人时多考虑他的优点，取长补短就不容易了。一个人可能有多个优点，但是这些优点的优秀程度也有所不同，有精通的也有擅长的；一个人也可能有几个缺点，这些缺点同样也有大小之分，有无法容忍的也有深恶痛绝的。

据说汉高祖刘邦准备重用陈平的时候，有人向他进谏说陈平这个人反复无常、道德败坏。刘邦说："我用的是他的才华，又不是他的品德，这些缺点和我重用他有关系吗？"此后陈平屡出奇计，先是帮助刘邦平定天下、解白登之围，后来又和太尉周勃合谋平定诸吕之乱，恢复了刘氏江山。说陈平反复无常、道德败坏应该是无稽之谈，因为历史上没有相关的记载，但是这个故事仍然有很强的借鉴意义，如果只看到某人有什么缺点而不重用他的优点，则是用人者的损失。想要很好完成一项工作，就必须使用擅长这项工作的人，至于他在其他方面是不是擅长又有什么关系呢？

教育学生和使用人才是同样的道理，只有知道了学生的优点和缺点，才能够因材施教，使学生发扬自己的长处、改正自己的短处，成为更加优秀的人才。

骏马能历险，力田不如牛。坚车能载重，渡河不如舟

【经典】

出自（清）顾嗣协《杂兴》

骏马能历险，力田不如牛。坚车能载重，渡河不如舟。舍长以就短，智者难为谋；生材贵适用，幸勿多苛求。

骏马跨越险要的地方如履平地，但是用它犁地并没有牛好用；坚固的车子能装很沉重的货物，可如果用它来渡河就不如船了。

【解读】

顾嗣协（1665—1722年），字迂客，号依园，又号楞伽山人，江苏长洲（属苏州）人，清朝康熙年间诗人。

“尺有所短寸有所长”，每个人都有自己擅长的一面，也有自己不足的一面。对于一个管理者来说，如何扬长避短，将团队中的每一个成员放到最适合他们的工作岗位上，才是最大的难题。做自己擅长的工作，就如鱼得水效率很高；做自己不擅长的工作，力不从心下错误百出，害人也害己。就像前面说过的韩信和萧何，韩信擅长的是军事指挥，萧何擅长的是内政管理，如果让萧何去带兵打仗、让韩信去管理国家，试想会出现什么样的混乱局面？

一名优秀的管理者，不仅要将每个下属放到合适他们的岗位上，还要将具有不同长处的人才合理搭配，这样才能建立一个互补的、有机的整体，产生1+1＞2的效果。

一花独放不是春，百花齐放春满园

【经典】

出自（明清）《古今贤文》

一花独放不是春，百花齐放春满园。

只有一朵花独自开放并不代表春天的到来，只有满园花开、百花齐放

的时候，才是真正进入了春天。

【解读】

《古今贤文》也叫《增广贤文》，是古代中国的一本儿童启蒙读物，也是民间集体创作的文化结晶，在明朝万历年间就有了雏形，后来经明、清数代的文人进行整理后才形成现代的版本。

在一个集体中，只有一个人优秀，这个集体作为整体也很难优秀，甚至有可能是落后的，个人的优秀也无法显现出来，甚至很多计划因为伙伴无力支持而无法得以实现。古人说“己欲立而立人，己欲达而达人”，只有让大家都优秀了，才能在大家的支持下一同完成预定的目标，让自己的优秀更上层楼。

“一花独放不是春，百花齐放春满园”，也是人际交往的原则。在这个合作发展的时代，帮助他人也就是帮助自己，只有主动地向他人释放自己的善意和帮助，才能得到更多人的支持，所以那些慷慨付出不求回报的人也最容易成功。而那些斤斤计较自私自利的人，他们的朋友会越来越少，路也会越走越窄，最终成为孤家寡人，远离成功。

万物并育而不相害，道并行而不相悖

【经典】

出自（春秋至秦汉）《礼记·中庸》

辟如四时之错行，如日月之代明，万物并育而不相害，道并行而不相悖，小德川流，大德敦化，此天地之所以为大也。

世间万物共同生存而互不妨害，日月运行、四时更替而互不冲突、不违悖。

【解读】

在自然状态下，各种生物同时生活在地球上，每一个种群的发展都不会影响到另一个种群的生存，这种状态就是宇宙和谐发展原则的具体体现。

在中国古代哲学思想中，和谐被称为“和”，有调和、调整的意思。“和”承认事物之间有不同，但是也同样认为这些不同是可以包容的，各种不同的事物在包容之下是一个统一的整体。也正是事物之间有不同之处（这些不同可以是区别、竞争、对立），世间万物才有了发展，才有了新生事物的出现，这个世界才显得生机勃勃。

和谐也是一种为人风格。在我国的传统文化中，一直都认为和谐才是美德。有了不同的意见，可以坚持自己的观点，但是也要给对方说话的权力，理解和尊重对方的观点，这样才能够保持和谐的关系。如果表面赞同，背后却发布一些不同的言论，甚至是恶意的批评、指责，这就属于孔子所说的“同而不和”的小人行径了。和谐不仅是尊重和宽容他人，也更是自己胸怀宽广、性格豁达的体现。

做到了胸怀宽广包容万物，就能够共生共长相辅相成，人生的道路才会越走越远、越走越宽。

己所不欲，勿施于人

【经典】

出自《论语·卫灵会》

子贡问曰：“有一言而可以终身行之者乎？”子曰：“其‘恕’乎！己所不欲，勿施于人。”

自己不愿意做的、不愿意承受的，也不要要求别人去做。

【解读】

这句话是人际交往的一条重要准则。孔子认为，如果想要别人做什么，首先问问自己是否愿意这么做。说白了，就是自己都不愿意做或者无法做到的事情，就不要去要求别人去做。

做人要有宽广的胸怀，不要以自我为中心，做伤害他人利益的事情。自己都不愿意做的事情，却硬要别人去做，这是一种典型的自私自利的行为，不但事情无法做下去，还会伤害人和人之间的关系。“己所不欲勿施于人”也是平等待人、尊重他人的体现，只有坚持这个原则，才能够让人和人之间的关系更加融洽。

智者求同，愚者求异

【经典】

出自（春秋至两汉）《黄帝内经·素问·象大论篇》

故曰：知之则强，不知则老，故同出而名异耳。智者察同，愚者察异。愚者不足，智者有余。有余则耳目聪明，身体轻强，老者复壮，壮者益治。是以圣人为无为之事，乐恬淡之能，从欲快志于虚无之守，故寿命无穷，与天地终。此圣人之治身也。

有智慧的人看到的都是事物间的共同之处，而愚蠢的人看到的都是事物间的不同之处。

【解读】

《黄帝内经》是一部集体创作的医学典籍，时间跨度很大，也是现存最早的医书。这部典籍分为《灵枢》《素问》两个部分，以黄帝和岐伯等人的对话、问答等方式，阐述了古代医学家对各种病机、病理的认识。

“智者察同，愚者察异”在原著中是讲养生之道的，却言简意赅地说出了古人探寻事物规律的思维方式：“察同”和“察异”。这是两种截然相反的观察世界的方法，结果也大不相同。善于“察同”，就会包容，这种人是智慧的人；而只是“察异”，只是发现不同，将让事情无法进行下去。在日常生活中，当双方有了合作的意向时，对同一个事物产生不同的意见是很常见的，这时候就要看双方如何看待不同意见了。如果首先考虑的是双方的共同点，那么矛盾和障碍也就不再是最大的问题，双方可在求同存异的情况下达到双赢的目的；如果双方都只考虑自己的利益而无视对方的利益，矛盾只会越来越大，最终无法达成合作，也不利于事情的解决，甚至以失败而告终。

值得提出的是，这句话虽然告诉我们要首先“求同”，但并不是说不能“求异”，而是在“求同”的前提下进行“求异”，也就是“既团结又斗争”的意思。只有知道了双方关键分歧在哪里，才能够找到最佳的利益平衡点；找到了各自的不同在哪里，才能够具体分析区别对待；找到了各自的特长在哪里，才能够各展所长达成最完美的效果。

橘生淮南则为橘，生于淮北则为枳

【经典】

出自（战国至秦）《晏子春秋·内篇·杂下》

晏子至，楚王赐晏子酒，酒酣，吏二缚一人诣王，王曰："缚者曷为者也？"对曰："齐人也，坐盗。"王视晏子曰："齐人固善盗乎？"晏子避席对曰："婴闻之，橘生淮南则为橘，生于淮北则为枳，叶徒相似，其实味不同。所以然者何？水土异也。今民生长于齐不盗，入楚则盗，得无楚之水土使民善盗耶？"

橘树长在淮河的南边就是橘树，长在淮河的北边就是枳树。

【解读】

生活在淮河南边的橘树与生活在淮河北边的枳树，二者叶子虽然很像，结出来的果实味道却截然不同。是什么原因造成这种情况的呢？水土不同罢了。

这句话说明了环境的重要性。环境改变了，即使是同一个事物，也会产生很大的变异，所以我们在学习别人先进经验的时候，一定要根据自己的实际情况，不能死搬硬套盲目照搬。英国有一句谚语，"一个人的美食，可能是另一个人的毒药。"每一个成功者的背后，都有其特定的、无法复制的环境和经历，用成功者的经验作为激励自无不可，如果想要将成功者的经验当作自己事业的范本，那就大错特错了。对于某些人来说，做某件事情不费吹灰之力，但是对于另外的人来说，想要做成同样的事情却难如登天，试问二者又有什么可比性呢？又如何能够以前者的成功作为后者做事的范本呢？

不过，在这个典故里还有一个错误，那就是橘树和枳树并不是同一种植物，也就不存在"生淮南则为橘，生于淮北则为枳"的可能，当时的人们限于科学认识的不足，才产生了这样的误解。不过这个典故对我们仍有借鉴意义。

明者因时而变，知者随事而制

【经典】

出自（西汉）桓宽《盐铁论·忧边第十二》

文学曰："明者因时而变，知者随事而制。孔子曰：'麻冕，礼也，今也纯，俭，吾从众。'故圣人上贤不离古，顺俗而不偏宜。"

聪明人会根据时代的不同来调整自己的策略，智慧的人会依据事物的不同而采取不同的处理方式。

【解读】

桓宽（生卒年不详）字次公，西汉汝南郡（今河南上蔡）人，著有《盐铁论》六十篇。

这个典故强调的是"变"的重要性和必要性，反对因循守旧，主张与时俱进，各种方案和策略要及时地根据时与事进行适当的调整。

时代在发展，社会在改变，世间万物也没有一成不变的道理。每个政策的推出都有当时的社会背景，都是符合当时大环境的。但是当社会有了发展之后，制订政策的基础也发生了变化，原来的政策就不一定符合现有的环境了，这时就需要进行改进或者变革，以期使其更加实用。这是"因时而变"。

每个事物都有自己独有的特点，不能一概而论。就像捕猎，猎人用青草作为诱饵，可以轻松地捕捉到食草动物；可是如果用青草去引诱狼一类的食肉动物，则很难取得成功。只有针对事物特点的不同，制订出恰如其分的方案，才能够更好地解决问题。这就是"随事而制"。

立天下之正位，行天下之大道

【经典】

出自（战国）孟子《孟子·滕文公下》

居天下之广居，立天下之正位，行天下之大道。得志，与民由之；不得志，独行其道。富贵不能淫，贫贱不能移，威武不能屈，此之谓大丈夫。

站在天下最正确的位置，走在天下最宽广的道路。

【解读】

纵观孟子的一生，他一直都在坚持着人格的独立、自尊与平等，提倡要有“大丈夫”的精神。“大丈夫”对自己的定位又是什么呢？那就是“立天下之正位，行天下之大道”，要端正自己的立场、坚定自己的信念！

人生在世，总会遇到各种各样的考验，既有利益的诱惑，也有困难和打击。但是不管在什么样的情况下，都不能忘记公平正义的原则，处理问题不能罔顾是非曲直、为人做事要光明磊落，只有自身行得端走得正，才能够赢得大家的尊重和钦佩，才能够更好地实现自己的理想、为社会的进步做出贡献！

国虽大，好战必亡；天下虽安，忘战必危

【经典】

出自（春秋）《司马法·仁本》

故国虽大，好战必亡；天下虽安，忘战必危。天下既平，天子大恺，春蒐秋狝；诸侯春振旅，秋治兵，所以不忘战也。

即使国家再强大，喜欢发起战争也必然会导致灭亡；即便天下安定，但是忘记战争的可能，则必然会有亡国的危险。

【解读】

这个典故讲的是一个国家既不能恃强凌人，也要居安思危，辩证地分析了国家的安危和战争之间的关系。俗话说“杀敌一千自损八百”，战争不仅会产生物质上的损失，还会产生人力的损失，而且这些人力更多是青壮年。对于任何一个国家来说，青壮年都是生产建设的主力。如果青壮年有了大的损失，就会影响到国家发展的潜力。但是忘记战争的危险，不肯维持军备同样是不对的，整个人类的发展就是一部战争史，里面充满了弱肉强食的案例，如果不维持足以自保的军事力量，最终很可能沦陷于敌人的屠刀之下。

这个典故对于团体和个人，同样也有教育意义。不管是团体还是个人，如果处处惹是生非，最终只能处处树敌，影响自己的发展；如果事事都抱着息事宁人、破财免灾的态度，也不能真正解决问题，甚至会带来更大的祸端。

志合者，不以山海为远

【经典】

出自（东晋）葛洪《抱朴子·外篇·博喻》

志合者，不以山海为远；道乖者，不以咫尺为近。故有跋涉而游集，亦或密迩而不接。

只要志趣相同，即使相隔千山万水也不会觉得遥远。

【解读】

葛洪（281—361年），字稚川，自号抱朴子，丹阳句容（今属江苏）人，东晋道教理论家、炼丹术家、医学家。他的代表作有《肘后备急方》《抱朴子》等。

这句话说的是在人际交往中，物理距离和心理距离之间的关系。朋友贵在知心，如果志同道合，即使相距千里之外，也觉得近在眼前；如果离心离德，即便是咫尺之间，也觉得远在天涯。

千里同好，固于胶漆，坚于金石

【经典】

出自（三国）谯周《谯子法训·齐交》

夫交之道，譬之于物，犹素之白也，染之以朱则赤，染之以蓝则青；游居交友，亦人之所染也。……语曰："蓬生麻中，不扶自直。"此言虽小，可以喻大，必得其人。千里同好，固于胶漆，坚于金石。穷达不阻其分，毁誉不疑其实。

采用正确的交友方式，即便远隔千里也能够同心交好，双方的友谊比用胶、漆粘连在一起还要牢固，情谊比金属、石头还要坚定。

【解读】

谯周（201—270年），字允南，巴西西充（今四川阆中西南）人，三国时期蜀国著名的政治家、学者。

这个典故中的"交得其道"是从原文中"夫交之道"演化而来的，既保留了原典的含义，也有了新的意境。意思是只有采取正确的交友之道，人和人之间才能和睦相处、友好往来，才能让友谊更加稳固、坚定。

什么是正确的交友之道呢？就是要互尊互助、求同存异；就是要开放包容、立己达人；就是要和衷共济、和合共生。只有遵循这个原则，才能够交到真正的朋友；也只有遵循这个原则的朋友，才是真正的朋友。汉语中关于朋友的词语很多，如刎颈之交、管鲍之交、生死之交、知音之交、胶漆之交等，都是形容牢固的友谊的，能够达到这种交情的朋友，同样也都是遵循的这个原则。

日月不同光，昼夜各有宜

【经典】

出自（唐）孟郊《答姚怤见寄》

日月不同光，昼夜各有宜。贤哲不苟合，出处亦待时。而我独迷见，意求异士知。如将舞鹤管，误向惊凫吹。大雅难具陈，正声易漂沦。君有丈夫泪，泣人不泣身。行吟楚山玉，义泪沾衣巾。

太阳和月亮所发出的光芒是不同的，然而在白天和黑夜都有着各自的用处。

【解读】

孟郊（751—814 年），字东野，唐代著名诗人，著名作品有《游子吟》《登科后》等。孟郊有“诗囚”之称，和贾岛并称“郊寒岛瘦”。

差别是无处不在的，世界上没有百分百相同的事物。西方有一位哲学家说，世界上找不到两片相同的树叶，虽然这句话忽略了事物的共性，但是也确实说出了世间万物都是有区别的。人和人的交往也是如此，每个人都有自己的看法，即使是志同道合的朋友，彼此之间也会产生一定的分歧。

有分歧并不可怕，问题是如何对待，不至于让分歧影响到友谊。当产生分歧的时候，双方都应该要尊重对方的意见，在求同存异的前提下增加了解，加大双方的共识，采取有建设性的措施弥合分歧，尽量把矛盾消除，从而更加有效地合作。

未之见而亲焉，可以往矣；久而不忘焉，可以来矣

【经典】

出自《管子·形势》

四方所归，心行者也。……未之见而亲焉，可以往矣；久而不忘焉，可以来矣。

没有见过面就让人仰慕的君主，应该去投奔他；离别很久还让人想念的君主，应该去辅佐他。

【解读】

这段文字出自管仲的《管子·形势》，该篇以自然界的一些现象展开，谈论人类社会普遍存在的一些规律，以及民众与君主的关系。管仲认为，一个国君如果可以真心实意、切实有效地修德施道，民众才会依附。所以，对于那些还没有见面就早闻其名并仰慕、想与之亲近的君主，民众可以去投奔他；对于那些让人久久不能忘怀的君主，民众应该辅佐依附他。

这个典故的使用范围很广，不仅可以用于管仲所说的君主的选择，还可以用于工作选择、人际交往等方面。“未之见而亲焉”，还没有见面就有了亲近的感觉，因为君子之交贵在交心，不在于见面说了什么，更不用“套交情”，而在于相互之间理念的认同感，所谓“神交已久”，友谊已经超越了空间；“久而不忘焉”，时间过去了很久也没有忘记对方，这是对相互交往而产生的情谊格外珍视，而不是以利聚合的乌集之交。

济济多士，文王以宁

【经典】

出自（西周）《诗经·大雅·文王》

世之不显，厥犹翼翼。

思皇多士，生此王国。

王国克生，维周之桢。

济济多士，文王以宁。

因为有众多的能人贤士，周文王得以安宁稳定。

【解读】

这句话是对周文王知人善任的肯定和赞美。历史上，周文王有“一代明君”之称。其在位期间，勤于政事，重视农业生产，礼贤下士，广罗人才，西周在他的治理下十分繁荣昌盛。那时候，诸侯国处于不停歇的纷争中，大家听说周文王治国有方，就想去周国找他评评理。进入周国国境后，大家发现周国人人素质较高、有礼貌，大家都感到很惭愧，之前的矛盾和纷争在羞愧下烟消云散了。

周文王知人善用，很多外来投奔他的能人贤士，他都可以以礼相待，例如商纣王末期孤竹国第八任君主亚微的长子伯夷、商末孤竹国君第三子叔齐等，都先后归顺周文王。周文王拜吕尚为军师，向其请教军国大计。

在《礼记·文王官人篇》中，周文王总结了一套识人用人的方法，起名为“六征观人法”，这套方法在历史上起到了重要作用，孔子、庄子、诸葛亮、曾国藩等人对于这套方法均十分推崇，可谓经久不衰，甚至沿用至今。周文王用这套方法正确地选人用人，为其治理国家起到重要的作用。

虽楚有材，晋实用之

【经典】

出自（春秋）左丘明《左传·襄公二十六年》

晋卿不如楚，其大夫则贤，皆卿材也。如杞、梓、皮革，自楚往也。虽楚有材，晋实用之。

即便楚国有很多人才，但实际上都被晋国任用了。

【解读】

成语“楚材晋用”就是源自这句话，多用来比喻一个国家的人才在别的国家发挥价值，是一种人才外流的现象。

楚国之所以会出现人才外流的现象，主要是因为楚国的人才在其自己的国家得不到重用，甚至会遭到一些不公正的待遇，导致他们投奔到晋国。而晋国非常重视他们的才华，给他们赐爵封地，让他们发挥作用。因此，晋国和楚国后来打仗的时候，这些人凭借自己的才干为晋国拟定作战策略，最终大败楚国。

楚国人并非不想留在自己的国家效力，但是楚国的律法实在太严苛了。同时，对人才也太不尊重了，才导致他们居家迁往别处。

而晋国对于人才则十分尊重，所以，不仅仅是楚国人选择投奔晋国，很多国家的大夫都愿意为晋国效力，正是因为晋国的开放性和包容性较强，使得他们国家的人才越来越多。也正是因为晋国知人善任，国家才越来越强大。

如今，社会的进步，企业的发展，人才的重要性有增无减。国家要想富强，企业要想有活力，就要重视人才资源。有的企业重视引进高素质人才，并恰当地使用，促进了企业的良性发展；也有的企业管理不善，人才流失，这往往是走下坡路的先兆。

有贤而不知，一不祥；知而不用，二不祥；用而不任，三不祥

【经典】

出自（战国至秦）《晏子春秋·内篇谏下》

景公出猎，上山见虎，下泽见蛇。归，召晏子而问之曰："今日寡人出猎，上山则见虎，下泽则见蛇，殆所谓不祥也？"晏子对曰："国有三不祥，是不与焉。夫有贤而不知，一不祥；知而不用，二不祥；用而不任，三不祥也。所谓不祥，乃若此者。今上山见虎，虎之室也；下泽见蛇，蛇之穴也。如虎之室，如蛇之穴而见之，曷为不祥也？"

国家有三个不祥之处：一是有贤能的人却不了解他；二是了解贤能的人却不任用他；三是任用贤能的人却不重用他。

【解读】

这句话是晏婴为了告诫齐景公唯才是用才能富国安民。何为重视人才？不仅仅要了解他，也不仅仅是任用他，而且要重用他。有些人才是因为没有被他人知道，才华得不到施展；有些人才虽然被他人所了解，但是才能没有用在合适的地方；只有了解人才的能力，给他合适的舞台让其充分发挥，信任他、重用他，这才是真真切切的知人善任。晏婴的人才观，为后世的选人用人提供了指导性作用。

家贫则思良妻，国乱则思良相

【经典】

出自（西汉）司马迁《史记·魏世家》

魏文侯谓李克曰："先生尝教寡人曰'家贫则思良妻，国乱则思良相'。今所置非成则璜，二子何如？"

家境贫困就会思慕贤惠的妻子，国家动乱就会渴望贤能的丞相。

【解读】

这句话意在强调当处于逆境的时候，对于贤能之士的渴望会变得愈发急切。魏国君主魏文侯在选择宰相的时候有两个目标人选，一是魏成子，二是翟璜。魏文侯迟迟拿不定主意，去征询政治家李克的想法。故事的后面，李克告诉魏文侯："平日里了解他与什么人亲近，贫困的时候了解他不做什么事情，富裕的时候了解他与什么人交往，做官的时候了解他推荐的人。"李克短短的几句话，高度概括了选人用人的关键要素，也就是要看一个人的品行如何，主要看他贫困或富裕时与何人交往，如何为人处世，而不是光听他的自我推荐。

曹操也是知人善任的典范。东汉末年，政治动荡，举国不安。为了尽快让局势稳定，让人民安居乐业，曹操求贤若渴，希望可以得到贤能人士的帮助。于是他下令"唯才是举"，只要是人才，哪怕"负污辱之名，见笑之行，或不仁不孝而有治国用兵之术"，也应该委以重任。曹操对于人才的重视和重用可谓不拘一格，最终成就了霸业。

当然，重视人才，不能不加选择。家贫思的是"良妻"，国乱思的是"良相"，总之，需要的是解决问题的人才。在现代社会，也是如此。优秀的人才必须具备解决问题的能力。一帆风顺，看不出水平，只有经历曲折磨难，才能看出人与人之间的差距。可以在有限的时间内完成更多的工作，拿出骄人的业绩，才能使自己的价值凸显出来。

夜光之珠，不必出于孟津之河；盈握之璧，不必采于昆仑之山

【经典】

出自（南朝宋）刘义庆《世说新语·言语》

蔡洪赴洛，洛中人问曰："幕府初开，群公辟命，求英奇于仄陋，采贤俊于岩穴。君吴、楚之士，亡国之余，有何异才而应斯举？"蔡答曰："夜光之珠，不必出于孟津之河；盈握之璧，不必采于昆仑之山。大禹生于东夷，文王生于西羌。圣贤所出，何必常处。昔武王伐纣，迁顽民于洛邑，得无诸君是其苗裔乎？"

夜光珠不一定非得出自有名的孟津河中，大块的玉璧也不一定非得采自昆仑山上。

【解读】

作者用这两句话点出了"英雄不问出处"的道理。也就是说，贤能之士不一定出身高门大户。在当时的社会，门阀士族在政治上享受许多特权。例如，士族的后人只需要年满二十不必参加选举就可以入仕，但是庶族阶层的待遇就大不相同了。然而，作者认为，名门望族未必一定出人才，平凡之辈也可能人才辈出，只要拥有真才实学，只要心怀远大志向，品行优良，即便出身贫寒，才华也不应该被人忽视。

君子用人如器，各取所长

【经典】

出自（北宋）司马光《资治通鉴·唐太宗贞观元年》

上令封德彝举贤，久无所举。上诘之，对曰："非不尽心，但于今未有奇才耳。"上曰："君子用人如器，各取所长。古之致治者，岂借才于异代乎？正患己不能知，安可诬一世之人！"

君子在用人的时候就好像在使用器具一般，要发挥他们的长处。

【解读】

这句话意在强调选人用人应当发挥其优势和长处的道理。俗话说“人无完人”，一个人不管才干能力多强，都不可能面面俱到。所谓“术业有专攻”，人的时间和精力有限，一般只能专注于某些领域，而无法钻研所有的领域。所以一个高明的管理者在选人用人的时候应当了解和发现他们的长处，根据其优势安排合适的岗位，才能使其长处得以发挥。并要纵观全局，将人安排在合适的岗位，包容其短处，发挥其长处，才能使整体工作安排得当，提高效益。

一沐三捉发，一饭三吐哺

【经典】

出自（西汉）司马迁《史记·鲁周公世家》

周公戒伯禽曰：“我文王之子，武王之弟，成王之叔父，我於天下亦不贱矣。然我一沐三捉发，一饭三吐哺，起以待士，犹恐失天下之贤人。子之鲁，慎无以国骄人。”

洗一次头要抓起头发三次，吃一顿饭要三次吐出食物，起身接待士人，唯恐失去天下的贤良之人。

【解读】

西周时期，周武王建立周王朝两年后就因病去世了，由其十三岁的儿子继承王位，史称周成王。当时，周王朝仍处于不太稳定的时期，周武王的弟弟辅佐成王治理国家，名为辅佐，实为代理其行使职能，历史上称之为周公。

周公因为需要留在京城辅佐姬诵，无法到自己的封地鲁国去，就派儿子伯禽替他到鲁国去当国君。伯禽临出发之前，周公用自己的亲身经历对他谆谆教诲：“一沐三捉发，一饭三吐哺，起以待士，犹恐失天下之贤人。”意在告诉他，要重视天下有才之士，真心诚意待人，这样才能成就伟业。这句话也说明了人才对于国家兴旺的重要性。

对周公的这种“一沐三捉发，一饭三吐哺”的爱才之举，曹操在其《短歌行》中这样总结：“周公吐哺，天下归心。”，说明只有像周公一样知人善任，才能天下归心。曹操与周公一样，也是位爱才之人。在汉末乱世，他能做到三分天下有其一，与他重才用才有莫大的关系。官渡之战时，曹操缺粮少兵，与袁绍处于对峙状态，这让他焦头烂额，苦不堪言。一日夜里，袁绍帐下的谋士许攸深夜来投靠曹操，曹操听说后激动得连鞋子都顾不上穿，跑出去迎接，为后世留下美谈。曹操一统北方后，为了平定天下，更多地延揽人才，颁布了由他亲自撰写的《求贤令》，文中他说：“惟才是举，吾得而用之。”

《韩诗外传》指出：“无长安之国，无恒治之民，得贤者昌，失贤者亡，自古及今，未有不然者也。”古往今来，作为执政者，都要高瞻远瞩，具有战略眼光，都需要重视人才。也只有重视人才，用好人才，才能取得事业上的成功。

善疑人者，人亦疑之；善防人者，人亦防之

【经典】

出自（明）刘基《郁离子·卷六·任己者术穷》

郁离子曰：“善疑人者，人亦疑之；善防人者，人亦防之。善疑人者，必不足于信；善防人者，必不足于智。知人之疑己而弗舍者，必其有所存也；知人之防己而不避者，必其有所倚也。”

喜欢猜疑别人的人，别人也一样会猜疑他；喜欢对别人心存戒心的人，别人也一样会对他心存戒心。

【解读】

刘基（1311—1375年），字伯温，浙江青田县（今浙江温州市文成县）人，元末明初著名的政治家、军事家、文学家，明朝开国元勋之一，以神机妙算、运筹帷幄著称于世。

本节这句话出自《郁离子·卷六·任己者术穷》，意思是说，你用什么心理和态度去对待他人，别人也会用同样的心理和态度对待你。现代生活

中，人们常说“害人之心不可有，防人之心不可无”，这句话旨在强调社会上人心复杂，切勿过分相信他人，要提高自我保护意识。但是，人们常常会忘记，为人处事的第一要义是真诚。真诚待人，他人才会真诚待你；如果总是怀揣一颗猜疑之心去对待他人，那么别人也会同样对你猜疑和提防。所以，我们在与人交往的时候，首先应当要真诚，只有这样才会换来他人对你的真心对待。

真诚待人，总有回报。晚清名臣曾国藩曾经说过：“诚于中，必能形于外”。内心真诚，对人坦诚相待，才能获得他人的信任，他人也会真诚对你，使人广结善缘，这是立身处世成败的关键，是一个人走向成功的基础。

不以言举人，不以人废言

【经典】

出自《论语·卫灵公》

子曰：“君子不以言举人，不以人废言。”

不因他人说好听话就提拔他，也不因他人有缺点就听不进他的正确意见。

【解读】

这句话意在强调应当保持一种理智客观的态度去判断和评价一个人。看一个人的品行才能如何，不能光听他说了什么话，口才了得只是一个人锦上添花的部分，而不能作为评价一个人的标准，要听其言，更要观其行。很多人虽然会说好听的话，但是不一定品行好；相反，有些人虽然身上有一些缺点，对一些事情的看法不够专业，但是不代表他人品不好，也不能说明他说的话就没有道理。如果他表达了中肯在理的意见，我们不能因个人偏见而否定，应当积极采纳。

唐朝宰相令狐绹也曾说过类似的话。令狐绹向唐玄宗举荐李远，但因为唐玄宗在此之前听说了他人对于李远的一些否定意见，先入为主地认为该人身上有缺点，所以不同意提拔李远。令狐绹对唐宣宗说：“我们不能因为谁会说好听的话就提拔谁，也不能因为别人谣传的一些话就否定一个人才啊。”唐宣宗认为有道理，就指派李远去杭州。果不其然，杭州在李远的治理下井然有序，蒸蒸日上。

领导者在选人用人的时候，应当从多个方面对其进行全面的考察和评价，而不能单凭他人的意见。有些人口才不好但才华横溢，有些人虽然口若悬河但并没有多少真才实干。所以，任用一个人，不能单看他会不会说话，还要看他的人品和做事能力如何，不能轻易地凭借别人的意见就武断地下一些结论。

相马失之瘦，相士失之贫

【经典】

出自（西汉）司马迁《史记·滑稽列传》

当其贫困时，人莫省视；至其贵也，乃争附之。谚曰："相马失之瘦，相士失之贫。"

挑选马匹时，因为其形体消瘦而遗漏了好马；挑选人才时，因为贫困交加，而忽略了他的才华。

【解读】

这句话旨在说明不能被表面现象所蒙蔽而忽视了事物或人的内在。我们在做判断的时候，"第一印象"往往很重要，但是很多人会陷入一个误区——以第一印象来确定一切。第一印象好的，会先入为主地认为其他方面也好；第一印象不好的，往往会忽略掉其内涵和本质。尽管用表面现象来评价和判断是一个快速的方法，但是不得不承认这种评判标准，存在着很大的不足与不公。

俗话说"金玉其外而败絮其中"，表面美好的不一定代表内在美好，同样道理，表面有缺陷的说不定内涵很丰富。所以，评价不应止于表面，也要避免被表面现象所蒙蔽，要全面客观地看待问题。

看人识物不能只看外表，看局势的发展更不能只看表面现象。例如，很多人看到周围不少人在开便利店，生意不错，于是也去开店；看到有人炒房赚钱，也一窝蜂地去投资房产。评估行业发展和局势变化，自己做不了判断，就到处找专家评论。这种情况下，不是被套牢，就是做了"接盘侠"。

其实，任何事情，自己不做深入的分析判断，就看不到事情的本质，无法知道是否适合自己。

黄金累千，不如一贤

【经典】

出自（北宋）郭茂倩《杂歌谣辞》

千里一贤，谓之比肩；贤人为德，体自然也；黄金累千，不如一贤。

积累了成千上万的财富，不如得到一个贤能之士。

【解读】

“黄金累千，不如一贤”这句话出自《杂歌谣辞》，旨在说明人才的重要性。自古以来，人才都是国家发展进步的最重要资源。一个国家人才的数量和质量，决定着这个国家的发展水平。

获得成千上万的黄金和财富，不如获得一个人才。发现一个人才，了解一个人才的长处和短处，将其长处发挥在合适的地方，才是对一个人才真正的重视和培养。一些企业或单位对于人才的重视力度不够，经常在觅得一个贤才之后不懂得培养和善用，导致其价值得不到足够的发挥。相反，有远见的领导会把人才当作最宝贵的资源，充分培养、扬长避短，让其创造更多的价值和财富。

与其用之之疑，曷若取之之慎

【经典】

出自（北宋）李觏《强兵策》

是故束之以诏令，持之以亲贵焉。然恐其不贤。胡不选贤而任之？慎其不忠，胡不择忠而使之？未见其贤而任之，是国无贤邪？未知其忠而使之，是下无忠邪？与其用之之疑，曷若取之之慎。

与其在用人的时候心怀猜疑，不如在选人的时候谨慎小心。

【解读】

李觏（1009—1059 年），字泰伯，号盱江先生，北宋南城（今属江西）人，北宋思想家。

李觏生于北宋中期“积贫积弱”的时期，他出身寒微，但他报有安国济民之志，刻苦自强、勤于著述。他俊辩能文，经常以讲学来养活自己，来学者多达数十百人。他敢于抒发己见，推理经义，不拘泥于汉、唐诸儒的旧说，在当时被称为“一时儒宗”。今存《直讲李先生文集》三十七卷。

李觏还具有较为进步的社会历史观，为了解决土地问题，他专门写过一篇《平土书》，提出“平土”“均田”的主张，致力于寻求解决土地问题的历史借鉴。同时，针对北宋“积弱积贫”的紧张局面，为了缓和矛盾，他提出“富国”“强兵”“安民”等主张，写下《强兵策》《富国策》《安民策》各十篇。

本节入选的这句话就出自《强兵策》，旨在强调“疑人不用、用人不疑”的道理。选人用人的第一步，在于选人。也就是说，在选拔人才的时候多下点功夫，选择合适的人才，远远好过在选拔以后在对人才的任用上心存猜疑。信任，是人与人相处的基本，缺乏信任，不仅自己内心折磨，对方也会因此感受到你的不尊重。所以，任用人才却心存猜忌，是用人的大忌。作为一个领导者，要懂得知人善任，看准人才、了解人才、信任人才、重用人才，这对于事业的发展才有帮助。

圣人先忤而后合，众人先合而后忤

【经典】

出自（西汉）刘安《淮南子·人间训》

悦于目，悦于心，愚者之所利也，然而有道者之所辟也。故圣人先忤而后合，众人先合而后忤。

圣明智慧的人一般是先有争执和不合后，才结交成朋友；而大部分的普通人往往是先有交好，后来因为争执而分道扬镳。

【解读】

我们知道，选择与人合作，一般都会选择与自己处得来的人。圣明的人在选择与人合作时，不会害怕对方有不同意见，先将双方的看法、意见等阐述明白了，合则来不合则去。而大部分的普通人则是先选择合作，或者先各种交好，生怕让对方不舒服。然后因为意见不一而产生争执，甚至不欢而散，合作之事也因此走向失败。

合作要建立在双方志同道合的基础之上的，不要惧怕在事先会出现不同意见，不要害怕事前出现争执，只要双方具有共同的目标，最后能达成一致意见，那么就可以推动合作的进展。如果不能在意见、决策上达成一致，双方心里有间隙却碍于情面不事先说清楚，最终一定会出问题，往往是伤人又伤己。所以丑话说在前头，先说出不同意见并解决争端，再一起合作，才有可能避免事情向不可控的方向发展。用民间的俗话来说，就是与人相处应该“先小人后君子”，虽然很多话事先说出来不太好听，但可以让双方的交往回归理性，避免以后更大的隐患。

独柯不成树，独树不成林

【经典】

出自（北宋）郭茂倩《乐府诗集·紫骝马歌》

独柯不成树，独树不成林。念郎锦裲裆，恒长不忘心。

单独一根树枝成不了一棵树，单独一棵树成不了一片森林。

【解读】

郭茂倩（1041—1099年），字德粲，北宋郓州须城（今山东东平）人。其学识渊博，以考据精博为学术界所重视。编有《乐府诗集》百卷传世。

本节入选的这句话出自《乐府诗集·紫骝马歌》，意在说明合作共赢、团结力量大的道理。人如果只单凭自己的力量，很难完成伟大的事业。只有集合多人的力量，集思广益，劲儿往一处使，才能提高成功的概率，更快地走向成功。

俗话说“一个篱笆三个桩，一个好汉三个帮”，也是一样的道理。有了他人的帮助，汇聚集体的力量，在办事的过程中就会加快进程，顺利推进。合作共赢，是成就一番事业的重要因素。

有些人认为自己才华出众，不需要他人的力量，这样的想法是错误的。因为“人无完人”，一个人即使再优秀，也很难做到每个方面都优秀，一个人的时间和精力都是有限的，不可能样样精通。这个时候，就需要汇聚多人的力量，懂得开拓自己的人际关系网络，寻找与自己志同道合的人，并且要尊重人才、礼待贤士。也只有这样，才能够更好地发挥群体的智慧和力量，推动事业的发展。

重赏之下，必有勇夫

【经典】

出自（元）王实甫《西厢记》

重赏之下，必有勇夫；赏罚若明，其计必成。

以重金悬赏，就会有勇敢的人接受任务。

【解读】

这句话是源自商鞅变法的典故。战国时期，辅佐秦孝公治理国家的商鞅积极实施变法。当时政治动荡，人们不信服当时的政权。为了巩固政权，树立威信，推进变法，商鞅下令在国都市场南门立下了一根三丈长的木杆，承诺如有人能够挪动该木杆到北门去，就赐赏金十两。老百姓对于这样的任务感到奇怪，也不相信所谓的赏赐。于是商鞅就将赏金提高到了五十两。在这么高的赏金的刺激下，有个人半信半疑地搬动了木杆，完成任务以后，商鞅立马兑现了承诺，给予他五十两赏金。商鞅的这一举动，加强了老百姓的信心，树立了威信，于是变法就得以顺利铺开了。

用大量金钱、财物作鼓励手段，不能含糊其辞，而且一定要及时兑现，这样才会有人为之效力。秦朝末年，起义军风起云涌，西楚霸王项羽本来是其中最强大的，但项羽对于下属却没有及时合理的封赏。据说，下属立了大功，应当封赏爵位，项羽却把刻好的印捏在手里，一直到把玩得磨去了棱角，还舍不得授给下属，以至于人才不能为其所用；反观其对手刘邦，大胆任用英勇善战的人才，赏赐和分封都很丰厚，最后终于击败项羽，建立了汉朝。

第五章

革故鼎新

路漫漫其修远兮，
吾将上下而求索

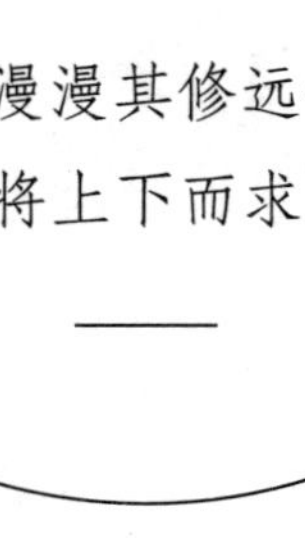

立善法于天下，则天下治；立善法于一国，则一国治

【经典】

出自（北宋）王安石《周公》

盖君子之为政，立善法于天下，则天下治；立善法于一国，则一国治。如其不能立法，而欲人人悦之，则日亦不足矣。使周公知为政，则宜立学校之法于天下矣；不知立学校而徒能劳身以待天下之士，则不唯力有所不足，而势亦有所不得也。

在天下设立好的法制，天下就会太平；在一国制定好的法制，一国就会太平。

【解读】

王安石（1021—1086年），字介甫，号半山，临川（今江西抚顺）人，北宋著名思想家、政治家、文学家，唐宋八大家之一。

没有规矩不成方圆，大到一个国家，小到一个企业，都需要用“规矩”来规范所有的举动。国家的“规矩”是法律，企业的“规矩”是制度。

然而法律和制度也有好与不好之分，好的法律和制度首先必须是依据自身的实际情况制订的，不能盲目照搬他人；其次要遵循以人为本的原则，要能够正确反映、统筹兼顾各方面的利益，能够针对性地解决当前面临的亟待解决的问题；再次要能够保证自身稳定的发展，使各个环节形成有机的整体，只有这样，各项工作才能够按照预订的计划顺利进行。

而不好的法律和制度则会阻碍国家和企业的发展，在各个方面形成大大小小的阻碍，如果各个部门各行其是，不同环节的相关人等无法同心协力，最终会对全局的发展带来致命性的问题。

道私者乱，道法者治

【经典】

出自（战国）韩非子《韩非子 · 诡使》

故《本言》曰：“所以治者，法也；所以乱者，私也。法立，则莫得为私矣。”故曰道私者乱，道法者治。

按照个人爱好和主观想法进行管理，必然乱象丛生；遵循严格的规章制度进行管理，自然井然有序。

【解读】

韩非子在这里用“乱”和“治”作为对比，说明了管理工作要遵循规章制度的重要性。

各种规章制度制订出来并不是为了摆设，而是为了能够更好地管理，其中最关键的是能否切实有效地执行下去，而不是按照管理者的个人喜好去做管理工作。从韩非子“道私者乱”这个告诫来看，管理者最重要的是要有公平、公正、按章办事的态度，最忌讳的就是私心作祟，能够正确处理公和私的关系，坚持规章制度面前人人平等，不因私废公、不搞特殊化，才能真正将各种制度执行下去，让整个团队有序运行，才能真正实现管理的价值最大化。

天下之事，不难于立法，而难于法之必行

【经典】

出自（明）张居正《请稽查章奏随事考成以修实政疏》

盖天下之事，不难于立法，而难于法之必行；不难于听言，而难于言之必效。若询事而不考其终，兴事而不加屡省，上无综核之明，人怀苟且之念，虽使尧舜为君，禹皋为佐，恐亦难以底绩而有成也。

世间的事情，制定法规并不困难，困难的是如何将法规切实地执行下去。

【解读】

俗话说知易行难，知道什么事情应该怎样做是一回事，而如何严格按照规定的流程将事情做下去是另外一件事。制定一套可行的规章制度也不难，困难的是如何将纸面上的东西落实到行动中，也就是我们常说的“执行力”。想要将管理做好，制定好切实可行的规章制度是前提，一丝不苟去执行是关键。对于所有的规章制度来说，它们存在的意义（也可以说是生命力）就在于能够执行下去，而执行的重中之重就是真抓严管，不能流于形式，敷衍了事。

想让所有的人都严格遵守规章制度，管理者还要做好宣传工作，让所有的人都树立起纪律意识、制度意识，在整个团队内形成了解制度、遵守制度、拥戴制度、保护制度的良好氛围。

治国者，圆不失规，方不失矩，本不失末，为政不失其道，万事可成，其功可保

【经典】

出自（三国·蜀）诸葛亮《便宜十六策·治乱第十二》

治乱之政，谓省官并职，去文就质也。夫绵绵不绝，必有乱结；纤纤不伐，必成妖孽。夫三纲不正，六纪不理，则大乱生矣。故治国者，圆不失规，方不失矩，本不失末，为政不失其道，万事可成，其功可保。

治理一个国家就像画圆形离不开圆规、画方形离不开曲尺一样，处理大问题不能忘记小细节，处理政务不能忘记应该遵循的原则，这样什么事都能够做成，功业也能够保持下来。

【解读】

没有圆规，就画不出规则的圆形；没有直尺，就画不成平直的直线；没有制度，就无法进行有效的管理。从实际的执政过程来看，诸葛亮并不是《三国演义》中描绘的亦儒亦道的半仙人物，而是一个信奉法家理念，推行法家手段，认为要用各种严格的法律去规范人们的行为、调节社会秩序的政治家。他还指出，制定路线性、方向性的政策时，不能忽略细节性

的问题；处理政务时，必须遵循原来已经制定好的各种政策，做到了这些，就没有做不好的事情，取得的成果也能够更好、更长地保留下来。

方向决定道路，道路决定命运。在复杂的形势下，面对形形色色的考验和困难时，既要砥砺前行，也要不忘初心，不能贪图一时的便利改变原来的计划，也不能为了私欲丧失原则，始终要把“没有规矩，不成方圆”放在心头，才能够取得事业的成功，才能够保住胜利的果实，才能有长久旺盛的生命力。

法与时转则治，治与世宜则有功

【经典】

出自（战国）韩非子《韩非子·心度》

故治民无常，唯法为治。法与时转则治，治与世宜则有功。故民朴而禁之以名则治，世知而维之以刑则从。时移而治不易者乱，能众而禁不变者削。故圣人之治民也，法与时移而禁与能变。

法度随着时势的变化而变化，国家才能够治理好；治理国家的措施和社会的实际情况适宜，治理才能够有效果。

【解读】

韩非子认为，法度的制定是为了更好地管理国家，所以要根据形势的变化进行适当的修改，才能更适应管理的需要；各种行政措施是为了解决当前的问题，所以只有符合社会现实的措施才能够取得成效。

不论是宇宙的运行，自然的发展，社会的变化还是生命的成长，“变化”都是永恒的，不存在一成不变的事物，否则等待这些事物的就是灭亡。《周易》对这个真理的总结就是“穷则变，变则通，通则久”，强调事物发展到了尽头就要改变，以适应时代的变化而获得长久的生命力。

在韩非子之前的商鞅就曾经说过，礼仪、法律要根据当前的形势制定。他正是抓住了秦国当时军工阶层兴起的这个“时”，成功进行了变法，最终为秦国统一六国打下了基础。而韩非子的“法与时转则治，治与世宜则有功”，把“变”的重要性说得更加明白透彻，成为后世变法的理论依据。

举直错诸枉，则民服；举枉错诸直，则民不服

【经典】

出自《论语·为政》

哀公问曰："何为则民服？"孔子对曰："举直错诸枉，则民服；举枉错诸直，则民不服。"

让正直的人位于心术不正的人之上，人民就会服从；让心术不正的人位于正直的人之上，人民就不会服从。

【解读】

如何用人是一个很大的命题，上至国家的兴衰，下至企业的发展，只要是一个团体，就无法绕过这个关系到人心向背的问题。鲁哀公问的"何为则民服"，就是问的如何让人民拥护自己，而人们的拥护与否直接决定了一个国家的命运。而孔子的回答也很干脆，想要国家兴旺，就要重用正直的人；想要国家灭亡，就重用心术不正的人。

在不同的团体，"直"和"枉"有着不同的定义。大致来说，一心为公不循私欲的人就是"直"，损公肥私一心为己的人就是"枉"。

"直错诸枉"中的"诸"是"之于"的合音。从这里看来，孔子并没有把心术不正的人完全剔除出去的意思，只是要求不能让这样的人占据重要的管理位置。为什么呢？心术不正，并不代表这样的人没有能力，所以这样的人就要处于"直"人的监督之下，尽量让他们发挥自己的才能，但是让他们没有乱来的机会。另外，如果上位的"直"人德配其位，下位的"枉"人即使是为了迎合上位者，也要做出一副"直"的模样，从客观上来说也是一件好事。总之，孔子这种对"枉"人既用又防的态度，是符合他关于"仁"的观念的。

法令行则国治，法令驰则国乱

【经典】

出自（东汉）王符《潜夫论·述赦》

且夫国无常治，又无常乱，法令行则国治，法令驰则国乱；法无常行，亦无常驰，君敬法则法行，君慢法则法驰。

法律和命令能够贯彻执行，国家就安定平和；法律和命令如果废弛松懈，国家就会有动乱产生。

【解读】

在东汉时期，民间充满宣扬大赦的声音，政府也经常举行大赦，这种做法无疑是对遵守法律的人的不公，也是对法律的亵渎。王符所说的“法令行则国治，法令驰则国乱”，就是告诉在位者，能否贯彻执行法律和命令，会产生什么样的后果。

中国从春秋时期开始就提倡法治，从秦朝之后的历朝历代，建国后无不把立法当成头等大事，甚至喊出了“法不阿贵，绳不挠曲”的口号。即使是提倡以仁义治国的儒家，也同样提出了要制定“善法”，同时也要有刚正不阿的官员执行下去。

法律是治理国家的依据，命令是治理国家的措施。无法可依，治理国家就没有理论基础；执法不严，法律条文就形同虚设，所谓的“法治”也就无从谈起。

有道以统之，法虽少，足以化矣；无道以行之，法虽众，足以乱矣

【经典】

出自（西汉）刘安及门客《淮南子·泰族训》

故不言而信，不施而仁，不怒而威，是以天心动化者也；施而仁，言

而信，怒而威，是以精诚感之者也；施而不仁，言而不信，怒而不威，是以外貌为之者也。故有道以统之，法虽少，足以化矣；无道以行之，法虽众，足以乱矣。

用“道”来统御人民，即使法令很少，也完全可以感化他们；如果不用“道”来统御，即使法令再多，也足以产生混乱。

【解读】

“道”这个字在古代汉语中，有着非常丰富的哲学意义，在不同的语境中有着不同的解释，如果要翻译成现代汉语的话，就是“本源性、根本性、决定性的事物”了。具体到这个典故中，“道”的含义应该是“有法必依”的意思。

这个典故和上一个典故一样，说的都是有法必依的重要性。但是这个典故着重指出的是，治理一个国家，法律条文的多少并不重要，重要的是如何严格地执行下去。如果能够严格、公正地执行，能够做到“法律面前人人平等”，那么即使条文比较简陋，也能够使人民信服，从而更加爱戴、拥护这个国家；如果有人或者团体凌驾于法律之上，即使法律条文制定得再详尽，也不会让人民真心信任这个国家的领导者，各种不法现象也会层出不穷。

祸患常积于忽微，而智勇多困于所溺

【经典】

出自（北宋）欧阳修《新五代史·伶官传第二十五》

《书》曰：“满招损，谦得益。”忧劳可以兴国，逸豫可以亡身，自然之理也。故方其盛也，举天下之豪杰，莫能与之争；及其衰也，数十伶人困之，而身死国灭，为天下笑。夫祸患常积于忽微，而智勇多困于所溺，岂独伶人也哉！作《伶官传》。

灾祸和忧患通常都是由一件件容易忽视的小错误积累而成的，而人的智慧和勇气常常会被所沉迷的事物所困扰，甚至逼到困境。

【解读】

在生活和工作中，我们也要秉持谨小慎微的态度，不要忽视小问题、小失误，以免日积月累成为大问题和大失误。爱好也同样如此，一个不良的爱好在平时看起来无伤大雅，但是当它发展成为一种恶习后，说不定会在某个时候成为成功的绊脚石。

不管是性格粗疏还是不良爱好，严格来说都属于作风问题，然而凡是涉及作风问题的都不是小事，都需要引起我们的注意并坚决地改正。想要取得成功，就要慎独慎微、防微杜渐，千万不能忽视细节和小事。要知道，很多失败都是由一件件微不足道的小事导致的，我们又如何能够不重视小节、小事呢?

公生明，廉生威

【经典】

出自（明）年富《官箴》刻石

吏不畏吾严而畏吾廉，民不服吾能而服吾公；公则吏不敢慢，廉则民不敢欺；公生明，廉生威。

做事公正无私，才能够明辨是非曲直；为人廉洁自律，才能够树立起自己的威信。

【解读】

作为一个领导者，想要在下属中建立自己的威信，首先要公正无私、廉洁自律。做事公正指的是不掺杂个人喜好，严格遵守各种规章制度。能够做到这一点，即使有人受到了处罚，也不会对领导者心生怨言，而只会后悔自己犯了错误。廉洁自律指的是能够抑制住自己的私欲，不会被声色犬马等各种诱惑所打倒，坦荡做人，光明正大，自然也就赢得人们的尊重。

俭则约，约则百善俱兴；侈则肆，肆则百恶俱纵

【经典】

出自（清）金缨《格言联璧·持躬》

俭则约，约则百善俱兴；侈则肆，肆则百恶俱纵。

生活简朴就会知道应该节制自己的欲望，知道节制欲望，那么所有好的品德都会一一树立起来；生活奢侈就会放纵自己的欲望，放纵了欲望，那么所有不好的品德就都产生了。

【解读】

金缨生平不详，从留存的史料只能知道他是清代的学者，浙江山阴人。他所编写的《格言联璧》一书，荟萃了中国历代先贤关于警策身心的名句。

崇尚简朴、警戒奢侈是中华民族的传统美德之一。从大的方面讲，一个民族、一个国家只有勤俭之风成为主流意识，才能够保持旺盛的生命力，傲立于世界民族之林。墨子说“俭节则昌，淫佚则亡”，中国历史上的诸多事实也告诉我们，勤俭治国、力戒奢侈才是国家强盛的前提。同时，也有许多事实说明，一旦某个帝王开始沉湎享乐，国家的发展就走到了顶点，转而开始走下坡路，也为以后的亡国埋下了伏笔，唐明皇就是一个最好的例子。

从小的方面讲，“俭”和“侈”会影响个人的修身养性。保持生活简朴的习惯，就不会对外物有太多的要求，也就不容易被外界的事物所诱惑。人的欲望是无限的，一旦开始奢侈的生活，对外物的追求也就越来越多。当自身的经济条件不足、同时无法从正当途径满足自身需求的时候，很少有人能够拒绝诱惑，更大的可能是开始走上邪路，最终堕落下来。

“由俭入奢易，从奢入俭难”，我们一定要注意保持勤俭节约的作风，不要被外界的声色犬马所诱惑，走上追求奢侈的错误道路。

地位清高，日月每从肩上过；门庭开豁，江山常在掌中看

【经典】

出自（南宋）朱熹题白云岩书院对联

地位清高，日月每从肩上过；门庭开豁，江山常在掌中看。

儒家的社会地位清贵崇高，双肩能够承担日月的升降；学者的精神境界开阔无比，视天下江河山脉如掌中脉络。

【解读】

朱熹（1130—1200年），字元晦，南宋有名的思想家、哲学家、教育家、诗人，程朱理学的代表人物，世称“朱子”。这两句话是朱熹在任漳州知州时为白云岩书院所题写的对联，对仗严谨工整，用字典雅优美，不仅充满了诗情画意，还有着丰富的思想内涵和深刻的教育意义。

从本质上来说，人的心灵状态决定了他的行为状态，一个心灵污秽不堪的人是不可能拥有崇高品行的，即使做出了“善行”，也可能只是为了不可告人的目的。只有品行高洁、志存高远的人，才会有阔大的气象，才会有“老吾老以及人之老，幼吾幼以及人之幼”的仁德。想要拥有这种气象，就要不断提升自身的修养，而提升修养的过程，就是信念操守战胜个人私欲的过程。做到了“存天理灭人欲”，才能够不以物喜，不以己悲，将自己的生命境界提高到一个新的高度。

治事必需通观全局，不可执一而论

【经典】

出自（清）钱泳《履园丛话·水学·三江》

大凡治事，必需通观全局，不可执一而论。

处理事情必须着眼全局通盘考虑，不能只顾一点不及其余。

【解读】

钱泳（1759—1844 年），字立群，号台仙，一号梅溪，江苏金匮（今属无锡）人，清代学者、书法家。钱泳的这句话本意说的是治水，不过对其他领域也有深刻的教育意义。

“通观全局，不可执一而论”，说的就是全局和一隅、整体和部分之间的关系。这句话告诉我们在遇到事情的时候不能就事论事，而要根据事物所在的大环境进行全面的分析，考虑清楚对所有关联事物的影响所产生的利弊之后，才能够动手解决。“不谋全局者，不足谋一隅；不谋一世者，并不可谋一时”，如果只看到一时、一地的得失，那就是“一叶障目，不见泰山”，或许一时、一地的效果很好，但是对长远、全局来说得不偿失，最终这点成就也会化为乌有。反之，如果站在全局、长远的战略角度看待一时、一地的问题，眼界和胸怀就会更加开阔，也会找到更恰当的处理方式，从而获得全面的、可持续性的发展效果。

只有胸怀全局，一域一隅才能因势而上；只有志存高远，一时一事才能赢得长足的发展。

新松恨不高千尺，恶竹应须斩万竿

【经典】

出自（唐）杜甫《将赴成都草堂途中有作，先寄严郑公五首》（其四）

常苦沙崩损药栏，也从江槛落风湍。

新松恨不高千尺，恶竹应须斩万竿。

生理只凭黄阁老，衰颜欲付紫金丹。

三年奔走空皮骨，信有人间行路难。

看到新生的松树，恨不得让它长到千尺高；遇到不好的竹子，必须将它们全部铲掉。

【解读】

杜甫（712—770 年），盛唐时期的现实主义诗人，字子美，自号少陵野老，号称“诗圣”，后世称他为“杜工部”。

这个典故的意义是要尽力去保护、完善美好的事物，而对于丑恶的现象要做坚决的斗争，要干净利落地铲除掉。

在我国的历史上，一直都在强调惩恶与扬善并重，认为只有将二者结合起来，才能够取得最佳的教化效果。从人的本性来说，每个人都本能地喜欢美好的事物、厌恶丑恶的现象，但是人也是善变的，在外界的诱惑下难免会发生动摇，如果没有强大的自制力或者压力，很可能会做出一些错误的事情。所以，针对这种情况就要从两方面做起：一方面，要从正面进行大力引导，教育人们走正路、做善事，让人们坚定向善的价值观念；另一方面，要对各种丑恶现象进行强力打击，让人们知道做了错事会有什么样的后果，会得到什么样的代价，从而在内心深处不敢生出为恶的念头。

欲知平直，则必准绳；欲知方圆，则必规矩

【经典】

出自（战国）吕不韦及门客《吕氏春秋·自知》

欲知平直，则必准绳；欲知方圆，则必规矩；人主欲自知，则必直士。故天子立辅弼，设师保，所以举过也。夫人固不能自知，人主犹甚。存亡安危，勿求于外，务在自知。

想知道是否平直，就必须借助水准墨线；想知道方形、圆形是否合格，必须借助圆规矩尺。

【解读】

吕不韦（前292—前235年），卫国濮阳（今河南省濮阳西南）人，战国末年著名商人、政治家、思想家，曾做过秦国的丞相，在他的主持下由诸多门客编撰了《吕氏春秋》这一经典杂家名著。

在中国五千多年的历史里，讲规矩、守规矩一直都是我们中华民族的传统美德，中华文明能够延续几千年之久，成为这个世界上唯一流传下来的古老文明，讲规矩、守规矩这一美德有着不可磨灭的作用。没有规矩，不成方圆，“人不以规矩则废，家不以规矩则殆，国不以规矩则乱。”小到个人和家庭，大到一个国家，如果没有讲规矩、守规矩的意识，就会陷入

一片混乱之中。

想要建立讲规矩、守规矩的意识，需要经常反省自己的行为，看看是不是有不符合规矩的地方，也就是“吾日三省吾身”，然后有则改之无则加勉，这样才会成为一个德行高尚的人。

善除害者察其本，善理疾者绝其源

【经典】

出自（唐）白居易《策林一・兴五福销六极》

然臣窃闻，善除害者察其本，善理疾者绝其源。伏惟陛下欲纾人之忧，先念忧之所自；欲救人之病，先思病之所由。知所自以绝之，则人忧自弭也；知所由以去之，则人病自瘳也。

善于消除灾祸的人，会先调查灾祸产生的根源是什么；善于治疗疾病的人，会先消灭疾病产生的源头。

【解读】

白居易（772—846 年），中唐伟大的现实主义诗人，唐代三大诗人之一，字乐天，号香山居士，又号醉吟先生，祖籍山西太原。除了文学方面的成就，白居易在政治上也有一定的建树，曾任过杭州刺史（相当于现代的市长）。

古语说“与其扬汤止沸，不如釜底抽薪”，就是说要从根本上解决问题。问题产生了，不能满足于只控制住事态的发展，而是要从根本上、源头上调查清楚导致问题产生的原因，只有把问题产生的源头解决了，问题才能真正的解决，从此一劳永逸。如果解决问题的时候流于表面，不敢、不愿、不能深挖其中的根源，即使当时控制住了事态，没有让问题恶化，只要问题产生的根源还在，就仍然会继续酝酿发展，一段时间过后仍然会再次发生问题，如此“野火烧不尽，春风吹又生”，会让人陷入疲于奔命的境地。

多言数穷，不如守中

【经典】

出自（春秋）老子《老子·第五章》

天地不仁，以万物为刍狗；圣人不仁，以百姓为刍狗。天地之间，其犹橐龠（tuó yuè）乎？虚而不屈，动而俞出。多言数穷，不如守中。

人如果过多炫耀，就会加速败亡，还不如保持内心的清静恬淡。

延伸到管理层面，可解释为：政策和命令发布很多却执行不下去，还不如清静无为好。

【解读】

老子认为，天地对待万物并没有偏爱之心，全凭万物自然生长；圣人也没有偏爱之心，全靠百姓自养自息。天地之间，就如同一个大风箱。它看起来空虚，却从不枯竭，越鼓动风就会越大，生生不息。政令也是如此，如果政令繁多却屡遭失败，还不如清静无为。

老子的这几句话本来表达的是如何治理国家，因为说的言简意赅，后来就演变出了很多其他的意思，可以适用于各个领域。这里“不如守中”里的“中”字，是“冲”的通假字，清静无为的意思，和儒家中庸、中正的意思不一样。然而在儒家的解释中，这句话演变成了多说多错、不如不说了，最后发展成为“万言万当不如一默”，可见是曲解了老子的原意。

然而在现实的生活中，“多言数穷，不如守中”还是有很深刻的借鉴意义的，说白了，就是如果原来的工作进程很顺利的话，就不要乱折腾搞什么优化，不然很容易引起一系列的问题。当然，这个解释并不是反对改革和改进，而是说要考虑到事物所在的环境，提出的措施要符合事物的发展规律，如果提出的方案因为不适合大环境或者违背了规律，就必然会遭到失败而付出惨重的代价，那就还不如不改进呢。

莫言下岭便无难，赚得行人错喜欢。正入万山围子里，一山放出一山拦

【经典】

出自（南宋）杨万里《过松源晨炊漆公店》

莫言下岭便无难，赚得行人错喜欢。

正入万山围子里，一山放出一山拦。

不要说下山没有什么困难，只能骗得行旅之人空欢喜一场。如果你真正进入群山环绕的山区，刚翻过了一座山，就会有另一座山拦在你的前面。

【解读】

杨万里（1127—1206年），南宋时期著名的诗人、政治家，字廷秀，号诚斋，吉州吉水（今江西省吉水县）人。他和陆游、尤袤、范成大并称为“中兴四大诗人”。

这首诗是杨万里在赴任途中，经过群山环绕的皖南松源时产生了人生感悟，一时兴起做出的富含哲理的名作。他通过自己在山区行走时的感受，告诉我们这样一个普遍适用的道理：不管做什么工作，都不要为暂时取得的成就而骄傲，要知道成功的道路上困难重重，必须充分做好面对困难的准备。

事实也确实如此，做任何一个工作都如同翻越山峰一样，刚完成预定的目标，会发现有更高的目标就在前面；刚解决一个困难，会发现有更大的困难在前面等着你。可以说每一个成就都是阶段性的成就，根本没有给我们停下来休息的时间。在前进的道路上，只有对可能遇到的各种困难做好充分的思想准备，才能够做到有备无患，牢牢地掌握解决问题的主动权；同时，在遇到困难的时候，既不能回避也不能掩盖，只有正视困难，才能够更好地解决困难，争取到最好的效果。

见骥一毛，不知其状；见画一色，不知其美

【经典】

出自（战国）尸佼《尸子》

见骥一毛，不知其状；见画一色，不知其美。

只见到千里马身上的一根毛，是不可能知道千里马是什么样子的；只看图画上的一种颜色，是不可能知道图画的美的。

【解读】

尸佼（约前390—前330年），战国时期著名的政治家、思想家，先秦诸子百家之一。

这个典故也是说的全局和一隅、宏观和微观之间的关系。只看到事物的某一个局部，能够了解的也只不过是事物的某一个特性而已，不可能把握到事物的全部特性。如果把这种片面的认识当成事物的全面特性，必然会发生盲人摸象式的笑话，最终影响大局。

在行业联系日益密切的现代，社会的发展是一个系统的工程，每一个行业、每一个领域都是这个系统的一部分，每个部分的发展都需要其他部分的配合。如果只考虑自己所属行业的发展，而忽视了其他配套行业是否能够给予自己有力的配合，即使有宏大的目标和详细的计划，最终也会因为上下游环节无力配合而陷入停顿。

同时，只见树木不见森林的做法，势必会挂一漏万顾此失彼。困难越大，就越要考虑到事物的全局性和复杂性，越要考虑自己所采用的解决方案会产生什么样的直接影响和间接影响，免得刚解决了这个问题，又发生了其他的问题。

不谋全局者，不足谋一域

【经典】

出自（清）陈澹然《寤言·迁都建藩议》

惟自古不谋万世者，不足谋一时；不谋全局者，不足谋一域。

不从全局的角度考虑谋划，就无法解决好局部的问题。

【解读】

陈澹然（1859—1930 年），字剑潭，安徽省安庆（今安徽省安庆市枞阳县仪山乡）人，光绪十九年（1893 年）恩科举人。

这个典故说的也是全局和一隅的关系，不过重点放到了全局意识上，认为分析问题、处理问题要站在全局的高度，才能够做得更好、更长远。从现代人的角度来看，就是要有大局观、要有长远的目光，如果事物整体都不好了，局部的崩溃也在所难免。

上至国家的治理，下至个人的成长，能不能有大局观都很关键。我们可以想象，“坐井观天”和“登泰山而小天下”，二者的胸怀和格局不同，看到的景象也会不同，取得的成就也会迥然不同。

格局的大小，直接决定了个人处理问题方式的不同，也决定了处理结果的不同。格局小了，考虑的只是个人的得失或者小团体的利益，对眼前的一切斤斤计较，完全想不到将来；格局大了，考虑的是集体的利益和长远的发展，不在意个人和眼前的得失。纵观古今中外的名人和成功的案例，做事无不是从全局性、长远性出发，不考虑一时一地的得失。

不管遇到什么问题，我们都要记住：局部只是全局的一个组成部分，局部问题的处理不能影响到全局的发展；全局是所有局部的总和，对各个局部起着统领的作用，只有全局得到了发展，局部才会有更好的前景。

先立乎其大者，则其小者不能夺也

【经典】

出自（战国）孟子《孟子·告子上》

耳目之官不思，而蔽于物，物交物，则引之而已矣。心之官则思，思则得之，不思则不得也。此天之所与我者，先立乎其大者，则其小者弗能夺也。此为大人而已矣。

先树立起（心）这个最重要的部分，那么（感官这些）次要的部分就不会被迷惑了。

【解读】

孟子在这里看起来表面上说的是心和五官之间的关系，实际上说的是身心修养和物质诱惑的关系。孟子认为只要坚定了身心的修养，就不会被外界的欲望所迷惑。延伸开来，就是只要树立了中心目标，其他所有的一切都将会围绕这个目标进行，不会被困难吓倒，不会被利益引诱而产生偏离。

所谓“大者”，就是大局、长远的目标。明确了什么是大局，就不会在局部利益上斤斤计较；知道了什么是长远目标，就不会迷失前进的方向。只要把握住了大局，就会对各个局部的情况了然于胸，提纲挈领地将局部的工作做得更好、更到位；只有树立了长远的目标，才能够高瞻远瞩地安排好各个阶段的工作进程，不至于因为一时的顺利而为以后的工作埋下隐患。

树立“大者”，就是要抓住事物的主要矛盾，当主要矛盾解决之后，次要的矛盾也就会迎刃而解；树立“大者”，就是要找出问题产生的根源，问题的根源清除了，所有附带的问题也就不会再造成困扰了；树立“大者”，就是要有坚韧的意志，这样就不会被暂时的困难吓倒，不会因为外界的诱惑而停步不前。

聪者听于无声，明者见于未形

【经典】

出自（东汉）班固《汉书·蒯伍江息夫传第十五》

臣闻聪者听于无声，明者见于未形，故圣人万举万全。文王壹动而功显万世，列为三王，此所谓因天心以动作者也。

听觉比较灵敏的人，在声音没有发出之前就会有所感觉；视力比较好的人，在事物还没有显现之前就能够感知到。

【解读】

乍一看来，"聪者听于无声，明者见于未形"是不符合常识的，声音还没有发出，又怎么能够听到呢？事物还没有显现，又怎么可以看见呢？事实上这是古代常用的一种修辞方式，就是用夸张的言辞来强调某种看法的正确性。司马迁希望是用这种方式说明，有智慧的人能够在事物还没有显露之前，就可以根据各种蛛丝马迹分析出来事物的走势，并且提前做好了相应的准备。

世界上任何一件事情的发生，都必然有其发生的原因，在发生之前也必然会出现各种征兆。例如"蚂蚁搬家蛇过道，大雨不久就来到""朝霞不出门，晚霞行千里"等这些古代流传下来的关于天气方面的谚语，就是对天气变化之前的征兆的总结。

我们看到的那些历史上有名的智者，他们之所以能够料敌机先，对未来某个事件的发生做出预判，并不是他们能够料事如神或者有先见之明，而是他们注意到了常人没有注意到的那些征兆，所以才能够预先做出准确的判断。预先知道了事物会如何发展、会发展到什么程度，也就相当于比别人可以做更多的准备，如果这样还不能取胜，那就是"非战之罪"了。

总之，在做事之前，要根据事物的发展规律进行细致的观察、思考、比较、研究，分析各种现象的发生预示着什么样的事物会出现，以此做出详细的计划和应对各种意外的预案，才能够更好地完成任务。

名非无造，必从其实

【经典】

出自（明清之际）王夫之《思问录·外篇》

天无度，人以太阳一日所行之舍为之度；天无次，人以月建之域为之次。非天所有，名因人立；名非天造，必从其实。

名称并不是上天创造的，必定遵循事实。

【解读】

王夫之（1619—1692 年），字而农，号姜斋，又号夕堂，湖广衡州府衡阳县（今湖南衡阳）人，与顾炎武、黄宗羲并称明末清初的三大思想家。

我们在生活中会遇到各种事物，代表这些事物的名字、名称都不是凭空捏造的，而是根据它们在世界上表现出来的客观情况总结出来的。明白了这个道理，我们在认识事物的时候就不会狭隘地望文生义，从它的名字来判断它究竟是什么，而是从事物的本质出发，根据实际情况来认识。例如“分钟”这个时间名词，如果认为它是“把钟表分开”的意思，那就大错特错了。

按照辩证唯物主义的认识论，认识是从实践中产生并随着实践的发展而发展的，其根本目的是为了实践。如果对事物的认识违背了实践的观点，那就是犯了唯心主义的错误，而认识不到事物的本质。所以在我们认识事物的时候，一定要从实践的角度去认识，而不能通过事物的表象和名称来认识，以防犯下望文生义的错误。

善治病者，必医其受病之处；善救弊者，必塞其起弊之原

【经典】

出自（北宋）欧阳修《准诏言事上书》

臣文闻：善治病者，必医其受病之处；善救弊者，必塞其起弊之原。今天下财用困乏，其弊安在？起于用兵而费大故也。

善于治疗疾病的人，会从疾病起源的地方去治疗；擅长匡正弊端的人，会从弊塞产生的根源处去解决。

【解读】

这个典故是欧阳修的名言，他从治病要治本出发，引申出了解决问题要从根源上去解决的观点。

中医认为，疾病的症状只是人体机理受损的表现，想要彻底治好病，就要从导致疾病的源头出发，这是“治本”；如果只是采取控制住症状的措施，让病情缓解下来，就是“治标”，过一段时间病情还会复发。解决问题同样也是如此，任何一个问题的产生都是事物本身发生了变化，如果不解决问题产生的根源，同样也是治标，即使这个问题解决了，也只是一时解决，还会有其他的问题出现。

《国语》中说：“伐木不自其本，必复生；塞水不自其源，必复流；灭祸不自其基，必复乱”，说的也是同样的道理。想要解决社会上的弊端，也要采取堵塞根源的方式，而不能一味地头疼治头脚疼医脚。例如历朝历代都会发生的农民起义，其根源就是土地兼并导致农民的生活无以为继，最后为了生存而不得不揭竿而起。而统治者如果不能解决土地兼并的问题，只知道对起义者进行镇压，即使这个地方的农民在屠刀的威胁下暂时放弃了抵抗，过一段时间其他地方仍然会爆发起义，最终狼烟四起，身死国灭。

秉纲而目自张，执本而末自从

【经典】

出自（西晋）傅玄《傅子》

秉纲而目自张，执本而末自从。

拿起了渔网的总绳，网眼自己就张开了；抓住了事物的根本，旁枝末节自然会被带动。

【解读】

傅玄（217—278 年），字休奕，西晋时期文学家、思想家。他用纲和目与本和末做比喻，形象地说明了处理问题要注意哪些方面。与此意思相似的还有“纲举目张”“本末相顺”等成语。

问题产生了，就要从根源上进行解决；然而在解决问题的时候，要注意方式方法。解决问题，其实质就是在解决事物的矛盾。我们知道，事物的矛盾分为主要矛盾和次要矛盾，而矛盾又可细分为矛盾的主要方面和矛盾的次要方面。所以解决问题的最好方法，就是要抓住主要矛盾的主要方面。解决了主要方面，主要矛盾也就解决了大半；解决了主要矛盾，问题也就解决了大半。

当然，重视主要矛盾的主要方面，并不是要忽略次要矛盾和主要矛盾的次要方面，这是违背了唯物主义“两点论”的，而是要优先解决主要矛盾的主要方面，当重要的、根本的问题得到初步解决之后，这时候就可以着手解决不那么紧急的方面，以免事态无法得到控制而变得越来越严重。

苟日新，日日新，又日新

【经典】

出自（春秋至秦汉）《礼记·大学》

汤之《盘铭》曰："苟日新，日日新，又日新。"

如果能够一天新，就应保持天天新，新了还要更新。

【解读】

"苟日新，日日新，又日新"是商汤镌刻在澡盆上的一句话，其中的"新"字，本义是洗去身体上的污垢，后来引申为创新、进取的意思，于是这句话的含义除了创新的意义外，还被延伸为"如果今天有了成绩，就要每天都要有成绩，百尺竿头还要更进一步"。然而不管是原意还是引申出来的意思，都是告诉我们不能取得了成就就故步自封，只有精益求精，努力进取，才能够站立在潮头之上。

这句话在其他领域也有借鉴意义。例如学习，每天都学会一点新知识，日积月累下来，学到的知识就会越来越多，最终成为一个学识渊博的人；如果中断了学习，即使原来学会的知识，也会随着时间的流逝忘掉，最终成为孤陋寡闻的人。比如科学研究，只有长时间的坚持，才能一点点地获得进步，最终量变引起质变，才能取得成就。

水之积也不厚，则其负大舟也无力

【经典】

出自（战国）庄子《庄子·逍遥游》

且夫水之积也不厚，则其负大舟也无力。覆杯水于坳堂之上，则芥为之舟，置杯焉则胶，水浅而舟大也。

水积得不深，就无法让大船浮起来。

【解读】

如果是一个小水洼，它能够托浮起来的可能只能是芥菜籽这样大小的东西；如果是江河湖泊，就能够托浮起来比较大一些的船了；至于万吨以上的巨轮，能够将其托浮起来的只有海洋了。庄子在这里用形象的语言，深入浅出地说明了努力的多少和所能取得的成就之间的关系。

人们常把取得了某个领域的领先地位称为站在了金字塔的塔尖，但是又有多少人看到领先者付出了多少努力？如果把领先的位置看作塔尖，那么努力的多少就是金字塔的塔基，塔基的大小直接决定了塔尖的高度。这种努力并不仅仅指的是精神上的刻苦和体力上的付出，还包括掌握知识的深度和广度、团队的合作、人际关系、政策的支持等多个方面。

成功从来都不是容易的，只有尽量增加有益于成功的因素，减少不利的因素，争取把不利的因素转化为有利的因素，将塔基做到最大，才能取得更高的成就！

昨日是而今日非矣，今日非而后日又是矣

【经典】

出自（明）李贽《藏书·世纪列传总目前论》

夫是非之争也，如岁时然，昼夜更迭，不相一也。昨日是而今日非矣，今日非而后日又是矣。虽使孔夫子复生于今，又不知作如何非是也，而可遽以定本行罚赏哉！

以前正确的，到了今天可能就是错误的；现在不正确的，未来又可能是正确的。

【解读】

李贽（1527—1602年），字宏甫，号卓吾，别号温陵居士，福建泉州人。李贽是明朝著名的思想家、文学家，泰州学派的代表人物。他认为，世间没有一成不变的道理，过去放之四海而皆准的做法，不一定能够适用于现在的时代，但是到了将来，这种做法或许又成为正确的了。这句话鞭辟入里地说出了时移世易的道理。

对于李贽的这番话，我们可以从两个方面进行理解。一方面，随着社会的发展，出现了许多新事物、新情况、新问题，过去经常使用的那些行之有效的方法，现在不一定会有效果；过去那些先进的理念，到了现在可能已经落后了。因此我们要做到与时俱进，及时抛弃旧有的思维，紧紧跟上时代的潮流。另一方面，事物总是向前发展的，我们要做好事物产生变化的准备，不能用现有的经验判断事物变化之后的结果，也不能用现在的做法处理变化后的事物。

总之，我们要敢于承认变化，才能够面对变化，努力找到“昨日是而今日非”的地方加以改进，同时也要看到“今日非而后日又是”的地方，随时准备改变现行的做法。

工欲善其事，必先利其器

【经典】

出自《论语·卫灵公》

子贡问为仁。子曰：“工欲善其事，必先利其器。居是邦也，事其大夫之贤者，友其士之仁者。”

工匠想要做好自己的工作，必定会先打磨锋利他的工具。

【解读】

俗话说磨刀不误砍柴工，把准备工作做好，是工作能够顺利进行的前提和基础。这些准备分为两种，一种是物资上的准备，一种是人的准备。

物资上的准备包括完成工作所需要的原料、工具、资金、人手等。充足的原料、资金是工作能够进行的前提，高效率、高精度的工具是工作质量的物质保证。巧妇难为无米之炊，如果没有物资，人员再精干、计划再完美，也不可能凭空就把事情做好；如果物资准备不足，等事到临头才发现，那就只能停下工作，等物资补充之后才能够重新开工，耽误了工作的进度。

人的准备包括经验丰富的人手、尽量完善的计划、处理各种突发事件的预案等。人是生产力中最活跃的因素，没有人的参与，各种原料永远也不可能变成成品；人也是生产中最不稳定的因素，经验的多少、技术的高低决定了工作的进度和质量。有了完善的计划，就可以对工作的进程统筹安排，不至于产生“窝工”现象；有了各种预案，在遇到突发事件的时候就不至于手忙脚乱，可以把不利影响降到最低。

是虽常是，有时而不用；非虽常非，有时而必行

【经典】

出自（战国）尹文子《尹文子·大道》

凡天下万里皆有是非，吾所不敢诬。是者常是，非者常非，亦吾所信。然是虽常是，有时而不用；非虽常非，有时而必行。故用是而失，有矣；行非而得，有矣。是非之理不同，而更兴废，翻为我用，则是非焉在哉？观尧、舜、汤、武之成，或顺或逆，得时则昌；桀、纣、幽、厉之败，或是或非，失时则亡。五伯之主亦然。

虽然正确的东西总是正确的，但是有时候却不能采用；虽然错误的东西总是错误的，然而有时候却必须实行。

【解读】

尹文（约前360—前280年），战国时期的哲学家，齐国人，宋尹学派的代表人物。尹文认为，事物的是非对错都有客观的标准，是不能否认的。但是客观情况却总在变化，原来的标准不一定能够适用于新的事物，原来正确的做法，现在用来却没什么用处；原来错误的做法，现在反而能够见到奇效。所以他提出，人们不能一直固守原来的见解，对事物的认知要因时而变，不然就会导致惨重的失败。

尹文的观点有可取的地方，也有不对的地方。可取之处是他认为要因时而变，错误之处在于他认为判断事物对错的标准是不变的，违背了“实践是检验真理的唯一标准”的原则。任何一个事物，究竟是促进社会的发展还是阻碍社会的发展，都需要用实践进行判定。当它促进社会发展的时候，它就是先进的、正确的，应该加以采纳；当它阻碍社会发展的时候，它就是落后的、错误的，必须加以摒弃。

也有人认为，尹文的这个说法讲的是变通，在不得已的情况下，可以用错误的手段来实现正当的目的。这个观点也是有待商榷的，从本质上来说属于“为达目的不择手段”，是违背道义的；同时，这个观点也有些属于断章取义，忽略了尹文在后面所说的“得时则昌”“失时则亡”，否认了形势的变化才是采用何种手段的前提。我们不否认，当正当的途径无法完成工作时，可以通过迂回婉转的方式来完成，但是无论用什么方式，都不能违背了道义。

穷则变，变则通，通则久

【经典】

出自（殷周至秦汉）《周易·系辞下》

易穷则变，变则通，通则久。是以“自天佑之，吉无不利”。

事物发展到了尽头就要改变，改变了就能够顺利地继续发展下去，能够继续发展就能够生存得更久。

【解读】

这句话是古代中国朴素唯物主义思想的起源，说明事物的发展是客观的，是不以人的意志为转移的，如果无法继续发展了，就必须进行变革，才能够保有旺盛的生命力。

“穷”在这里是“穷尽”的意思。一般指有两种情况，一种是自身的发展遇到了瓶颈，一种是大环境发生了改变。

当自身的发展遇到了瓶颈时，就需要跳出原来的窠臼，对原来的工作思路进行调整和改变，以找到新的路线，保证工作、事业能够达到一个新的高度。

如果是大环境发生了改变，原来的有利因素变成了不利因素，就要果断地割舍，否则就会成为发展的障碍，甚至是祸患的根源。

自然界中的适者生存法则也是对这句话最好的注释。当生存环境发生了改变时，不能改变自身的物种都会灭亡，能够继续生存下去的是那些及时产生了变异、能够适应新环境的物种。

“变”得越早，获得的益处也就越大。知道以后有什么变化、能够领导他人进行改变，这样的人是智慧的人，也只有这样的人才能够站在历史的潮头上；人家变化了，自己也跟着改变，这样的人是明智的人，不会被历史所淘汰；大家都变了，仍然不肯改变的人是庸人，跟不上历史的脚步也就理所当然了。

知者作法，而愚者制焉；贤者更礼，而不肖者拘焉

【经典】

选自（战国）商鞅《商君书·更法》

公孙鞅曰：“子之所言，世俗之言也。夫常人安于故习，学者溺于所闻。此两者，所以居官而守法，非所与论于法之外也。三代不同礼而王，五霸不同法而霸。故知者作法，而愚者制焉；贤者更礼，而不肖者拘焉。拘礼之人不足与言事，制法之人不足与论变。君无疑矣。”

聪明的人制定政策，愚笨的人被此制约；贤明的人适时而变，无能的人墨守成规。

【解读】

商鞅（约前395—前338年），姬姓，名鞅，卫国顿丘（今河南安阳市）人。战国时期著名的改革家、政治家、思想家，法家代表人物。

商鞅在政治上颇有作为，他辅佐秦孝公，实行变法，使秦国短短几年之内富裕强大起来，史称“商鞅变法”。

《商君书》是商鞅及其后学者的著作汇编，是战国时期法家学派的代表作之一。该书既有宏观的理论阐述，也有具体的法令军规。既解决了当时条件下实行变法的一些基础理论问题，也提出了变法的具体原则。在当时具有极强的现实意义，对现今也有借鉴意义。

本节这句话便选自《商君书》。在商鞅看来，平庸的人对于陈旧的习俗坚定不移，而读死书的人则格局太小，容易墨守成规。这两类人，很难和他们一同探讨变法革新的事情，只能让他们留在原本的位置上遵守固有的礼法。纵览历史，夏商周三个朝代的礼法各不相同，但都能称霸天下；而

春秋五霸并没有采用同一套法制系统，也能称霸诸侯。所以聪明的人是制定政策礼法的，而不是被法度约束的；贤能之士是支持和推进革新的，无能的人才甘于条条框框的约束。商鞅说这些话的目的，是为了让国君坚定变法的决心。

非常之事，何得循旧

【经典】

出自（西晋）陈寿《三国志·吴书》

牧曰："非常之事，何得循旧？"即率所领，晨夜进道，缘山险行，垂二千里，从塞上，斩恶民怀异心者魁帅百馀人及其支党凡千余级，纯等散，五谿平。

并非寻常的事情，怎么能够遵循过去的经验呢？

【解读】

世界上的事情每时每刻都在变化，不会发生任何变化的事情是非常少的。但是，我们在处理事情时很多时候会依据过去的经验，误以为经验是正确的指导。其实，经验之所以称为经验，就是发生在过去的、已经经历过的事情，与我们正在发生或者即将发生的事情很难完全一致。所以，我们不能完全照搬过去的经验。遇到事情时要结合实际情况，进行通盘考虑。经验只可以用来作为参考，不能作为决策的依据。只有把目光放得更长远一些，考虑得更周全一些，才能提高成功的可能性。

自安于弱，而终于弱矣；自安于愚，而终于愚矣

【经典】

出自（南宋）吕祖谦《东莱博议·葵邱之会》

自安于弱，而终于弱矣；自安于愚，而终于愚矣。

自己甘于软弱，最终就真的软弱；自己甘于愚昧，最终就只能是愚昧。

【解读】

这句话告诫人们要奋发进取，不可自暴自弃。自信是通往成功的桥梁，缺乏自信的人，往往会给自己设置屏障，给自己的成功路上设置绊脚石。有些人性格懦弱，如果一直甘于懦弱，不去做出改变和努力，那么最终会一直懦弱；有些人可能不够聪明，但如果因为自身智商和才华不及他人，就自怨自艾，不奋起直追，那么他最终就真的只能成为愚蠢的人。

阻碍我们成功的有很多因素，但不可否定的一个因素，就是自身不够自信和努力。自暴自弃，会成为束缚我们进步和发展的枷锁。缺乏自信的人，往往连第一步都不敢踏出，又何来成功呢？所以，在当今日渐激烈的竞争环境下，我们更要树立信心，善于发现自己的长处和优点，凡事勇敢地尝试和创新，才有机会看到成功的曙光。

汉魏风骨，晋宋莫传

【经典】

出自（唐）陈子昂《与东方左史虬修竹篇序》

文章道弊五百年矣。汉魏风骨，晋宋莫传，然而文献有可征者。

汉魏时代文章的特色和艺术风格，到了晋朝和宋朝就没有流传下来了。

【解读】

每个时代的社会主题不一样，形成的语言风格也不尽相同。汉魏时期的文章语言风格在当时是适应社会需要的，但是到了后代就未必能体现出时代特色了。然而，不符合新时代的需求不代表其不能继承和发扬。相反，人们应该汲取汉魏文章的优点，借鉴其可取之处，扬长避短，并在这些基础上去实现创新和超越。这句话的目的是说，文章的艺术风格应当要推陈出新，而不是一味地模仿过去。

不创前未有，焉传后无穷

【经典】

出自（清）赵翼《读杜诗》

杜诗久循诵，今始识神功。不创前未有，焉传后无穷。一生为客恨，万古出群雄。吾老方津迷，何由羿毂中。

不创造一些前所未有的东西，怎么可以在后代经久不衰？

【解读】

文字风格的创新，一般是站在前人的肩膀上进行的，也就是说，在前人已有的基础上进行改变。这种创新的力度不够彻底，难以开创或引领一个新时代，难以在后代中流传久远。只有创造一些前所未有的东西，实现真正的创新，才能经久不衰。文字风格的创新如是，其他方面的创新也是如此，只有实现彻底性的创新，才能实现流传久远的目的。然而，需要注意的一点是，创新也应符合时代发展的规律，不能随意、漫无目的地去创新。

第六章

经济民生

万言经济略，
策太平基

天之道，损有余而补不足；人之道则不然，损不足以奉有余

【经典】

出自（春秋）老子《老子·第七十七章》

天之道，其犹张弓欤？高者抑之，下者举之；有余者损之，不足者补之。天之道，损有余而补不足；人之道则不然，损不足以奉有余。孰能有余以奉天下，唯有道者。是以圣人为而不恃，功成而不处，其不欲见贤邪。

自然法则是哪个地方多了，就减损下来去补充不足的地方；而人类社会的做法却不是这样，而是剥削贫穷的人来奉养富裕的人。

【解读】

自然的法则是平衡发展，如果某个种类繁衍得过多，就会发生各种情况来减少它们的数量；如果某个种类数量太少，适宜其生存的环境就会变好，以增加这个族群的数量。这两种变好的目的，都是为了防止发生生态灾难。

而人类社会的做法却相反，被剥削的都是处于社会底层的贫苦劳动人民，剥削来的财富却用来供养处于社会顶端的少数富裕贵族。这种做法无疑会使得贫者愈贫、富者愈富，时间长了必然会发生社会问题。

社会不平等是现实存在的问题，在可以预见的未来也是无法解决的。但是承认社会不平等，并不是鼓励两极分化，只是需要我们采用积极的措施尽量减少这种经济上的差距，以免出现“朱门酒肉臭，路有冻死骨”的局面。

同时，“损有余而补不足”也不是平均主义，更不是劫富济贫，而是要在政策上扶助弱者，让他们也变得富裕起来，以减小财富差距。

仁者以财发身，不仁者以身发财

【经典】

出自（春秋至秦汉）《礼记·大学》

生财有大道。生之者众，食之者寡，为之者疾，用之者舒，则财恒足矣。仁者以财发身，不仁者以身发财。未有上好仁而下不好义者也，未有好义其事不终者也，未有府库财非其财者也。

仁爱的人用财富来修养自身的德行，不仁的人用自身来获得钱财。

【解读】

追求财富的积累是人之常情，也是个人发展和社会进步的动力，但是如何处理财富和德行的关系，也是很多人为之迷惑的问题。曾参认为，想要获得财富是可以的，但是必须遵循一定的原则，那就是获得财富的目的是为了修养自身的德行，而不能用自身的德行去获得财富。换成现代的话来说，就是赚钱是为了实现人生的意义，不能用违背道义的手段去赚钱。

放到国家的高度，“仁者以财发身，不仁者以身发财”说的就是物质文明和精神文明之间的关系。发展经济的目的，是为了满足人民群众日益增长的物质需求，让人们的精神感到更加富足；但是如果为了发展经济不择手段，就会对精神文明的建设造成损害，使道德水平滑坡，最终得不偿失。

利之所在，虽千仞之山，无所不上；深源之下，无所不入焉

【经典】

出自《管子·禁藏》

其商人通贾，倍道兼行，夜以续日，千里而不远者，利在前也。渔人之入海，海深万仞，就波逆流，乘危百里，宿夜不出者，利在水也。故利之所在，虽千仞之山，无所不上；深源之下，无所不入焉。故善者势利之

在，而民自美安，不推而往，不引而来，不烦不扰，而民自富。如鸟之覆卵，无形无声，而唯见其成。

只要是有利益的地方，即使在万仞山巅，人们也能踊跃攀登，就算是深渊之底，人们也会争先恐后投入其中。

【解读】

利益是行动的动力。早在两千多年前，管仲就提出要用利益引领百姓，让他们看到利益在哪里，自然就会向哪里聚集；让他们知道哪个行业有利可图，他们就会自觉地做哪一行。管仲的这个观点虽然有点功利，但是也说明了因势利导的重要性，告诉我们想要人们做某件事情，并不一定需要用行政命令去强迫。如果能够用引导的方式去处理，不仅会节约行政成本和社会成本，还可以更好更快地完成。

这里所说的“利”并不仅仅指的是财富，还包括名誉、地位等人们所追求的事物。只有知道了人们渴望的是什么，才能够因事为制，更好地进行引导。

夫利，百物之所生也，天地之所载也，而或专之，其害多矣

【经典】

出自（春秋）左丘明《国语·周语上》

夫利，百物之所生也，天地之所载也，而或专之，其害多矣。天地百物，皆将取焉，胡可专也？所怒甚多，而不备大难，以是教王，王能久乎？

财利这种东西，是世间万物产生出来的，也是天地养育而成的，如果有人独占的话，那么就会招来很多祸害。

【解读】

古人认为，世间的财富是有一定数量的，也是属于全体人民的，有人得到的多，必然就有人得到的少，就更不用说被某个人独占了。当然，按照现代的经济观点这个看法是不对的，但是不能独占财富这个看法，还是有着积极意义的。

从小的方面讲，人都是渴望得到利益的，也都是自私的。如果有人独

占了某个行业的大部分利润，势必会引起同行业的嫉恨，最后成为众矢之的。能够做到“已欲立而立人”的人才是聪明人，在众人的帮助下将蛋糕做大，不仅其他人分到了利益，自己也能够获得比原来更多的利益。做到了这些，才能够得到更多人的敬重和帮助，将来的路才能够走得更远。

从大的方面讲，如果某个行业独占了生产资料或者商品的生产、流通，也就是形成了垄断经营，固然会获得高额的利润，但是同时也会产生严重的社会问题，造成社会财富的不正常集中。此外，由于垄断经营可以轻松地获得大量利润，也会造成部分企业不愿意投入大量的资金进行研发，久而久之企业的技术逐渐落后，影响企业的发展，也影响整个社会的发展。

凡费财劳力而不加利者，不为也

【经典】

出自（春秋战国之际）墨子《墨子·辞过》

古之圣王为宫室之法曰：“室高足以辟润湿，边足以御风寒，上足以待雪霜雨露，宫墙之高足以别男女之礼。”仅此则止，凡费财劳力，不加利者，不为也。役，修其城郭，则民劳而不伤；以其常正，收其租税，则民费而不病。是故圣王作为宫室，便于生，不以为观乐也；作为衣服带履，便于身，不以为辟怪也。故节于身，诲于民，是以天下之民可得而治，财用可得而足。

凡是靡费钱财、劳乏民力却不能增加人民利益的事情，人民就不愿意去做。

【解读】

在中国的古代，判断一位君主是否贤明有一个硬性标准，那就是要看他会不会无故大兴土木、大起徭役，如果有这两项举动的话，这位君主就不能称为贤君。古代的生产力低下，财富的积累极其缓慢，如果动不动就兴建大型工程，就会耗费大量的社会财富。同时，古代没有现代的这些工程机械，所有的工作都是由人力来完成的，所以兴建工程也要征发大量的徭役。而服徭役的都是青壮年男子，这些人都是创造财富的主力，既然去服徭役，也就没有时间继续创造财富了。如此一来，社会财富必定会大量减少，人民生活很容易陷入困苦之中。例如秦始皇，他统一六国后兴起了三个巨型工程，分别是修长城、始皇陵和阿房宫，极大地损伤了民力物力，秦二世而亡和秦始皇的做法也有着直接的关系。

但是如果是为了国计民生，兴建工程就是必须的了。还以秦始皇为例，他继位初年兴建的郑国渠，同样耗费了大量的人力物力。但是当这项工程完成之后，关中地区由贫瘠变为富庶，除了为民众谋了切实的福利，同时也为秦国扫平天下打下了坚实的物质基础。

这句话对个人也有警示意义。当我们有了某个费时费力费钱的愿望时，就要考虑一下：实现了这个愿望之后，对我们人生的成长有没有益处？如果对我们的人生有所裨益，那么就值得去做；如果对我们实现人生目标没有帮助，就要经过权衡再做决定。

不利而利之，不如利而后利之之利也

【经典】

出自（战国）荀子《荀子·富国》

不利而利之，不如利而后利之之利也；不爱而用之，不如爱而后用之之功也；利而后利之，不如利而不利者之利也；爱而后用之，不如爱而不用者之功也。

不给百姓利益，反而从百姓那里榨取利益，比不上先给予百姓利益，然后再从百姓那里索取利益的做法好。

【解读】

古今中外，老百姓都是一个国家能够存在的基础。百姓不仅是社会财富的创造者，也是兵员和税收的提供者。如果百姓生活困窘，就无法正常完成赋税，如果这时候统治者还要残酷地压榨百姓，只能让百姓对统治者产生怨恨，造成严重的后果。针对这种情况，最好的办法就是休养生息轻徭薄赋，让老百姓获得喘息的机会，使他们的生活慢慢富裕起来。老百姓生活富足了，手里有了积蓄，就会加大消费，这就会促进商品的流通和经济的发展，随之国力也会增强。到了这时候，如果统治者再提高税收，即使老百姓心中不满，也不至于激起民变。

人际交往也同样需要遵循这个原则。世界上很少有只愿付出、不求回报的人，肯这样做的人往往只有自己的父母或者关系比较近的亲人。如果在交往中，一个人只知道索取而不肯付出，这种关系必然无法长久维持下去，即使原来是朋友也无法继续做朋友。只有懂得付出和记得回报，才是拉近关系和维持关系的正确做法。就算是想要获得对方的帮助，也要懂得“将欲取之必先与之”的道理，什么都不肯付出，只希望从别人那里获得好处，这样的人很难建立起良好的人际关系，也会影响个人的发展。

天下熙熙，皆为利来；天下攘攘，皆为利往

【经典】

出自（西汉）司马迁《史记·货殖列传》

故曰：“天下熙熙，皆为利来；天下攘攘，皆为利往。”夫千乘之王，万家之侯，百室之君，尚犹患贫，而况匹夫编户之民乎！

天下人蜂拥而至，是为了利益；天下人各奔东西，也是为了利益。

【解读】

“天下熙熙，皆为利来；天下攘攘，皆为利往”，在现代的语境中是中性稍带贬义，而在原典《史记》中是略有褒义的，司马迁对这种做法持肯定的态度，不然他也不会说“千乘之王，万家之侯，百室之君，尚犹患贫，而况匹夫编户之民乎”这样的话了。

马克思主义哲学认为，经济基础决定上层建筑。抛开晦涩难懂的哲学名词，从通俗的语言解释就是：有什么样的经济条件，就有什么样的社会意识。管仲说“仓廪实而知礼节，衣食足而知荣辱”，如果一个人连温饱都无法保证，想要让他有拯救全世界的理想那就是笑谈了。所以我们在生活中不必讳言“利”，追求让自己和家人过上更好的生活，本来就是一种担当和一种荣誉。每个人的生活都富足了，国家也必定富强，这也是社会的进步。儒家提倡的“君子不言利”，并不是让我们不追求利益，而是告诫我们不要唯利是图，不能因为利益丧失了道义。

治国之道，必先富民。民富则易治也，民贫则难治也

【经典】

出自《管子·治国》

凡治国之道，必先富民。民富则易治也，民贫则难治也。奚以知其然也？民富则安乡重家，安乡重家则敬上畏罪，敬上畏罪则易治也。民贫则危乡轻家，危乡轻家则敢陵上犯禁，陵上犯禁则难治也。故治国常富，而乱国常贫。是以善为国者，必先富民，然后治之。

总结那些治理国家的方法，必定是首先让老百姓富裕起来。老百姓富裕了，管理起来就比较容易；老百姓贫穷了，管理起来就比较困难。

【解读】

一个国家想要健康发展，就必须保证有稳定的社会秩序；想要保证社会秩序的稳定，最低限度也要保证人民不受饥寒之苦。如果连人民的温饱问题都无力解决，秩序的稳定、国家的发展也就无从谈起了。

想要了解一个国家的生存状态，看一下这个国家的人民生活状况就可以明白了；想要知道一个国家的富裕程度，看一下这个国家的人民生活水平就清楚了。国家存在的意义，就是让自己的人民生活富足、幸福安康；人民奋斗的目的，就是为了让国家强盛、获得更高的地位。所以国家和人民之间的关系是相辅相成、相依相存的。这也是现在常说的“国富则民安，民富则国强”。让生活变得更加富裕，不仅是人民自己的愿望，也是国家治理社会的责任，更是保证国家稳定、发展的基础和保障。

此外，典故中的“富”，不仅指的是让人民在物质上富裕起来，也要让他们在文化上、精神上富足起来。解决温饱问题的同时，也要着手道德方面的建设；人民有了积蓄，就要紧抓精神文明的提高。物质文明的发展跟不上精神文明的发展，精神文明就没有发展的基础；精神文明建设跟不上物质文明的发展，就会出现道德的沦丧。只有物质和精神都有了发展，才是真正的富民，才能让国家健康有序地发展。

国多财则远者来，地辟举则民留处，仓廪实则知礼节，衣食足则知荣辱

【经典】

出自《管子·牧民》

凡有地牧民者，务在四时，守在仓廪。国多财，则远者来；地辟举，则民留处；仓廪实，则知礼节；衣食足，则知荣辱；上服度，则六亲固；四维张，则君令行。

国家的财力充足，远方的人就会慕名而来；土地普遍得到了开垦，人民就会安心留下来；粮仓充实了，人民就开始学习礼仪；丰衣足食了，人民才会顾及荣誉和耻辱。

【解读】

前面对“仓廪实则知礼节，衣食足则知荣辱”已经做了介绍，这里着重谈一下“国多财则远者来，地辟举则民留处”。

任何一个国家的任何一个朝代，只要统治者不是那么昏庸，都会把发展经济当成国家的头等大事。以我国的封建时代来说，对地方基层官员的考核中，“劝课农桑”始终都是一条重要的考核任务，就是国家重视农业生产的体现。之所以只提及农业而忽略了商业和工业，是因为当时农业是国民经济的主体，农业有了发展也就意味着国民经济得到了发展，国家也就有了应对灾荒的一定实力。在当时的条件下，国家的赈济仍然免不了要饿死人，但是已经大大减少了死人的数量。虽然这样的景象仍然比较悲惨，但是对于那些挣扎在死亡线上的人来说，至少有了生存的希望，这种地方无疑就是天堂一样的存在了，所以“国多财则远者来”。

由于当时的生产力低下，土地的单位产量也比较低，想要提高粮食的总量，就必须开辟更多的土地；同样面积的土地，熟地（耕种多年的土地）的产量要比生地（刚开垦的土地）产量高。如果家乡都是熟地，又有几个人愿意背井离乡去耕种生地、开垦荒地呢？这也就是“地辟举则民留处”的原因。

另外需要指出的是，“国多财则远者来，地辟举则民留处”说的是物质文明建设，“仓廪实则知礼节，衣食足则知荣辱”说的是精神文明建设，二者的先后顺序也符合“经济基础决定上层建筑”的原理。

不富无以养民情，不教无以理民性

【经典】

出自（战国）荀子《荀子・大略》

不富无以养民情，不教无以理民性。故家五亩宅，百亩田，务其业而勿夺其时，所以富之也；立大学，设庠序，修六礼，明十教，所以导之也。《诗》曰："饮之食之，教之诲之。"王事具矣。

不让老百姓富裕起来，就无法培养他们的情操；不对老百姓进行教化，就无法提高他们的素质。

【解读】

这个典故也是说的物质文明和精神文明之间的关系。

对于一个国家来说，想要长治久安，就需要国民对自己的国家有归属感；想要提高归属感，就需要提高他们的生活水平和道德水平。想要提高国民的生活水平，就需要给他们分配一定的生产资料，让他们能够通过劳动获得生活物资；想要提高国民的道德水平，就要加大对教育、宣传方面的投入，让他们知道什么应该做、什么不应该做。

儒家认为人性本善，但是出身于儒家、也是儒家代表人物的荀子却提出了“性恶论”，也就是“人性本恶”。所以荀子提出，如果一个人都快要饿死了，他哪里还顾得上什么仁义道德？只有让他们富裕了，不必为如何生存下去担忧，才能让他的性情从“恶”转化成“善”，而转化的手段就是“教化”。百姓富裕了，教化跟上了，国家也就做好了称王天下的政治准备。

筑城者，先厚其基而求其高；畜民者，先厚其业而后求其赡

【经典】

出自（西汉）恒宽《盐铁论·未通》

什一而籍，民之力也。丰耗美恶，与民共之。民勤，己不独衍；民衍，己不独勤。故曰："什一者，天下之中正也。"田虽三十，而以顷亩出税，乐岁粒米狼戾而寡取之，凶年饥馑而必求足。加之以口赋更繇之役，率一人之作，中分其功。农夫悉其所得，或假贷而益之。是以百姓疾耕力作，而饥寒遂及己也。筑城者先厚其基而后求其高；畜民者先厚其业而后求其赡。《论语》曰："百姓足，君孰与不足乎？"

善于修筑城墙的人，要先把城墙的基础打厚实了，才有希望垒得更高；善于养育百姓的人，先让他们的家业丰厚了，才能够从他们那里获得供养。

【解读】

古代的中国是不认可赤字经济的，欣赏的是量入为出，也就是有多少钱办多大事。国家想要有大举动，就需要国库的支持；而国库的钱就是税收，交税的主体就是百姓。想要从百姓那里得到更多的税收，而且不伤害百姓的根本，前提就是百姓有殷实的家底能够承受。恒宽在这里就用"只有基础厚实了，才能把城墙修得更高"作为比喻，告诉统治者只有让老百姓富裕起来了，才能有希望获得更多的赋税。

汉朝的学者当然不懂得那些深奥的经济理论，但是他们已经朴素地认识到，老百姓越富裕，国家就能够获得更多的税收。事实也的确如此。当人民的经济基础越来越好的时候，就会有越来越多的资金进入到流通中，从而刺激了各行各业的发展。国家的经济发展了，交税的主体也就增加了，税收相应地也就增加了，国库也就充实了，国家也就有能力办更大的事了。所以《论语》中才说，老百姓富足了，国君怎么能够不富足呢？

民者邦之本，财者民之心，其心伤则其本伤，其本伤则枝干颠瘁，而根柢蹶拔矣

【经典】

出自（唐）陆贽《陆宣公集》

（陆贽说）无纾目前之虞，或兴意外之变。人者，邦之本也。财者，人之心也。其心伤则其本伤，其本伤则枝干颠瘁，而根柢蹶拔矣。

人民是一个国家的根本，财富就是人民的心。伤了人民的心，就是伤害了国家的根本；根本受到了损伤，枝干就会凋零殆尽，接着就是被连根拔起。

【解读】

这段话是唐朝的宰相陆贽说的，告诫当政者要以民为本，不要掠夺老百姓的财富，因为这是自伤根本的行为。

从史籍中可以看到，我国以民为本的思想在西周时就有了萌芽，到了春秋战国时期，这种思想已经成形，像“民为邦本，本固邦宁”“水能载舟，亦能覆舟”等记录，都说明了这一点。之后历朝凡是愿意有所作为的统治者，无不把以民为本当成治国的圭臬，将改善人民的生活水平当成施政的路线和重点。

据《史记》记载，春秋时有个叫公仪休的人，他在担任鲁国宰相的时候告诫官员们，不要和老百姓从事同一个行业，以免减少老百姓的利润。这个故事后来演变成了一个词语叫“与民争利”。到了汉代，著名大儒董仲舒也说，如果国家和官员与民争利，老百姓又怎么能够安定呢?

前面说过，老百姓是一个国家统治的基础，如果统治者从老百姓那里掠夺财富，就是自毁根基。基础被自己动摇了，不要说发展，国家能不能继续存在都成问题了。所以统治者“畜民”不但要让老百姓富裕起来，也不能将老百姓当成自己的提款机，动不动就从老百姓那里搜刮财富。

国侈财用费，用费则民贫，民贫则奸智生，奸智生则邪巧作

【经典】

出自《管子·八观》

国侈则用费，用费则民贫，民贫则奸智生，奸智生则邪巧作。故奸邪之所生，生于匮不足；匮不足之所生，生于侈；侈之所生，生于毋度。故曰：审度量，节衣服，俭财用，禁侈泰，为国之急也；不通于若计者，不可使用国。

国家奢侈，开支就多；开支多了，老百姓就会穷困；百姓穷困了，就会产生邪念；有了邪念，就会为非作歹。

【解读】

在管仲的治国理念中，富民强国始终都是一以贯之的原则。他认为，一个国家想要强盛，在“开源”的同时还要做到“节流”。开源就是大力发展经济，让老百姓富裕起来，增加可支配收入；节流就是国家要节省用度，不能奢侈更不能浪费。国家的财富都是老百姓贡献的，而老百姓一年的收入是有限的，上缴给国家的多了，留给自己的就少了。如果国家的开支越来越大，那么对老百姓的索取也会越来越多，老百姓能够保留的财富也就越来越少。当老百姓手里的财富减少到一定限度的时候，就必然陷入衣食无继的境地，这时候为了生存，各种不法的现象也就发生并且越来越多，国家的统治也会越来越困难。

在这个典故中，需要注意的是“侈”这个字。在古汉语中，“侈”的原意是浪费，“多费谓之侈”。联系后面的语句进行理解的话，管仲的意思明显并不是反对多支出，而是反对没有节制、没有制度的支出。

取之有度，用之有节，则常足；取之无度，用之无节，则常不足

【经典】

出自（唐）陆贽《均节赋税恤百姓第二》

夫地力之生物有大数，人力之成物有大限。取之有度，用之有节，则常足；取之无度，用之无节，则常不足。

征收（财税）有限度，使用（资财时）有节制，平常的用度就会充足；征收（财税）没有限度，使用（资财时）没有节制，平常的用度就会不足。

【解读】

百姓一年中创造的财富是有限的，如果随意地增加赋税，导致百姓无力投入再生产，就会越来越贫困，最终一点赋税也缴纳不了。这种竭泽而渔的征税方式，其实是对国力的透支，虽然当时看起来影响不大，但是时间长了就会自食恶果。国家的财政收入每年是有一定量的，使用的时候不但要量入为出，也要有节制，尽量做到每年都有一定的盈余，以防备不时之需。如果不加节制地使用，就会形成寅吃卯粮的局面，一旦有了灾荒或者突发事件，国家根本就没有能够应对的能力。

用现代的话来说，这个典故就是告诉统治者，要给生产者留下足够的资金，保证纳税人能够进行正常的业务运行；国家财政的使用要有计划，不能盲目推行计划外的项目。能够做到这些，国家就能够良性发展，越来越富足强大；违背了这个原则，国家就进入了恶性循环，国力越来越衰弱。

善治财者，养其所自来而收其所有余，故用之不竭而上下交足也

【经典】

出自（北宋）司马光《论财利疏》

养其本原而徐取之。善治财者，养其所自来，而收其所有余。故用之不竭，而上下交足也。不善治财者反此。

善于理财的人，会注意培养纳税人的生产能力，只收取他们结余的部分。做到了这一点，国家的用度就不会有枯竭的时候，而且国家和人民都会富足。

【解读】

到了宋神宗当政的时候，由于冗官、冗兵、冗费日益严重，北宋的财政已经不堪重负了。在入不敷出的情况下，朝堂上的有识之士提出了改革的要求，但是如何改革一直莫衷一是。对于封建王朝来说，解决财政不足的最常用的办法就是增税，司马光对此是持反对态度的，他认为不但不能增税，还要“养其所自来”。

“养其所自来”，就是要养护好税收的来源。纳税人能够进行正常的生产活动，才会有缴纳赋税的能力；税源多了、纳税人的生产规模扩大了，缴纳的税额也就提高了。

国家的运行靠的是财政的支持，财政的来源是税收。如果没有税收，不但各种公共设施无法建造和维护，就是国家的安全也无法保证，所以征税是必须的。但是征税也必须要有限度，要保证国民经济的可持续发展，才能够保证国家征收到长期稳定的赋税。这个限度就是不能超过纳税人的负担能力，只要在限度之内，就不会伤害到纳税人的发展。

物之贵贱，系于钱之多少；钱之多少，在于官之盈缩

【经典】

出自（唐）陆贽《均节赋税恤百姓第二》

物贱由乎钱少，少则重，重则加铸而散之使轻；物贵由乎钱多，多则轻，轻则作法而敛之使重。是乃物之贵贱，系于钱之多少；钱之多少，在于官之盈缩。

商品的价格是贵还是贱，是由铜钱的多少决定的；铜钱的多少，是由官方扩大还是减少铸造数量决定的。

【解读】

物价高低，是决定一个国家是否稳定的重要因素之一。物价高了，老百姓买不起足够的生活物资，就会对国家产生失望甚至是怨怼的情绪；物价低了，生产者得不到预期的利润，就会减少对生产的投入，经济的增速就会放缓甚至出现负增长。无论是哪一种情况，都会对国家的统治产生不利的影响。

影响物价的因素大体上有两个，一个是商品数量的多少，一个是货币的多少。商品数量的多少市场可以自行进行调节，而货币的多少则完全取决于国家的金融部门。

中国早在春秋时期就有了相对发达的经济理论，对物价的控制有了一定的认识。到了唐朝，陆贽在《均节赋税恤百姓第二》一文中，强调了用货币的多少控制物价的重要性，这个观点也是中国古代典型的货币数量论。

从春秋战国时期开始，一直到清朝末年，铜钱一直都是官方指定的流通货币，也只有官方专门的机构才能铸造铜钱，所以用控制铜钱的发行量来影响物价，是可以做到的。

不困，在早图；不穷，在早稼

【经典】

出自（春秋）邓析《邓析子·转辞篇》

不困，在早图；不穷，在早稼。非所宜言勿言，以避其愆。非所宜为勿为，以避其危。非所宜取勿取，以避其咎。非所宜争勿争，以避其声。一声而非，驷马勿追。一言而急，驷马不及。故恶言不出口，苟语不留耳。此谓君子也。

不想陷入困顿，就要提前做好准备；不想穷困潦倒，就早早种好庄稼。

【解读】

邓析（前545—前501年），春秋时期郑国的政治家与思想家，“名辨之学”倡始人，也是名家学派的先驱。作为名家的代表人物，邓析对逻辑的认识非常深刻，他清楚地知道做了某件事情后，会引发什么样的后果，所以才有了这一段告诫性的话，而“不困，在早图；不穷，在早稼”这个典故，就是这段话的纲领。到了后来，这个典故也成了“在看到某个事件即将发生的征兆后，要尽早做好准备的”代名词。

有一个成语叫“有备无患”，也是对这个典故最好的解释。

有国有家者，不患寡而患不均，不患贫而患不安。盖均无贫，和无寡，安无倾

【经典】

出自《论语·季氏》

君子疾夫舍曰欲之而必为之辞。丘也闻有国有家者，不患寡而患不均，不患贫而患不安。盖均无贫，和无寡，安无倾。夫如是，故远人不服，则修文德以来之。

有国有家的诸侯和大夫，不担心分得少而担心财富分配不均；不担心

人民贫穷而担心社会不安。财富分配平均就无所谓贫穷，社会安定和谐就无所谓人数太少，境内安定国家就不会发生倾危之事。

【解读】

不管一个国家的根基是否薄弱，只要得到合理得当的管理，那么就可以实现社会稳定、人民幸福，就会有机会走上兴旺发达之路。只要财富分配平均，人民就不会因为贫穷而发生动乱；只要社会保持稳定和谐，就不怕人口稀少。社会安稳发展，国家就不会遭遇倾覆的危机。所以，治理国家要保持社会稳定、财富分配得当，方可实现长治久安，促进其走上复兴之路。

“不患寡而患不均，不患贫而患不安”，这句话也反映出孔子的反战思想。他希望采用仁、义、礼、乐的方式解决问题，而非通过军事手段解决争端，这也是孔子的一贯思想。对于“不患寡而患不均，不患贫而患不安”，朱熹对此句的解释是：“均，谓各得其分；安，谓上下相安。”这种思想对后世的影响很大，直到现在，甚至成为一种社会心理。当然，就当今时代而言，这种思想有其消极的一面，但是更有其适应现代社会的一面。因为人类社会的稳定必定需要一定的均衡，如果贫富差距过于悬殊，就会引发社会矛盾。所以，“不患寡而患不均”也较为符合社会主义的公平和正义的思想。

这里我们需要特别指出的是，这里的“均”，不是简单平均，更多意义上是指“各得其分”，是在一种公正的分配制度下，得到自己应得的份额。

安民则惠，黎民怀之

【经典】

出自《尚书·皋陶谟》

知人则哲，能官人；安民则惠，黎民怀之。能哲而惠，何忧乎驩兜（huān dōu），何迁乎有苗，何畏乎巧言令色孔壬？

安抚人民要给予其恩惠，这样百姓才会拥戴你。

【解读】

舜帝时期的皋陶，是掌管刑罚的大臣。有一次，舜帝召见几个大臣共商国是，史官在一旁把他们提出的意见和建议一一写了下来，这便是《尚书》中的《皋陶谟》一文。其中，“安民则惠，黎民怀之”因其务实的思想而被广为流传。这句话的意思是，要得到黎民百姓的的拥戴，最关键的是领导者要摒弃个人的私欲，不贪图享乐，切切实实地把人民的利益放在首位，实实在在为人民做实事、做好事，给予人民恩惠，让他们能够安居乐业，这样才会获得百姓的拥护。

臣闻国之兴也，视民如伤，是其福也；其亡也，以民为土芥，是其祸也

【经典】

出自（春秋）左丘明《左传·哀公元年》

臣闻国之兴也，视民如伤，是其福也。其亡也，以民为土芥，是其祸也。楚虽无德，亦不艾杀其民。吴日敝于兵，暴骨如莽，而未见德焉。

臣听说若想让国家兴旺，君主对百姓就当像抚慰有病痛的人一样，这是他的福气；而国家衰败，是因为君主把百姓看作草芥，这是国家衰败的根源。

【解读】

这句话强调了以民为本的重要性。如果希望国家富强，和谐稳定发展，君主对百姓应当像照顾生病的人一般，这也是君主的福气；如果不把百姓的利益放在第一位，将其视作草芥，那么长此以往国家将走向衰亡。

“以民为土芥，是其祸也”，这句话在历史上有不少例子。隋炀帝杨广，本来有机会成为颇有作为的皇帝青史留名。他在文化经济、军事外交上建树颇多，他在位期间，大力推动科举制度，修建大运河，对隋朝的经济发展起到了极大的推动作用，使整个国家十分兴盛，《资治通鉴》对其功绩称赞说：“隋氏之盛，极于此矣”。可惜，隋炀帝虽然把隋朝发展到了极盛，也一步步地把国家推到了灭亡的边沿。他无视民间疾苦，在位期间十分奢侈，大兴土木，穷兵黩武，老百姓赋税徭役愈加繁重，苦不堪言，只能揭竿而起，各地起义军风起云涌，反抗隋炀帝的暴政，最终导致盛世隋朝仅二世而亡，令人叹息。

上述言论，即使放在今天，依旧有其深刻的道理。在位者关怀人民，顾恤民众疾苦，以民为本、以人为本，才能促使社会稳定，促使国家长治久安；如果不重视民生疾苦，必然会导致社会不稳定，这是祸乱的根源。

一粥一饭，当思来处不易；半丝半缕，恒念物力维艰

【经典】

出自（明）朱柏庐《夫子治家格言》

一粥一饭，当思来处不易；半丝半缕，恒念物力维艰。宜未雨而绸缪，毋临渴而掘井。自奉必须俭约，宴客切勿留连。

每一碗粥、每一碗饭，都应当想到它的来之不易；每一根丝、每一缕线，都应当考虑到其生产的困难。

【解读】

这句话旨在提倡用勤俭节约的态度去对待劳动成果。不管是物质还是粮食，都凝结着人们的血汗，生产和制造的过程都是来之不易的。我们能够轻松地拥有或享受，应当考虑到其背后饱含的心血。因此，应当树立勤俭节约的生活态度，尊重和珍惜他人的劳动成果。不仅如此，还应提倡生活物质要尽量精简，不过分重视物质享受，不铺张浪费，不随意糟蹋。

六畜不育于家，瓜瓠荤菜百果不备具。国之贫也

【经典】

出自《管子·立政》

六畜不育于家，瓜瓠荤菜百果不备具。国之贫也。

百姓家里不饲养家禽牲畜，不齐备瓜果蔬菜，国家就会贫困。

【解读】

这句话旨在说明农业发展的各方面应该实现全面多样，一来可以满足

人们的日常生活需求，二来可以增加财政收入，促进国家经济发展。家家户户饲养家禽牲畜，蔬菜瓜果样样齐全，才是充分发挥自然资源和人力资源的体现，才能调动生产力的发展，促使国家繁荣富强。

古代人民十分重视农业发展的多样性。在古代名人中，有一位贫苦的农村妇女，就是因为棉花种植和纺织业的贡献，被后世永远歌颂，她就是宋末元初著名的棉纺织家黄道婆。黄道婆出身贫苦，少年流落异乡崖州，以道观为家，在长期的艰苦生活中，熟练掌握了种棉、制棉的方法。多年后，她终于重返故乡，在松江府以东的乌泥泾镇教人制棉。当时棉花种植已经在长江流域普及，但纺织技术还十分落后，黄道婆热心改革当地落后的棉纺织生产，毫无保留地教会了人们棉花织造技术，创造了新式纺车。黄道婆的辛勤劳动，推动了当地棉纺织业的迅速发展，淞江一带就成为当时棉织业的中心，淞江布匹曾经有“衣被天下”的美称。黄道婆去世以后，当地人民感念她的恩德，举行了隆重的公葬，并在多处修建祠堂，以志纪念。中华人民共和国成立后，政府修建了黄道婆的墓园，博物馆里陈列着黄道婆的塑像和松江布，供后人瞻仰。黄道婆作为一名普通的农村妇女，因为在农业发展上的贡献，赢得了后世永久的尊敬和纪念。

农夫无草莱之事则不比，商贾无市井之事则不比

【经典】

出自（战国）庄子《庄子 · 徐无鬼》

农夫无草莱之事则不比，商贾无市井之事则不比；庶人有旦暮之业则劝，百工有器械之巧则壮。钱财不积则贪者忧，权势不尤则夸者悲。势物之徒乐变，遭时有所用，不能无为也。

农民如果没有农活干就不会快乐，商人如果没有生意做就不会快乐。

【解读】

这句话用以说明人们需要各司其职，从事自己的分内工作，就会过上充实快乐的生活。农民要干农活，商人要做买卖，在自己的岗位上从事自己的工作，才能够将自身的价值充分地发挥出来，才能感觉到自己被这个

社会所需要，从而内心充实，获得人生乐趣。如果整天无所事事，最终还是会觉得空虚。所以，社会要繁荣和谐，就必须要让人们过上各司其职的生活。

足寒伤心，民寒伤国

【经典】

出自（东汉）荀悦《申鉴·政体》

天下国家一体也，君为元首，臣为股肱，民为手足。下有忧民，则上不尽乐；下有饥民，则上不备膳；下有寒民，则上不具服。徒跣而垂旒，非礼也。故足寒伤心，民寒伤国。

足部着凉了会损害身心健康，人民贫寒了会损害国家的发展。

【解读】

作者把人体的头部、腿部和手脚比作国家的构成，君主是首脑，大臣是腿和胳膊，而黎民百姓则是手足，人体是相互联系、相互影响的整体，国家亦如是。足部受寒了，会损害身体的其他部位；百姓困顿了，会动摇国家治理的根基。强调了以人为本对于国家治理的重要性。此外，在《申鉴·杂言》一篇中，荀悦还提出了“民存则社稷存，民亡则社稷亡”的理论，同样也是强调君主对于民众利益的重视，对于促进国家发展具有重要意义。

人民是国家构成的主要部分，也是国家财富的生产创造者。只有人民的生活幸福了，身体和精神状态好了，才能够创造更多的劳动成果，才能够促进国家经济的蒸蒸日上。如果人民生活困顿不安，温饱都得不到解决，何谈为国家创造更多的财富？因此，国家要发展，首先要提高人民的生活水平，要以人为本，以人民的利益为重。

财之多少有无，非古人为国之所患，所患者，谋虑取舍，定计数，必治功之间耳

【经典】

出自（南宋）叶适《财总论》

致唐之治，有唐之胜，其不待多财而能之也决矣。然而其所以不若唐者，非以财少为患也。故财之多少有无，非古人为国之所患。所患者，谋虑取舍，定计数，必治功之间耳。

财富有没有或者有多少，不是古代的执政者在治理国家时所担忧的问题。他们所担忧的，是如何谋划财富的生产和使用，是在考虑国家治理和发展的前提下，做好收入和支出的预算。

【解读】

智者不会纠结于眼前仅有的财富，不会担心财富有无或者有多少，而是集中精力去思考如何创造财富和利用财富。做好财富的预算工作，把现有的财富做好充分的规划，确保其得到充分利用。如果不懂得合理支配财富，那么财富就可能无法满足各方面的需求；如果不懂得理财，那么财富再多可能也会被耗费一空。所以治理国家，不应担忧眼前拥有财富的多少，而应该把眼光放长远，做好财富的使用和预算工作。

一丛深色花，十户中人赋

【经典】

出自（唐）白居易《买花》

帝城春欲暮，喧喧车马度。
共道牡丹时，相随买花去。
贵贱无常价，酬直看花数。
灼灼百朵红，戋戋五束素。

上张幄幕庇，旁织笆篱护。

水洒复泥封，移来色如故。

家家习为俗，人人迷不悟。

有一田舍翁，偶来买花处。

低头独长叹，此叹无人喻。

一丛深色花，十户中人赋！

一束牡丹花的价钱，相当于十户中等人家一年的税赋。

【解读】

在古代，只有富人才买得起牡丹这一类昂贵的鲜花，其价值不亚于当今的奢侈品，普通老百姓根本消费不起。鲜花的价格高昂，但是依然不缺买花的人，这也侧面可以看出富人过着奢靡的生活。然而普通老百姓可能连温饱问题都难以解决。唐代的税赋制度是按百姓资产多少而区分的，具体分为上户、中户和下户。一束牡丹花的价格，要相当于十户中等人家一年的税赋，可见富人过着多么奢华的生活。这句话略带讽刺的意味，反映出社会贫富差距之大，揭露了深刻的社会现实。

用财有节，则天下虽贫，其富易致也；用财无节，则天下虽富，其贫亦易致也

【经典】

出自（明）丘濬《大学衍义补·总论理财之道下》

用财有节，则天下虽贫其富易致也；用财无节，则天下虽富其贫亦易致也。汉、唐之始，天下之用尝屈矣，文帝、太宗能用财有节，故公私有余而致天下之富焉；汉唐之盛时，天下之用尝裕矣，武帝、明皇不能节以制度，故公私耗竭而致天下之贫焉。

使用财富如有节制，即使国家暂时处于贫困的现状，也有能够致富的一天；使用财富没有节制，无论国家多么富裕，最后也可能会导致贫困。

【解读】

这句话意在强调，勤俭节约会促进国家发财致富，挥霍无度会导致国

家贫困潦倒。自古以来，懂得用财节制的君主提倡勤俭节约，反对铺张浪费，有助于营造良好的社会氛围和积累财富，这样的执政者往往能够带领国家走向繁荣富强；相反，用财无度的君主不仅会使得国家财政减少，而且会引领一股奢靡之风，这样的国家即便经济基础再好，也可能会很快走向衰败。

西汉初期，国家经过“文景之治”的发展，国内一片太平治世的景象，仓廪储藏了充足的粮食，各级府库有大量余财，吏治清明。汉武帝继位后，汉朝逐渐韬光养晦，开始兴兵南征北战，战果累累，大汉天威远播，国家强盛。然而战争是要劳民伤财的，天下虽然富强，但经过几十年的战争消耗，“师旅之费不可胜记”，以致国库空虚，许多农民不堪重负，流离失所，政府财政收入减少。汉朝初年不可谓不富强，然而财政支出没有节制，同样会使国家陷入贫困的境地。幸而汉武帝雄才大略，终于意识到了这个问题的严重性，及时调整了政策方向。汉武帝晚年下《轮台诏》，否决了桑弘羊等大臣在西域轮台地区屯田的提议，对派遣李广利出征匈奴也表示悔恨。此后，汉武帝不再出兵，后又命赵过为搜粟都尉，推广代田法和先进农具，发展农业生产。汉武帝之后，昭帝和宣帝相继即位，霍光辅政，着重推行了一系列安民措施，使西汉社会安定，经济发展，西汉又维持了近四十年的兴盛局面，史称“昭宣中兴”。

主奢一则下奢一，主奢五则下奢五，主奢十则下奢十

【经典】

出自（清）魏源《默觚下·治篇十四》

主奢一则下奢一，主奢五则下奢五，主奢十则下奢十：是合十天下为一天下也。以一天下养十天下，则不足之势多矣；不足生觊觎，觊觎生僭越，僭越生攘夺，王者常居天下可忧之地矣。

如果主人奢侈一分，其下人就会奢侈一分；如果主人奢侈五分，其下人就会奢侈五分；如果主人奢侈十分，下人就会奢侈十分。

【解读】

这句话旨在说明封建家庭中，主人的生活作风对于身边人及下人的生活作风的影响很大。如果主人贪图享乐，生活奢侈，那么下人也受其影响，养成奢靡的生活作风。相反，如果主人懂得勤俭节约，就会带动一家上下养成勤俭节约的生活习惯，有利于财富的积累。

忧民之溺，由己之溺；忧民之饥，由己之饥

【经典】

出自（北宋）邓牧《见尧赋》

古有圣人，作君作师。忧民之溺，由己之溺；忧民之饥，由己之饥，故能治九年之昏垫，播艰食于烝黎。其德泽所浸，如时雨之化；其功用所及，如春阳之熙。

担忧百姓的困苦，就好像担忧自己的困苦；担忧百姓的饥饿，就好像担忧自己的饥饿一般。

【解读】

作者邓牧设身处地地为贫苦老百姓考虑，把老百姓的饥饿当成自己的饥饿一样担忧，把老百姓的贫苦看成自己的贫苦一样悲伤，推己及人，将心比心。这种忧国忧民的思想和济世救民的情怀是非常难得和可贵的。

唐朝时期，唐太宗十分在意民间的疾苦。他吸取隋朝灭亡的教训，非常重视老百姓的生活，多次强调以民为本，他下令轻徭薄赋，让老百姓休养生息。《贞观政要》记载了一个有趣的故事。贞观二年，京城长安大旱，蝗虫成灾。唐太宗亲自到园子查看庄稼损失的情况，看到禾苗上有蝗虫，不禁骂道："老百姓把粮食当作身家性命，而你吃了庄稼，这是对百姓为害。百姓遭了罪，这些罪让我自己一人受吧，这些虫子如果真的有灵，就来吃我的心吧，不要再为害百姓了。"说罢，唐太宗捉了几只蝗虫就要吞下去。随从急忙劝阻道："吃了蝗虫要生病的，不能吃啊！"唐太宗说道："我倒真的希望蝗虫能把百姓的灾难移给我一个人身上，即使生病也不会逃避的！"说完就把蝗虫吞了。

太宗吞蝗的故事，反映了李世民对百姓生活的重视。古代蝗虫成灾，却往往被视为神虫，而唐太宗遇到蝗灾，他首先想到的是人民，忧虑的是民生。他的言语之中，流露出一个心怀百姓、勇于担责的精神。唐太宗坚决消灭蝗虫的决心，使得全国上下一心，老百姓终于度过了艰苦的蝗灾。唐太宗在位二十三年，在位期间国泰民安，社会安定，经济发展繁荣，军事力量强大，后人称之为“贞观之治”。

愿移灾咎及予躬，免使苍生受憔悴

【经典】

出自（明）于谦《入春狂风大作加以久无雨雪因以自咎》

朔风怒号不得止，漠漠埃尘涨天起。
入春已是一旬馀，翻觉貂裘薄如纸。
前朝飞雪天上来，间积郊原不盈指。
垄间宿麦正青青，无雨安得勃然起。
圣皇爱民如赤子，诏旨丁宁在人耳。
轻徭薄赋更恤刑，天意云何乃如此。
抚循失政固予罪，窃禄偷安心独愧。
愿移灾咎及予躬，免使苍生受憔悴。

愿意把所有的灾难都集中在我一人身上，避免天下百姓受苦受难。

【解读】

这句诗表达了诗人于谦挽救天下、拯济百姓的情怀。每个人多少都会经历一些天灾人祸，难以避免，但是诗人却不希望看到黎民百姓经历痛苦，希望上天可以把所有的灾难痛苦都让他自己一人承受。在阶级矛盾突出的封建社会，在当时属于上层社会的于谦能有这样大公无私的胸怀非常可贵。

于谦是明朝名臣，土木之变后，明英宗兵败被俘，于谦反对南迁，坚请固守，整饬兵备，亲自督战，在北京抵御瓦剌大军。和议后，于谦仍然不敢放松备战，挑选京军操练，遣兵出关屯守，边境得以安宁。于谦一直忧国忘身，敢于为民请命，却不说自己的功劳。他生活简朴，自家的住所仅能遮蔽风雨。但因个性刚直，严惩作奸犯科权贵，于谦屡受排挤打击。于谦曾经被官场排挤降职，山西、河南的官吏和百姓俯伏在宫门前上书，以千计的人一起请求于谦留任。于谦家无余财，当官也只有便服一套，瘦马一匹。于谦死后，成为德才兼备的典范，名垂千古，受人敬仰。

第七章

教育哲学

无药可延卿相寿，
有钱难买子孙贤

一年之计，莫如树谷；十年之计，莫如树木；终身之计，莫如树人

【经典】

出自《管子·权修》

一年之计，莫如树谷；十年之计，莫如树木；终身之计，莫如树人。一树一获者，谷也；一树十获者，木也；一树百获者，人也。我苟种之，如神用之，举事如神，唯王之门。

如果只做一年的打算，没有比种庄稼更好的；如果做十年的打算，没有比种树更好的；如果做一生的打算，没有比培养人才更好的。

【解读】

这个典故是古人对教育重要性的直观说明，既指出了人才的重要性和长远性，也指出了培养人才的困难，后来演化为成语“十年树木，百年树人”。

其实不仅现如今最重要的是人才，在任何一个时期、任何一个团体中，人才都是最重要的一环。古人说“千军易得，一将难求”，就是告诉我们能够起决定性作用的只有人才，而不是众多的普通人。现代社会有一个“二八定律”，在企业管理学里的体现就是“20% 的人创造了 80% 的利润”，这部分人是一个企业的核心人员，是企业的利润源泉。

人人都知道人才的重要性，也都希望成为人才，然而真正成为人才的却屈指可数。为什么呢？这是因为不是每一个人都有能够成为人才的条件，要么家庭环境的影响、要么无力接受教育、要么没有毅力，等等，所有这些条件缺一不可。所以在我们有条件学习的时候，一定不要浪费任何一个能够学习的机会，只有成为人才，才能够成为对社会有用的人，才能够更好地体现自己的人生价值。

虽有至圣，不生而知；虽有至材，不生而能

【经典】

出自（东汉）王符《潜夫论·赞学》

虽有至圣，不生而知；虽有至材，不生而能。故志曰：黄帝师风后，颛顼师老彭，帝喾师祝融，尧师务成，舜师纪后，禹师墨如，汤师伊尹，文、武师姜尚，周公师庶秀，孔子师老聃。若此言之而信，则人不可以不就师矣。

即便是卓越绝伦的圣人，也不是生下来就无所不知的；就算是才资出众的人，也不是生下来就无所不能的。

【解读】

在人的成长过程中，学习是一个不可缺少的环节。王符在这里谈到，即使是历史上那些流传千古的君王圣贤，也都不是生而知之的，都要经过老师的教导、努力学习之后，才可以在某些方面展现出自己的才能，继而才做出了一番事业。君王圣贤尚且需要学习，何况我们这些凡夫俗子呢？

从古代开始，我国人民对学习的重要性都有着清醒而深刻的认识，史书上诸如凿壁偷光、囊萤映雪的记载枚不胜举。知识的传承和人才的培养必须通过学习来获得，而学习是一个持续不断的过程，所谓“活到老，学到老”，不断学习前人总结的经验，才能融会贯通，少走弯路。人的生命是有限的，能够适合学习的时间很短，而知识是无穷的。古往今来，人类在漫长的发展过程中，积累了大量的知识财富，即使是想要精通某一个领域，也需要长时间的学习和积累。而从人类自身来讲，学习不仅是为了提高自己，也是对自我精神状态的充实，对自己的价值的提升。

夫善国者，莫先育才；育才之方，莫先劝学

【经典】

出自（北宋）范仲淹《上时相议制举书》

夫善国者，莫先育才；育才之方，莫先劝学；劝学之要，莫尚宗经。

在一切治理国家的好政策里，培养人才是最重要的；培养人才最好的方法，莫过于让学子们安心学习。

【解读】

范仲淹（989—1052年），字希文，吴郡吴县（今江苏苏州市）人。范仲淹是北宋时期杰出的思想家、政治家、文学家。

国家想要发展，就离不开人才；想要获得人才，就需要建立培养人才的教育机制；想要成为人才，就需要孜孜不倦地学习各种知识。

几千年的历史证明，高深的知识从来都不是轻易习得的。学习成绩的高低，会受到主观因素和客观因素的影响。客观的因素指的是学习的条件，包括安定平稳的学习环境、渊博的老师、先进的教材等，不过这些并非人力可以控制，因此因为客观条件的限制，无法成为人才的人比比皆是。主观的因素就是个人的努力，这个因素是可控的，也是决定能否成为人才的主要因素。俗话说“只要功夫深，铁杵磨成针”，只要努力学习，客观的困难都是可以逐步克服的，哪怕学习的进度不快，哪怕学习的过程中遇到种种阻碍，只要坚持下去，终有一日也能够成为可用的人才。就像这个典故的作者范仲淹，幼年丧父家境贫寒，曾留下“断齑画粥”的故事，可以说所有学习时能够遇到的困难他都遇到了，但是因为他有着坚强的意志一心向学，从不放弃，最终文武兼备，成为一代名臣和能臣。

列士并学，能终善者为师

【经典】

出自（战国至秦）《晏子春秋·内篇谏上》

景公问晏子曰：“人性有贤不肖，可学乎？”晏子对曰：“《诗》云：‘高山仰止，景行行止。’之者其人也。故诸侯并立，善而不怠者为长；列士并学，终善者为师。”

众多学子一起求学，能够始终保持旺盛学习欲望并坚持到底的人才能够成为老师。

【解读】

“若有恒，何必三更起五更眠；最无益，莫过一日曝十日寒”。知识的获得是一个漫长的过程，没有办法一蹴而得，只有持之以恒地学习下去，才能够真正学习到知识。

对于大部分人而言，学习不是一件快乐的事。现在，我们所提倡的“快乐教育”完全罔顾了这个事实，否则学习的前面为什么要用“努力”这样的词语来修饰？学习的过程要用“艰苦”来形容？也正是学习的过程是艰苦的，很多人无法忍受这样的痛苦半途而废，才愈发显得能够坚持下去的人是多么的可贵；也正因为这些人能够承受巨大的痛苦努力学习，最终学到了精髓，成为可用的人才。

此外，学习也是一个循序渐进的过程。刚开始学习的都是一些浅显易懂的基础知识，只有掌握了基础知识之后，才能够学习更加深奥的部分。想要学会基础知识很容易，但是想要掌握深奥的知识就很困难了。很多人没有知难而进的勇气和毅力，遇到了困难不是想着去征服，而是心灰意冷退而求其次，自然也无法成为高质量的人才。

师严然后道尊，道尊然后民知敬学

【经典】

出自（战国）乐正克《礼记·学记》

凡学之道，严师为难。师严然后道尊，道尊然后民知敬学。

老师受到了敬重，学问才能够得到尊重；学问受到了尊重，百姓才会重视学习。

【解读】

尊师重教一直是中华民族的传统美德。

在中国的传统观念里，老师是非常受尊崇的，可以和天、地、君王、父母并列，所以有"天地君亲师"的说法。在古代，老师的正式名称是"师傅"，而"傅"的本义是辅助、教导，后来才有了"教授技艺的人"这个含义，再后来"师傅"又演变成了"师父"，也有了"一日为师终生为父"的说法，可见老师的地位对于学生是何等的崇高和重要。如果说父母给予了一个人的身体，那么老师给予一个人的就是生活的技能，也是他的精神导师和踏入社会的领路人。

只有尊重老师，才会对老师的要求和教授的知识重视，学习的态度才能够端正；学习态度端正了，学习的时候才不会弄虚作假、偷奸耍滑，才会有好的学习成绩。作为一个学生，如果对教授自己学业的老师缺乏起码的尊重，想要取得优异的成就就是痴人说梦了。

古之学者必有师。师者，所以传道授业解惑也

【经典】

出自（唐）韩愈《师说》

古之学者必有师。师者，所以传道受业解惑也。人非生而知之者，孰能无惑？惑而不从师，其为惑也，终不解矣。

古代有学问的人都有自己的老师。所谓老师，就是传授道理、教授知识、解答疑惑的人。

【解读】

韩愈（768—824年），字退之，河南河阳（今河南省孟州市）人，世称“韩昌黎”“昌黎先生”。韩愈是唐朝著名的文学家、思想家、哲学家、政治家，也是唐宋八大家之一。《师说》是韩愈的代表作之一，层层深入地说明了老师的作用、跟从老师学习的重要性以及跟从什么样的老师学习等问题。“师者，所以传道授业解惑者也”就是其中的名句之一，要言不烦地说明了老师需要做的工作是什么。

“传道”就是传授给学生做人的道理，让他们不至于误入歧途。如果一个人立身不正，即使学到了高深的学问也很难成为利国利民的人，甚至会助纣为虐。在古代，拜师和收徒都是非常严肃的事情，一旦收取某人成为自己的学生，老师就要为他负起极大的责任，不仅会要求学生成材，也要负责教导约束学生道德方面不能出问题。只有确定了学生没有道德方面的问题（或者确实浪子回头），才会真正地“授业”。

“授业”就是教导学生开始学习具体的知识。孔子说因材施教，学生的资质不同，对于不同的知识接受快慢和程度也就有所不同，老师会根据学生的特点分别教授不同的学习内容，让他们都能够有一技之长，成为有用之才。

“解惑”分为两种，一种情况是学习上的困惑，一种是人生中的困惑。不管是哪一种，老师都有开导学生的责任。学习中的迷惑也有两种，一种是学习中遇到了难点或者对同一问题的不同解释，需要老师进行解释或者分析，帮助学生学业精进。另一种是学生的知识量达到一定程度之后，就会对古人的观点和现行的体系产生怀疑，这个时候更需要老师的引导，以免误入歧途。

弟子不必不如师，师不必贤于弟子

【经典】

出自（唐）韩愈《师说》

圣人无常师。孔子师郯子、苌弘、师襄、老聃。郯子之徒，其贤不及孔子。孔子曰："三人行，则必有我师"。是故弟子不必不如师，师不必贤于弟子。闻道有先后，术业有专攻，如是而已。

学生不一定比不上老师，老师也不一定要比学生贤能。

【解读】

韩愈对老师的定位是"传道授业解惑"，由此我们可以知道，在韩愈看来，只要在"道"和"业"有专长，就可以成为别人的老师；同样，如果能够从他人那里学习到"道"和"业"，就可以向他学习。韩愈说圣人没有固定的老师，就是说圣人只要看到别人在某一方面比自己强，就会去学习。有这样的学习态度，德行又怎么不会日益增长呢?

有一个成语叫"一字之师"，出处有数个版本。但是不论是哪一个版本，都体现出了主人公虚怀若谷、敢于改正的学习态度。古人说"学无先后，达者为师"，现代有一句俗语"虚心使人进步，骄傲使人落后"，都充分说明了要虚心学习别人的长处和优点，才能有更大的成长空间。

博学而笃志，切问而近思

【经典】

出自《论语·子张》

子夏曰："博学而笃志，切问而近思，仁在其中矣。"

学习的范围要广泛，立下的志向要坚定；提出的问题要有深度，思考问题要由近及远。

【解读】

“博学”和“笃志”前面已经有了解说，这里浅谈一下什么是“切问”和“近思”。

在学习的时候，总会遇到不懂的东西，这个时候就需要提出自己的疑问，以获得老师的指点。但是不能稍有不解就去提问，这种做法实质上是滥用老师的时间，也无法锻炼自己独立思考和解决困难的能力。最好的做法就是自己先深入思考，直到实在无法找到正确的答案，或者无法确定自己的答案是否正确的情况下，再向老师提出自己的疑问。这样老师就可以有针对性地解答，自己也会有醍醐灌顶的感觉，对问题的理解也会更深刻。

在思考问题的时候，要先从已经掌握的知识开始，分析一下按照原有的知识为什么不能解决这个问题？是不是缺少了什么知识点？缺少的这些可能会有什么作用？掌握了这种由近及远的思考方式，不仅学习更有效率，在工作和生活中也能起到很大的作用。例如当我们遇到困难的时候，就先考虑以现有的条件能否解决？如果不能解决的话，又需要什么样的帮助？又从哪里可以获得这个帮助？

也正是“博学而笃志，切问而近思”有着很强的实用性，子夏才认为能够做到这些，就会成为一个有德行的人。

观天下书未遍，不得妄下雌黄

【经典】

出自（北齐）颜之推《颜氏家训·勉学》

观天下书未遍，不得妄下雌黄。或彼以为非，此以为是；或本同末异；或两文皆欠，不可偏信一隅也。

没有把天下所有的书都看完，就不要随便发表评论。

【解读】

颜之推（531—约597年），中国南北朝时期的文学家、教育家，他一生的著作很多，可惜大多都亡佚了，现存最有名的是《颜氏家训》，这是一部内容丰富的家训。

颜之推的这句话说的是广泛阅读的重要性。在印刷术和造纸术没有产生革命性的改良之前，书籍一般都是由人来抄写的，不可避免地会产生一些谬误。同时，站在不同的角度，对同一个事物如果有不同的观点，我们也不能武断地说某个观点是正确的或者错误的。只有广泛地阅读书籍，了解更多人的想法，才能够结合实际情况做出自己的判断，也只有这样的判断才是准确的、有价值的。做学问也是如此，只有博览群书，才能够从众多的言论中去芜存菁，明白什么是真理、什么是谬误。当然，这个典故中要求的“观遍天下书”只是古代汉语中常用的修辞方式，只是为了说明广泛阅读的重要性，并不是真的要求要把天下所有的书籍都全部读完。

读书患不多，思义患不明。患足已不学，既学患不行

【经典】

出自（唐）韩愈《赠别元十八协律六首·其五》

读书患不多，思义患不明。
患足已不学，既学患不行。
子今四美具，实大华亦荣。
王官不可阙，未宜后诸生。
嗟我摈南海，无由助飞鸣。

读书时担心读得不够多，思考书中的道理时担心不能思索明白；担心自己骄傲自满不再学习，学有所成后担心不能遵循学习到的道理去施行。

【解读】

韩愈用这首诗半阙的篇幅，阐述了学习时应该注意的四个事项：学习的范围越大越好、思索问题越明白越好、有所体会不能骄傲自满、理论要联系实际。

《颜氏家训》中说“观天下书未遍，不得妄下雌黄”，告诉我们只有遍读群书，才能够辨别出书中可能有的谬误。只有知识面足够广泛，在遇到问题时，才能从不同的处理方法中寻找出最合适的那一个；只有掌握的知识足够多，才能够处理多个方面的问题。

读书时对书中的道理一定要读精、读透。如果只是浮光掠影地掌握了书中道理的皮毛，处理一般的问题尚可，一旦遇到比较复杂的问题就无能为力了。

有了成绩不要沾沾自喜，这只不过是万里长征的一个阶段而已，没有什么可以令人骄傲的。学如逆水行舟不进则退，一旦没有了对知识的渴望，就会丧失学习的动力，而在科技发展速度如此迅速的当代，原本所掌握的先进知识技术很快就会落后。

学习的目的是为了让自己进步，成为一个有能力的人，一个对社会有用的人。但是学到了东西，却不知道如何运用或者不愿意去施行，那就真的是理论上的巨人、行动上的矮子了！这样的人又如何能够促进社会的发展、人类的进步呢？学习的意义又体现在哪里呢？

君子之学必日新。日新者，日进也；不日新者，必日退，未有不进而不退者

【经典】

出自（北宋）晁说之《晁氏客语》

君子之学必日新。日新者日进也，不日新者必日退，未有不进而不退者。

有德行的人，每天学习时都要求自己有一定的收获，每天有收获才会有进步，每天没有收获就是在退步，从来不会有不进也不退的人。

【解读】

知识是没有尽头的，所以学习也没有能够停下来的那一天。我们只有不断更新自己的知识库，始终保持自己所掌握的知识和技术的先进性，才能让自己变得更强大、更完美。

欲望是人追求上进的原动力。如果人没有了上进的动力，就会懒散下来不思进取，原地踏步的结果必然就是落后。只有敢于承认自己有所不足，并且认识到自己的不足在哪里，才能够认真地学习先进的知识和技术，让自己每天都有所收获。如果不能每天都有所收获，那么个人便无法进步，社会也无法得到发展。现代社会的发展日新月异，这就要求我们必须时刻紧跟发展的脚步，才能够成为一个有用的人。

“日新者日进也”还有另外一层含义，那就是不要轻视微小的进步。很多人都梦想能够一日成功，不愿意按部就班地走下去，显然这是不可能发生的事情。任何事物的发展都是渐变的，从发生到结果都需要一个或长或短的过程，都需要一点点的努力、一点点的发展。只有坚持不懈地努力，才会有一点点的进步，如此日积月累，量变必然引起质变，水到渠自成，成功也就不再是梦想。

学者有二病：积学未厚而用之遽，养德未足而谈有余

【经典】

出自（明）崔铣《松窗寤言》

学者有二病：积学未厚而用之遽，养德未足而谈有余。

学习的人常有两种毛病，一个是知识的积累还不够丰厚，就急于应用到实践中；另一个是自身的品德还没有修养完成就妄加谈论。

【解读】

崔铣（1478—1541年），字子钟，河南安阳人，明代学者。

知识积累的丰厚程度体现在两个方面：一方面是深度，也就是对某个领域的研究是否透彻，是否掌握了这个领域最好的知识。如果只是初窥门径，在行家面前卖弄就是班门弄斧，急于应用则会错误百出。另一方面是广度；具体来说就是和本专业有关的领域了解的程度。事物都是有联系的，专精一门的同时，也要对其他相关领域有所了解，这样才能够把本专业的工作做得更好。

德行的每一点提高都是进步，都是对“昨日之非”的改正，这是值得肯定的。但是有了一点点进步就沾沾自喜，继而开始夸夸其谈就不对了。德行有了进步，就要更加谦虚谨慎，对自己的要求更加严格，才能让道德修行圆满。如果喜欢四处宣扬自己的德行（不管是有意还是无意、直接还是间接），就说明有了骄傲自满的情绪，此后不但德行的修养不会有寸进，反而会倒退。

“积学未厚而用之遽”，也不是说必须等知识深厚了才能去应用，这种做

法同样也是不对的。学习的目的就是为了应用，学到一分本事就要用一分，如果非要等精通了才应用的话，也是不符合实际的发展规律的。这句话的真实含义就是要正视自己的水平，不要不懂装懂，以免产生不必要的损失。

学易而好难，行易而力难

【经典】

出自（清）王夫之《俟解》

学易而好难，行易而力难，耻易而知难。学之不好，行之不力，皆不知耻而耻其所不足耻者乱之也。不学不行者有矣，人未有一无所耻者，乞人与有之。

学习容易，但是想要成绩优秀就困难了；做事容易，但是想要做好就困难了。

【解读】

学习是没有门槛的，任何一个领域，任何人都可以学习，但是能够学好不容易了，能够成为个中翘楚更是凤毛麟角。工作也是如此，能做工作的人很多，但是能够做好的不会太多，成为行业领头人的同样寥寥无几。

不管做什么，开始做只是第一步，也可能是最轻松的一步，但是想要做好、做精，就需要浓厚的兴趣和坚韧的毅力，还需要付出巨大的代价。对一个事物没有兴趣，做的时候就不会有愉悦感，反而觉得是一种折磨。没有人愿意让自己忍受折磨，一旦有了条件，放弃就是必然的结果。所以兴趣是成功的第一个前提条件，兴趣越浓厚，产生的愉悦感就越强，也更愿意去学习、研究。

有浓厚的兴趣，不代表不会遇到困难和挫折。如果没有坚韧的毅力，这时候可能会产生“我不是这块料”“我做不了”等悲观的想法，没有了继续下去的动力。大部分人都是在这个阶段放弃了自己的梦想。不经历风雨，就无法看到美丽的彩虹，只有秉持着知难而进的精神，才不会被困难和挫折吓倒。所以坚韧的毅力是成功的第二个前提条件。

然而做到了这两点仍然不够，还要有付出巨大代价的准备。这种代价不仅仅是物质上的，还包括精神、体力、时间等方面。所有人都懂得没有付出就没有收获的道理，但是真正到了需要自己付出巨大代价的时候，相信很多人都会产生疑虑：我付出如此大的代价，是否能保证成功？即使成功了，我所获得的收获是否和付出成正比？出发点不同，得到的结果也不同，认为值得付出的人，会不惜一切代价去争取成功；认为不值得付出的人，会“理智”地放弃，以免自己得不偿失。

当我们看到那些成功者的荣耀时，又有几个人去探寻他们究竟付出了多少心血？做了什么样的努力？只有知道了“学易而好难，行易而力”的道理，才能够让我们学得更好、走得更远。

教妇初来，教儿婴孩

【经典】

出自（北齐）颜之推《颜氏家训·教子》

俗谚曰：“教妇初来，教儿婴孩。”诚哉斯语！

教导媳妇，要在她刚嫁过来的时候就进行教导；教育孩子，要在他还是一个婴儿的时候就开始教育。

【解读】

这个典故说的是教育要尽早开始。

孟子说“人性本善”，荀子说“人性本恶”，人性究竟是善还是恶，辩论了两千多年的时间，却仍然没有一个确切的结论。按照现代的观点，人性既不是善也不是恶，成年后的表现完全在于婴儿出生以后处于什么样的环境、接受什么样的教育。如果出生后接受“善”的教育，而且周围的人都是善良的人，那么孩子就会把善牢牢地记在心里，将来也会是一个善良的人；如果从小耳闻目睹的都是丑恶现象，对恶的行为就会习以为常，将来有很大的可能成为一个恶人。

古语说“穷人的孩子早当家”，就是因为穷人家的孩子在很小的时候，就看到了父母为了维持家庭的生活付出了什么样的努力，所以才会很早就知道生活的艰辛，明白没有付出就没有收获的道理。

一张白纸，可以画出最美最好的图画。人的人生观、世界观、价值观都是逐步形成的，刚出生的孩子根本不懂得善恶美丑，周围的人告诉他什么，他就会接受什么；幼时的孩子也是可塑性最强的时候，想要孩子将来成为什么样的人，幼年便是打基础的最佳时期。想要让孩子将来成为栋梁之才，在他刚懂事的时候就要告诉他们，什么应该做、什么不能做，让他们明白做正确的事情会有什么样的益处，做了错事又会得到什么样的惩罚，这样才能最大限度地帮助孩子的成长。

有偏宠者，虽欲以厚之，更所以祸之

【经典】

出自（北齐）颜之推《颜氏家训·教子》

人之爱子，罕亦能均，自古及今，此弊多矣。贤俊者自可赏爱，顽鲁者亦当矜怜。有偏宠者，虽欲以厚之，更所以祸之。

那些偏爱、宠溺孩子的父母，本来是希望能够让孩子生活得更好，没想到反而是害了孩子。

【解读】

爱子是天性，天下很少有不疼爱孩子的父母，都想给孩子营造一个舒适的环境，让他们能够健康幸福地成长。然而也没有绝对公平完美的父母，当父母的能力无法满足所有孩子的需求时，资源就很难平均分配给每一个孩子，大部分父母的做法是重点培养某一个或者几个他们认为有培养前途的孩子，或者是他们愿意培养的孩子。这种做法虽然令人痛惜，但是也不失为解决问题的一种方法，然而这种做法真的对吗？我们经常看到有这样的报道：父母含辛茹苦倾尽全力培养某个孩子，放弃对其他孩子的培养。但是当父母年迈后，成才的孩子对父母不闻不问，反而是当初放弃培养的孩子去孝敬赡养。为什么会发生这样的情况呢？就是被偏爱的孩子获得各种资源的时候太容易了，他们认为自己获得的一切都是应该的，所以对父母没有感恩之心，宠溺孩子也会发生类似的情况。

偏爱和宠溺孩子，会让这些孩子的欲望越来越大。当他们用哭闹的方式无法从父母那里得到想要的东西的时候，就会通过歪门邪道去得到。而父母因为偏爱和宠溺，也往往对孩子的小错误视而不见或者轻描淡写地弱化处理，从客观上来说就是对孩子错误行为的鼓励，让孩子在错误的道路上越走越远。“小时偷针，大了偷金”，父母既然不愿意管，那么犯了大错误自然就有法律来管，等父母明白“惯子如杀子”的时候，早已经大错铸成，一切都无法挽回了。

所以我们在教育孩子的时候，在让他们快乐成长的同时，也要对他们不对的地方严厉批评，及时匡正不好的苗头，不能满足他们过分的要求，只有让他们知道生活的艰辛、知道付出和回报的关系，才能让他们健康地成长为对社会有用的人才。

爱其子而不教，犹为不爱也；教而不以善，犹为不教也

【经典】

出自（明）方孝孺《行善戒》

爱其子而不教，犹为不爱也；教而不以善，犹为不教也；有善言而不能行，虽善无益也。故语人以善者，非难；闻善而不懈者，为难。

疼爱孩子却不去教导他，就相当于不疼爱他；教导孩子的时候不从积极的方面来教导，就相当于没有教导他。

【解读】

方孝孺（1357—1402 年），字希直，一字希古。明朝初期大臣、学者、文学家、散文家、思想家。浙江宁海人，因反对明成祖朱棣被诛十族。

这句话要告诉我们的是，疼爱孩子，并不是满足他的一切要求，而是要把他教育成为一个有用的人，让他能够自立自强。现代的资讯很发达，经常可以看到有年轻人吃不了苦受不了累不愿意出去工作，宁愿在家里“啃老”，试问这样的人除了拖累父母，对社会会有什么贡献？当父母去世之后，这样的人又该如何生存？触龙在劝说赵太后时说，“父母之爱子，则为之计深远”，只有全方位地教育和培养孩子的能力，让他在离开父母的扶持之后能够独立生活并且发展得更好，才是真正疼爱孩子。

人们都知道孩子的教育很重要，但经常是在如何教育、教育什么方面

却很迷茫。很多人认为，给他提供最好的教育条件，紧抓孩子的成绩并培养各种技艺，就是把孩子向“善”的方面培养，其实这种做法是不对的，至少是不全面的。孩子的教育需要全面，并不仅仅是知识和技艺，还包括生活习惯、精神状态等方面。如果孩子学习成绩很好，但是有不良习惯或者性格不健全，也不能说已经把孩子教育成功了，因为这样的孩子进入社会后，会因为这些问题无法和其他的人正常交往相处。一个满身缺点的人、不合群的人，是无法交到朋友的，更无法获得他人赞赏和帮助，想要获得事业的成功也必然会比其他人付出更多的努力和代价，甚至是无法成功。

道生一，一生二，二生三，三生万物

【经典】

出自（春秋）老子《老子·第四十二章》

道生一，一生二，二生三，三生万物。万物负阴而抱阳，冲气以为和。人之所恶，唯孤、寡、不毂（gū），而王公以为称。故物或损之而益，或益之而损。人之所教，我亦教之。强梁者不得其死，吾将以为教父。

道产生了阴阳的变化，阴阳的变化产生了阴阳两极，阴阳两极结合之后就产生了新的状态，这种状态诞生了世间万物。

【解读】

在古汉语中，单个的数字一般都不是实指数量，而是泛指的某个概念。例如“三”通常指的是多次，而“九”指的是很多次。在这个典故中，“一”指的是“阴阳变化”，“二”是代表阴阳两极，“三”则是阴阳两极结合之后产生的适合万物诞生的一种新的状态。这三个数字结合起来，代表了事物从无到有、从少到多、从简单到复杂的发展过程。“道”是一个哲学概念，也是古代中国哲学家认识自然和征服自然的一个专有名词，既有宇宙的意思，也有事物运行规律的含义。

在中国的古代哲学里，“道”是世间万物产生的本源，本身就包含了阴、阳这两个矛盾体。阴、阳代表的是截然相反的两个事物，以及事物间的基本对立关系，例如天地、男女、日月、昼夜等都可以用阴阳来表示。阴阳不仅仅是对立，还是统一的，二者不能单独存在，并且在一定条件下还可以相互转化。古代的哲学家认为，正是阴阳之间有这三个关系（统一、对立、互化），才让单一的“道”形成了错综复杂的自然世界，并诞生了世间万物。

天之所能者，生万物也；人之所能者，治万物也

【经典】

出自（唐）刘禹锡《天论上》

提无实之名，欲抗乎？言天者，斯数穷矣。故曰：“天之所能者，生万物也；人之所能者，治万物也。”

苍天能够做到的，是生养世间万物；人类能够做到的，是治理世间万物。

【解读】

刘禹锡（772—842年），中唐时期的著名诗人，有“诗豪”之称，也是著名的哲学家和文学家。《天论》是刘禹锡的一部重要的哲学作品，他在这部著作中对“天命论”进行了驳斥，认为“天”虽然有能力生养万物却没有能力进行治理，而作为万物之灵的人类却能够治理万物并化为已用，对人的重要性进行了说明，强调人的作用和地位是高于“天”的。

“人定胜天”是中国古代的一个哲学概念，也是流传至今的一个励志词语。中国从上古时期就流传下来很多神话故事，如精卫填海、大禹治水、共工怒触不周山等，从这些故事中我们都可以看出先民不畏天命，敢于征服自然、改造自然的大无畏精神。也正是有了这种精神，中华民族才得以从黄河岸边的一个小部落，发展成为屹立于世界民族之林的伟大民族，也成为唯一一个能够延续五千年之久、从未中断的民族。

人生的道路上总是会有许多磨难，有人认为这是上天注定的命运选择屈服，期望来生能够改变；也有人认为这是上天的赐予甘之如饴，最终潦倒一生；更有人坚持“我命由我不由天”，不肯服从命运的安排，最终出人头地改变了自己的命运。从大的方面讲，就是因为不肯服从上天的安排，人类才有了发展和进步，从茹毛饮血的原始人进化成了文明的现代人，从刀耕火种的原始社会走到了物质文明高度发达的现代。

物无妄然，必由其理

【经典】

出自（三国·魏）王弼《周易略例》

物无妄然，必由其理。……物，众也，妄，虚妄也。天下之众皆无妄，无妄之理，必由君主统之也。

事物的发展不是随随便便进行的，必然遵循着一定的规律。

【解读】

王弼（226—249 年），字辅嗣，山阳郡（今山东巨野）人，是三国时期魏国的经学家、哲学家，也是魏晋时期玄学的一个主要代表人物。

王弼认为，世间万物的存在都是合理的，那些看上去不合理的事物，只是我们不了解其中的规律罢了。他的这个观点看上去似乎有些唯心主义，实际上却是非常客观，尊重和承认事实的。在生活中我们会经常遇到一些不合常理的现象，有些人不肯承认这些现实，认为是无稽之谈，也有人认为是超自然现象。但是归根结底，还是我们没有明白其中的原理是什么，一旦知道了原因是什么，也许都会恍然大悟地感叹“原来如此啊”。

黑格尔说“存在即合理”，我们姑且不说这个观点是不是唯心，是不是形而上学，就其本质而言，和王弼的“物无妄然，必由其理”有着异曲同工之妙。世界上没有什么事物的存在是绝对合理的，也没有任何事物的不存在是绝对不合理的。所有事物存在的合理性中，都有着不合理的成分；任何事物存在的不合理中，也都有着合理的成分。

懂得了这个道理，在遇到不合理的情况后，才不会怨天尤人，而是积极地面对现实，找出不合理情况发生的真正原因，从而避免以后发生类似的事情。

有无相生，难易相成，长短相形，高下相倾，音声相和，前后相随，恒也

【经典】

出自（春秋）老子《老子·第二章》

天下皆知美之为美，斯恶已；皆知善之为善，斯不善已。故有无相生，难易相成，长短相形，高下相倾，音声相和，前后相随。恒也。是以圣人处无为之事，行不言之教，万物作而弗始也，生而弗有，为而不弗持也，功成而弗居也。夫唯弗居，是以弗去。

有和无可以相互产生，难和易可以相互形成，长和短可以相互对照，高和低可以相互显现，音和声可以相互协和，前和后可以相互接随，这些对立都是永恒的。

【解读】

矛盾之所以能够成立，是因为矛盾的双方是对立统一的关系。说对立，是因为双方的性质截然相反；说统一，是因为双方都需要依靠对方而存在，任何一方的消失，都会让对立面也消失。老子不但说出了世间万物都有对立统一的关系，还指出了双方能够在一定条件下相互转化（后文中有“反者道之动”），一方面发展到了尽头，就会向相对的方面演化，这也是符合规律的。

老子对矛盾的对立统一的认识，是关于事物之间辩证关系的朴素表达，也是中国古代哲学家中最早认识到这个关系的人。老子告诉我们这个哲学概念的目的，就是让我们懂得矛盾的事物是互为存在条件不能分割的。如果我们因为某种原因破坏了其中一个方面，就是破坏事物的统一性，另一方面也无法独存，从而使事物本身也受到了破坏。

明白了这个道理，对我们的生活和工作是很有帮助的。假如我们遇到了困难，就可以分析一下造成这个困难的原因是什么，只要找到了原因，就可以从其性质相反的事物中找到克制这个原因的事物。采用这样的思路去解决，要比漫无目的地寻找解决方法要快得多。同时，懂得了对立统一

的关系，还可以从这方面分析某个事物的产生和发展会有什么样的影响，以便提前对下一步的工作做出规划和预防。

故坚强者死之徒，柔弱者生之徒。是以兵强则灭，木强则折。强大处下，柔弱处上

【经典】

出自（春秋）老子《老子·第七十六章》

人之生也柔弱，其死也坚强。草木之生也柔脆，其死也枯槁。故坚强者死之徒，柔弱者生之徒。是以兵强则灭，木强则折。强大处下，柔弱处上。

坚硬强直的事物，都可以归类到容易灭亡的范围；柔软弱小的事物，都可以归类到容易生长的范围。正是因为这个原因，兵强马壮的势力不容易取得最后的胜利，高大结实的树木容易遭到砍伐；坚固的东西总是放到下面，而柔软的东西通常都放到上面。

【解读】

老子用生活中常见的那些柔弱战胜刚强的现象，告诉了我们这样一个道理：一味刚强并不能持久，只有柔弱才能够坚持到最后。这也是老子贵柔、处弱的主张。

老子的这个主张来自于对自然界和社会中各种现象的仔细观察，并进行了精辟的总结。在老子看来，人在生活中也要遵循以柔制刚的道理，只知道逞强好胜，处处咄咄逼人，必然会被当成出头鸟、反面典型早早地被处理掉；而那些有良好修养的人，因为能够和周围的人和睦相处，虽然看上去也许不出色，但是笑到了最后。在元末群雄逐鹿的时期，朱升献给朱元璋的“高筑墙，广积粮，缓称王”的战略计划，也正是这种思想的具体体现；而朱元璋也正是采取了这个建议，才逐步将原本弱小的势力发展到傲视群雄的地步，最终建立了大明王朝。

在《道德经》的第八章中，老子还说了“至刚易折”“上善若水”，也是在告诉我们做事的时候要讲究方式方法，不能简单粗暴地去处理问题，否则不但无法解决问题，还有可能给自己带来祸患。生活中这样的例子不

胜枚举，即使是看起来很高大上的领导艺术、为人处世的学问等理论，其实质无不都是老子“贵柔、处弱”思想的具体体现。

必须指出的是，贵柔、处弱并不是说不能做领头人，更不是反对发展壮大。这个典故在生活中的正确应用，指的是不要出风头，不能因为所谓的名声让自己处于众矢之的的位置。说白了，就是要里子就行了，不要去争那些虚无缥缈的面子。

不清不见尘，不高不见危，不广不见削，不盈不见亏

【经典】

出自（东汉）王充《论衡·自纪篇》

或曰：“有良材奇文，无罪见陷，胡不自陈？羊胜之徒，摩口膏舌；邹阳自明，入狱复出。苟有全完之行，不宜为人所缺；既耐勉自伸，不宜为人所屈。”答曰：“不清不见尘，不高不见危，不广不见削，不盈不见亏。士兹多口，为人所陷，盖亦其宜。好进故自明，憎退故自陈……”

东西不清洁，自然不会存在被污染的问题；地位不高，也就不会被人危害；田地不宽广，就不会被削减；装得不冒出来，也就不会有损耗。

【解读】

王充伟岸高峻，结交的都是当时的名士，对庸俗的人不屑一顾，所以这些人就抓住王充的一些小瑕疵无限放大，对他进行污蔑。当时有人问他为什么不进行辩解，他才说出了这番话。在王充看来，正是有了出众的才能，才会引起小人的攻击，这是不可避免的事情，如果没有追求名利的心，根本就不需要去辩解什么，清者自清、浊者自浊。

事实也确实如此。当一个人有了名气或者取得成就之后，总会有一些人翻出他曾经做过的错事或者身上存在的缺点，试图告诉世人这个人并没有那么伟大，身上同样有着不足，甚至还有着不可告人的秘密。他们之所以做出这样的事情，要么是嫉妒心在作祟，用别人的不足之处来掩盖自己是无能之辈的事实；要么是蹭热度，以哗众取宠的方式让自己获得更高的知名度；更有甚者，完全就是抱着“我做不到而你能做到，就必须让你身

败名裂”的阴暗心理，想要毁灭一切美好的事物。对于这些小人行径，最好的做法就是任其自生自灭，如果不加理会，事态很快就会自己平息；一旦进行辩解，反而让这些人达到了目的，事态反而会愈演愈烈。

左宗棠说“不遭人嫉是庸才”，想要成就一番事业，就不要去理会那些负面的言论，不管风吹浪打，我自岿然不动。有了闲言碎语，反而证明我们取得了一定的成功，也是从另外一个方面对我们的肯定。要知道，我们的努力是为了我们自己，而不是为了那些无聊的人，又怎么可以因为他们的意见而放弃我们自己的事业呢？

道可道，非常道；名可名，非常名。无名天地之始；有名万物之母

【经典】

出自（春秋）老子《老子·第一章》

道可道，非常道；名可名，非常名。无名，天地之始。有名，万物之母。故常无欲以观其妙；常有欲以观其徼。此两者，同出而异名。同谓之玄，玄之又玄，众妙之门。

能够说出来的“道”，已经不是原来的那个“道”了；能够表达出来的概念，已经不是原来的那个概念了。无法表达出来的（道），是天地的初始状态；可以表达出来的（道），是世间万物产生的根源。

【解读】

古代的文学作品是没有标点符号的，所以老子的这段话因为断句的不同，也有着不同的解释。我们在这里的解释也是一家之言，仅供读者参考。

“道”是中国古代哲学中的一个基本概念，但是这个概念是非常模糊的，只可意会不可言传，从来都没有一个具体的定义，可以说一千个哲学家就有一千种对于“道”的理解，但是因为自身的经历和个人素质的不同，他们所理解的“道”和“道”本身仍然存在一定的差距。而当他们用语言将自己理解的“道”描述出来之后，限于语言组织能力和文化水平等因素，他们所描述的“道”不仅和“道”的本身不同，也和他们所理解的“道”不同。

从上面的讲述来看，之所以“道可道，非常道”，原因有两个：一个是对“道”的认识程度不同，理解的只是“道”的一部分，所以说出来的不是完整的“道”。第二个是因为语言的局限性，语言能够描述的只能是实物，或者是以实物为基础的概念，对纯理性的概念却无能为力。有限的语言显然无力来解释无限的“道”，这就让完整的“道”又缺失了一部分。

也正是由于语言的局限性，无法描述出来的“道”才是本体，这才是天地最初的形态；而能够描述出来只是“道”的作用，而世间万物都是在“道”的作用下产生的。

自细视大者不尽，自大视细者不明

【经典】

出自（战国）庄子《庄子·秋水》

北海若曰：“夫自细视大者不尽，自大视细者不明。夫精，小之微也；垺，大之殷也，故异便。此势之有也。夫精粗者，期于有形者也。无形者，数之所不能分也；不可围者，数之所不能穷也……”

自身微小，看庞大的东西是看不全面的；自身庞大，看微小的东西是很难看得真切和清楚的。

【解读】

对于一个体型很微小的动物来说，因为身体构造的原因，它只能看到庞然大物的某一个部分，而无法看到这个庞然大物的整体是什么样子。同样因为身体构造的缘故，庞然大物也只能看到微型事物的整体大略是什么样子，具体的细微之处是观察不到的。就如同人类，当我们用肉眼观察地球这个庞然大物时，能够看到的只能是目力所及的这一部分，根本看不到地球的整体是什么样；而人类相对于鱼卵也是一个庞然大物，我们可以看到鱼卵是什么颜色、大小如何，但是却无力分辨鱼卵上更细微的东西。

这个典故的现实意义，就是要摆正自己的位置、清楚自己的能力，不要去做自己不擅长的事情。就像是军队中的将领和士兵，将领的长处在于谋略，职责是指挥作战；而士兵的职责是在火线上拼杀。如果让士兵指挥作战、让将领去火线上拼杀，显然是本末倒置了，必然会导致战争失利。

从另外一个角度讲，负责具体工作的人因为地位的原因，无法看到全局的规划，如果用局部性事物去推测全局的计划，就是犯了盲人摸象的错误；而负责全局的人可能很难清楚具体的工作是如何进行的，如果贸然去指手画脚，就会犯官僚主义错误。

尺之木必有节目，寸之玉必有瑕瓋

【经典】

出自（战国）吕不韦《吕氏春秋·举难》

尺之木必有节目，寸之玉必有瑕瓋。先王知物之不可全也，故择物而贵取一也。

即使是只有一尺高的树，其身上也必定会有枝节；即使是一寸大小的玉，上面也必定会有瑕疵。

【解读】

金无足赤，人无完人。世人都喜欢追求完美，可是这个世界上又有什么事物是完美的呢？《周易》说“大道五十，天衍四十九，遁去其一，是为定数”，说的是就连天道都是不完全的，想要让事物十全十美显然是不可能的。

所谓人才，指的是在某些方面有突出才能的人，而不是在所有领域都能有所建树的人。全能型的人才可能会有，但是历史上又出现过几个？即使是公认的那些全才，究其根本又真的能够精通所有领域吗？君王想要治理国家，需要的是有管理才能的人；想要开疆拓土，需要的是有指挥才能的人；想要发展经济，需要的是擅长经济的人……所以君王在访贤问能的时候，需要注意的是这个人有什么特长、能不能为我所用，而不应该把注意力放到这个人的缺陷上面。

汉高祖刘邦就是一个善于使用人才的人，能够做到“求其大善不责小过”。例如汉初三杰之一的韩信，他在军事方面的才能是众所周知的，但是韩信也有很大的缺点，例如缺乏忠心、居功求赏、口无遮拦等。但是刘邦需要的是他的军事才能，至于韩信的缺点他选择淡化处理，因为这些缺点并不影响韩信带领汉军打败项羽。而一代名相萧何同样也有贪位惜名、明哲保身的特点，但是他在内政方面的才能比较突出，刘邦用他治理关中，才有了牢固的根据地和源源不断的补给。而刘邦的竞争对手楚霸王项羽是一个心胸狭窄、刚愎自用的人，手下的人有缺点，或者意见和他的不一样，他便会计较于心，甚至不予重用，最终落得自刎乌江的下场。

这个典故也有很强的生活指导意义。我们在与人交往的时候，多想一些别人的优点、别人对自己的帮助，尽量淡化别人的缺点和自己对别人的帮助，才能交到更多的朋友，获得更多的帮助。夫妻之间也要如此，只有多包容对方的缺点，多赞扬对方的优点，才能够让生活更加美满。

人之所欲，适与天相值实难

【经典】

出自（北宋）苏轼《邵茂诚诗集叙》

贵、贱、寿、夭，天也。贤者必贵，仁者必寿，人之所欲也。人之所欲，适与天相值实难，譬如匠庆之山而得成鐻，岂可常也哉。因其适相值，而责之以常然，此人之所以多怨而不通也。

人的主观愿望正好和客观现实达成了一致，发生这种情况的几率实在是太小了。

【解读】

人生就像一条路，仿佛永远看不见尽头，人们朝自己的目标匆匆走过，真正人生圆满的又能有几人？归根结底，虽然每个人都有自己的愿望，但有些愿望是通过努力能够实现的，有些愿望也许一直无法实现。这个时候，不要埋怨天公不作美、事不遂人愿，只有一直努力下去，等到合适的机遇，才能改变自己的命运。

在这个过程中，只要你的脚步在不断前行，愿望有没有实现已经不重要了，重要的是在这个过程中，你已经领悟和学会很多东西。千万不要自怨自艾，影响到自己的思维方式和行动。要知道，世界上有很多事本来就是不完美的，要以平常心去对待。

凡见识出于道理者第一，出于气质者第二，出于世俗者第三，出于自私者为下

【经典】

出自（明）吕坤《呻吟语·补遗》

凡见识出于道理者第一，出于气质者第二，出于世俗者第三，出于自私者为下。道理见识可建天地，可质鬼神，可推四海，可达万世。正大公平，光明易简，此尧、舜、禹、汤、文、武、周、孔相与授受者是也。气质见识，仁者谓之仁，智者谓之智。刚气多者为贤智、为高明，柔气多者为沉潜、为谦忍。

大凡从道理中悟出来的见识是第一等，从气质中得到的见识是第二等，从世俗中学来的见识是第三等，从自私自利角度出发的见识是最下等的。

【解读】

吕坤（1536—1618年），字叔简，又字心吾、新吾，自号抱独居士，河南宁陵（今河南商丘宁陵）人。明朝文学家、思想家。

见识就是见解和知识，在这个语境中也有看待事物的胸襟和做事手段的意思。从道理中悟到的见识，是符合天道规则和人情世故的，也符合世间万物的运行规律，所以这样的见识能够放之四海而皆准，可以得到绝大多数人的认可和赞同。这样的见识，自然是最高明的见识，也是最正确的见识。

人的禀赋不同，接受的教育和所经历的世故也不同，所以也就有了气质的不同。气质本身没有高下之分，但是就像人都有缺点优点一样，气质也有性质的不同，例如刚强、阴柔等。如果不知道自己的气质有什么缺点，认识事物的时候就会产生偏差，这样得来的见识也就有失偏颇，所以比不上从道理上悟出来的见识。

从世俗中学来的见识就更次一等了。这种人自身的能力有限，无法悟出自己的见识，只好学习周围人的见识。如果别人的见识是高明的，他的见识自然也是高明的；如果别人的见识是低下的，他能学到的也只能是低下的。而一个无法自己悟出见识的人，他所交往的人势必也不会有多少能

够自己悟出见识的，他能学习到什么样的见识也就可想而知了。所以这样的见识更下一等。

能够从世俗中学习见识，说明这样的人知道自己的不足，愿意让自己上进，多少还能够学来一些好的见识。最令人不齿的就是那些只是满足个人私欲、不顾公理良知的见识。这种人遇到事情的时候，第一个想法就是做这个事情是否对我有利，有利则一定做，哪怕做了会伤害到天下人的利益；无利绝对不做，哪怕做了会使天下的人都得利。这种“宁愿我负天下人，不让天下人负我”的见识，自然也会让天下人唾弃，哪怕用再美丽的文字包装、再优美的语言文饰，也无法掩盖其自私自利的面目，所以把它定为最低下的见识。

闻之而不见，虽博必谬；见之而不知，虽识必妄；知之而不行，虽敦必困

【经典】

出自（战国）荀子《荀子·儒效》

圣人也者，本仁义，当是非，齐言行，不失毫厘，无他道焉，已乎行之矣。故闻之而不见，虽博必谬；见之而不知，虽识必妄；知之而不行，虽敦必困。

光听别人说，却没有亲眼看到，哪怕知识再渊博，其中也必定有错误的地方；眼睛看到了，却没有真正懂得其中的道理，就算是记住了，也是知其然不知其所以然；真正懂得了其中的道理，但是却不施行，哪怕懂得再多，也会遭遇困厄之时。

【解读】

学习是需要讲究方法的。没有听过别人的讲解，只靠自己摸索，就不如听别人讲解的效果好；听别人的讲解，不如看别人做一遍的效果好；看别人做，不如自己动手做的效果好。

民间有句俗话叫“人有五迷三昏”，说的是有时候人会陷入思维定式中无法自拔，如果没有别人的提醒，可能很长时间都不会醒悟过来。学习的

时候也经常会遇到这种情况。当遇到疑点、难点的时候，很可能一直都无法理解，如果这时候有了行家的指点，就会恍然大悟。但是所有用语言讲述出来的东西，都不会有实物那样直观，而且会掺杂进讲述者的个人经验、个人观点，不免会有谬误存在。所以掌握的理论知识再多，也不如直接观察一下实际情况究竟是什么样子。而看别人做，能够观察到的只是一个过程，对于操作的技巧、动手的时机等细节是无法把握的，只有自己动手做一遍，才会知道操作的重点在哪里。

前面说过，学习的目的是为了提高自己的能力，如果不能把理论知识转化成动手能力，学习了也和没有学习是一样的效果。所以我们在努力学习理论知识的同时，还要仔细思考其中的原理，不仅要“知其然”，还要“知其所以然”；吃透了理论，就要用实验去验证是否有谬误；最后再把理论运用到实践中去，只有做到了这一步，能力才会真正得到提高。

天道之数，至则反，盛则衰

【经典】

出自《管子·重令》

天道之数，至则反，盛则衰。人心之变，有余则骄，骄则缓怠。

天地万物发展变化的规律是：事物发展到极致的时候，就会向反面转化；发展到顶峰的时候，就会开始衰落。

【解读】

“日中则昃，月满则亏”，早在两千多年前，古代的人们就认识到了物极必反的道理，并且把这个道理总结成了普遍性的规律观念。事物总是在不停地发展运动，当运动到了极致的时候，就会向相反的方向发展。例如一颗种子，它发芽成长的过程就是在发展，开花结果就是达到了极致，随后就会枯萎腐败，而它所结出的果实又会成为种子。

懂得了“物极必反”的道理，对我们的工作、生活、学习都是很有帮助的。例如努力做某件事，用废寝忘食的态度去做是应该提倡的，但是如果真的要到不吃饭不睡觉的地步，那就是过头了，带来的后果就是身体垮了，得不偿失。为人处世也是如此，不要得理不饶人，应该给人留有余地，处处占尽便宜的后果，就是再也没有便宜可占。这一点在商业合作上表现得最为明显，如果某一方不给对方留一点利益，合作必然破裂，最后谁也没有了利益。只有在共赢的情况下，才能够达成合作，让利益最大化。

这个典故还有另外两个含义。一个是注意不要让事物发展到尽头，要采取所有能够采取的措施让事物保持在发展阶段。这方面的例子有内部僵化制度的改革，还有企业寻找新的利润增长点。另一个是针对事物的发展，预先做出事物恶化之后的准备。事物的发展是无可阻止的，但是我们可以事先就做好完善的准备，将损失减少到最小。

此外，不能为了防止“反”“衰”就不去“至”“盛”，这就属于望文生义了，并没有真正理解“至则反，盛则衰”的含义。如何能够让事物一直处于发展的阶段，能够让事物在“至”“盛”时保持的时间更长久，才是最应该考虑的问题。

人法地，地法天，天法道，道法自然

【经典】

出自（春秋）老子《老子·第二十五章》

有物混成先天地生。寂兮寥兮，独立而不改，周行而不殆，可以为天下母。吾不知其名，强字之曰道。强为之名曰大。大曰逝，逝曰远，远曰反。故道大、天大、地大、人亦大。域中有四大，而人居其一焉。人法地，地法天，天法道，道法自然。

人效法地，地效法天，天效法道，而道就是世间万物本来的样子。

【解读】

人生活在大地上，就要遵循大地上万物繁衍生长的规律，这个规律是由气候、四季等天象变化决定的。天象也不是随意变化的，也要遵循宇宙运行的规则，这些规则就是万物刚刚形成时候的样子。归根结底，人也要效法“自然”，不能自恃有聪明才智，就肆无忌惮地改天换地、违背自然规律。这个典故中比较难理解的是“自然”一词。在古汉语中，“自然”的含义是“不受外界干扰、能够自由发展的人和事物”，和“道”的意思一样，完全不同于现代汉语中“大自然”这个含义。然而，如果我们非要把“自然”理解成大自然、自然界的话，这段话理解起来也不违和，而且同样有借鉴意义。

老子的这个观点在两千多年的封建社会里一直都是主流的哲学思想，也据此发展出了“天人合一”“天人感应”等哲学理论。特别是“天地人和”这个词语中的“和”，更是一语道破了人的主观能动性应该与天、地和谐发展的真谛。

违背这个理论的后果很严重。人类在进入工业革命时期后，人类对自然界的索取越来越多，超出了生物圈自我恢复的限度，最终导致各种自然灾害的发生，这就是人与自然不能和谐发展的例子。人类要有博大的胸襟去包容世间万物，才能达到天地人和的境界；做到了天、地、人三才合一，才能够证得大道，达到“与天地同寿”的发展前景；能够克制自己“无所为”，才能够“无所不为”。

循名实而定是非，因参验而审言辞

【经典】

出自（战国）韩非子《韩非子·奸劫弑臣》

人主诚明于圣人之术，而不苟于世俗之言，循名实而定是非，因参验而审言辞。是以左右近习之臣，知伪诈之不可以得安也。

判断某个事物正确还是错误，要看它的形式和内容是否相符；判别某种言论是否正确，要先进行比较、验证。

【解读】

韩非子认为，认识事物不能人云亦云，也不能依靠“先验论”。他提出没有经过“参验”就提出的理论，即使说得天花乱坠，也不能保证理论的正确性；想要认识事物的存在是否合理，要仔细观察它的本质，而不能仅凭外表去妄加揣测。

孔子说“吾以言取人，失之宰予；以貌取人，失之子羽”，就是对自己以言论和外貌取人的错误行为所做出的感叹。圣人尚且认为这样的做法是不对的，我们这些普通人又怎么能够这样做呢？

当我们遇到一个陌生事物时，别人的介绍只能作为参考，不能仅凭初步印象就做出最后的判断，只有对其功能和用途等本质有了深入了解之后，才能做出正确的判断。就如罂粟，从表面看来这是一株开着美丽花朵的植物，可是等深入了解之后，就会知道它美丽的外表里面隐藏的是何等恐怖的恶魔！再如医生做手术，看起来是手持利刃戕害生命的恶魔，实际上却是挽救生命的天使。所以我们一定不能为表象所迷惑，要学会从本质来判断事物的是非曲直。

在遇到问题时，有些人提出的解决方法听起来头头是道，既有精准的理论数据支持，又有成功案例参考，但是实际操作时却一败涂地；也有人提出的方法听起来荒谬绝伦，但是却恰好能够解决问题。因此，当我们听到某个理论的时候，不能迷信提出者的权威而贸然实施，要记住“实践是检验真理的唯一标准”，实际验证之后才能决定是否采纳。

千丈之堤，以蝼蚁之穴溃；百尺之室，以突隙之烟焚

【经典】

出自（战国）韩非子《韩非子·喻老》

有形之类，大必起于小；行久之物，族必起于少。故曰：“天下之难事必作于易，天下之大事必作于细。”是以欲制物者于其细也。故曰：“图难于其易也，为大于其细也。”千丈之堤，以蝼蚁之穴溃；百尺之室，以突隙之烟焚。故曰：“白圭之行堤也塞其穴，丈人之慎火也涂其隙，是以白圭无水难，丈人无火患。”……此皆慎易以避难，敬细以远大者也。

一千丈长的大堤，因为里面有蚂蚁的洞穴而崩溃；占地百尺的房屋，因为烟囱有缝隙冒出了火星而焚毁。

【解读】

这个典故说的是防微杜渐的重要性。

事物之所以会恶化到不可收拾，其原因最初可能只是一个微不足道的小问题。如果这时候认识到了这个问题的严重性，就只需要简单地处理一

下，就可以解决了，也不需要多大的成本，更不会产生太大的影响和损失；如果掉以轻心，小问题就会演变成大问题，要么付出高昂的代价去解决，要么最终因无力解决而造成全局崩溃。

生活中这样的现象屡见不鲜。例如有人淋雨了，刚开始的时候可能只需要喝点姜糖水就可以了，但是这个人却不以为然，没做预防工作，结果由受寒变成了感冒，继而又恶化为重感冒，各种症状都出现了，又是咳嗽又是发烧的，甚至到最后还需要去住院治疗，既损失了金钱又浪费了时间，还伤害了身体。

防微杜渐这个词语听起来似乎很严肃，真正做起来并没有想象中那么困难。人类从数千年的生活中，早已总结出了很多事物发生前会出现的征兆，当我们遇到这些征兆的时候，我们仔细观察，做出相应的举措和准备，就可以防止事物恶化或者将损失降到最低的限度。

木秀于林，风必摧之；堆出于岸，流必湍之；行高于人，众必非之

【经典】

出自（三国·魏）李康《运命论》

夫忠直之迕于主，独立之负于俗，理势然也。故木秀于林，风必摧之；堆出于岸，流必湍之；行高于人，众必非之。前监不远，覆车继轨。然而志士仁人，犹蹈之而弗悔，操之而弗失，何哉？将以遂志而成名也。求遂其志而冒风波于险途，求成其名而历谤议于当时，彼所以处之，盖有算矣。

一棵树比树林中其他的树高，大风必然会先吹倒它；土堆堆放的位置超过了河岸，水流必定会先冲走它；品行比其他人优秀，大家必然会对他产生非议。

【解读】

李康的生卒年不详，字萧远，中山（今河北保定定县一带）人，三国时期魏国的文学家。

“行高于人，众必非之”这样的事情是经常会出现的，可以说是一种比

较普遍的社会现象。一旦某人做出了成绩，身边就会出现一些负面的言论，诸如这人弄虚作假了，以前犯过什么样错误了，这人品行不好了，等等。出现这种情况的原因和人性的善恶无关，就在于人们有嫉妒、仇富的心理，一旦别人比自己强，就希望通过贬低别人让自己获得一种优越感，显得自己并不是那么无能。

人们通常用这个典故告诫自己或后辈不要出风头，不要做让自己暴露于公众的事情。这个理解也不能说是错误的，毕竟我国关于“中庸”的处世理念已经传承了几千年的时间，而且也吃够了“枪打出头鸟”“出头的椽子先烂”的苦头，让自己显得不那么优秀、不那么另类，也确实是保护自己最好的方法。但是这个理解也属于断章取义的，并不符合李康说这句话的意图。因为如果所有的人都这样想这样做，个人如何能够“出人头地”实现人生的价值、社会又如何获得发展？所以，对这个典故可以理解为：不要做标新立异的事情，以免引起别人的非难。

此外，“木秀于林，风必摧之”的根本原因，就是这棵树还不够粗、不够大、根也扎得不深，如果长成了一颗根深叶茂的巨树，想要吹倒它也不是易事。自己取得了成绩引起别人的非议，恰恰说明自己先走了一步，对此根本不需要去辩解去争论，只要这样一步步地领先下去，等双方的差距到了他们望尘莫及的地步时，你会发现所有的非议都消失了，剩下的只有羡慕和赞扬。

大直若屈，大巧若拙，大辩若讷

【经典】

出自（春秋）老子《老子·第四十五》

大成若缺，其用不敝。大盈若冲，其用不穷。大直若屈，大巧若拙，大辩若讷。躁胜寒，静胜热，清静为天下正。

真正正直的人，看起来似乎有点委曲求全；真正心思巧妙的人，看起来似乎有点笨拙；真正能说会道的人，看起来似乎有点反应迟钝。

【解读】

中国的文化深受儒家“中庸”思想的影响，向来不提倡炫耀和高调。

就像一个人在某方面做的很好，当别人称赞的时候，西方人会高兴地说“谢谢你的夸奖”，而中国人则会谦虚地说“我做的还不够好，还需要继续努力”。也正是深受这种思想的影响，很多时候我们外在的表现并不能代表内心真实的想法和实际的能力，所以我们在判断一个事物的时候，不能根据外在的表现去判断，而是要“循名实而定是非”。

历史上有很多“扮猪吃虎”的故事，都是将自己的真实实力和意图隐藏起来，用假象来迷惑麻痹对方，取得了最后的胜利。这方面值得一提的是越王勾践。在越国被吴王夫差灭亡后，他不惜“身为奴，妻为婢，赤膊跣足，蓬头垢衣，扫牛栏，拾马屎，尝夫差之粪而取怜，甘言阿谀以求赦”，最终取得了夫差的信任被释放回国。随后他卧薪尝胆，十年生聚十年教育，最终灭亡了吴国，报了家仇国恨。当初夫差看到勾践媚颜奴骨时，又何曾想到他会是如此性格坚韧的人？

表面的软弱，不代表没有强硬的实力，只不过是人家有良好的家教；表面的低调，不代表没有显赫的地位，只不过是人家不愿意炫耀。孔子说“以貌取人，失之子羽”，就是告诉我们事物的外表是不可信的，不能因外在的表现影响了对内在的判断。

是是、非非谓之知，非是、是非谓之愚

【经典】

出自（战国）荀子《荀子·修身》

是是、非非谓之知，非是、是非谓之愚。伤良曰谗，害良曰贼。是谓是、非谓非曰直。

肯定正确的，否认错误的做法叫作明智；肯定错误的，否认正确的做法叫作愚昧。

【解读】

正确的就是正确的，必须加以肯定；错误的就是错误的，必须要否定。这样做不仅有关正义和良知，也是一个人是否有基础的判断能力的体现。那些颠倒黑白的人，要么是智商不足，要么就是别有用心。

旧书不厌百回读，熟读深思子自知

【经典】

出自（北宋）苏轼《送安敦秀才失解西归》

旧书不厌百回读，熟读深思子自知。

他年名宦恐不免，今日栖迟那可追。

我昔家居断还往，著书不复窥园葵。

朅来东游慕人爵，弃去旧学徙儿嬉。

狂谋谬算百不遂，惟有霜鬓来如期。

故山松柏皆手种，行且拱矣归何时。

万事早知皆有命，十年浪走宁非痴。

与君未可较得失，临别惟有长嗟咨。

经典的书籍值得一遍又一遍地去读，熟读了自然就会体会其中的内涵了。

【解读】

这首诗是北宋著名文学家苏轼写给秀才安敦的送别诗。当时二十八岁的安敦以秀才的身份参加乡试，结果落败。苏轼就写了这首诗安慰和鼓励他。苏轼希望他不要气馁，不要过分纠结于科举落败，而应当振作起来好好学习，准备下次的考试。苏轼娓娓道来，分析科举考试的命题主要是儒家经典，告诫安敦经典值得一遍又一遍地读，熟读了心中自然能掌握其中的要义。这首诗表面上是赠与安敦的，实际上对每一个读书人都有指导意义。苏轼的这句“旧书不厌百回读，熟读深思子自知”，可谓是学习的要领，多读、熟读、细读经典，才能体会经典中的无穷意味，才能真正明白当中的要领。

读书之法，在循序而渐进，熟读而精思

【经典】

出自（南宋）朱熹《读书之要》

“读书之法，在循序而渐进，熟读而精思。字得其训，句索其旨。未得于前，则不敢求其后；未道乎此，则不敢志乎彼。先须熟读，使其言皆若出于吾之口，继以精思，使其意皆若出于吾之心。”

读书的方法在于一点一点地推进，多读、熟读，遇到问题要多思考。

【解读】

南宋著名的理学家、教育家和诗人朱熹对于读书的看法是，读书学习是一个长期的过程，不能一蹴而就，没有办法在一个短暂的时间内取得迅速的进步。只有明白这一点，才不会增加自己的压力和负担。读书和学习要根据实际情况和自己的学习能力，制定一个切合实际的计划，按照计划一步一步进行，不要寻找捷径。只有循序渐进，多读多思考，才能真正领会到书中的要义。

非学无以成才，非志无以成学

【经典】

出自（三国）诸葛亮《诫子书》

夫学须静也，才须学也。非学无以广才，非志无以成学。淫慢则不能励精，险躁则不能治性。

不学习就不能成为有用之才，没有明确的目标和志向就难以学有所成。

【解读】

诸葛亮是三国时期著名的政治家、思想家。这篇内容也是他用以指导孩子学习的经验总结。汉灵帝光和四年，诸葛亮出生于一个官吏之家，其家族是琅琊地区的名门望族，先祖诸葛丰在西汉元帝时期担任司隶校尉一职，

父亲诸葛珪在东汉末年担任泰山郡丞一职。这样的出身背景使得诸葛亮自小就立下了伟大的志向。更难能可贵的是，他十分热爱学习，其潜心学习的精神在这封《诫子书》中体现得淋漓尽致。他强调要心“静”，要立下远大的目标，要通过学习增长才干，更要培养心性，淡泊名利，才能成为有用之才。

士别三日，即更刮目相待

【经典】

出自（西晋）陈寿《三国志·吴书》

及鲁肃过寻阳，与蒙论议，大惊曰：“卿今者才略，非复吴下阿蒙！”蒙曰：“士别三日，即更刮目相待，大兄何见事之晚乎！”肃遂拜蒙母，结友而别。

阔别短短的几天，就应该用全新的目光来看待他。

【解读】

这个典故是关于孙权对吕蒙劝学的故事。三国时代孙吴的开国皇帝孙权曾对名将吕蒙说：“你如今担任的是我朝的要职，不能不加强学习啊。”吕蒙以军务繁忙为由，来推脱自己无暇学习。孙权对他说：“我没有要求你钻研经典，不过是希望你能够博览群书，多了解历史和过去发生的事情。你说你无暇，难道你和我一样忙吗？我现在还是常常读书，并且从书中得到很多知识。”吕蒙听了，开始下定决心读书。过了一段时间，鲁肃路经浔阳时看到吕蒙，与其接触一番后很惊讶，说：“你进步了很多，真的和过去大不一样了。”吕蒙说：“士别三日，即更刮目相待。”鲁肃大吃一惊，与吕蒙结为好友，还去拜访了吕蒙母亲。

吕蒙读书的故事告诫了我们，学习是一个终生的事业。不管一个人处于什么年龄、什么职位，都不应该放弃学习。只有端正态度，树立终生学习的信念，不断加强学习，才能不断更新自己的知识系统，才能提高自身的综合素质，才能不被这个社会所淘汰。同时，吕蒙的故事也告诉我们，不能以千篇一律的态度去看待和评价一个人，事物是在不断变化的，要以发展的眼光来调整自己的认知。

人之为学，不日进则日退

【经典】

出自（清）顾炎武《与友人书》

人之为学，不日进则日退。独学无友，则孤陋而难成。久处一方，则习染而不自觉。不幸而在穷僻之域，无车马之资，犹当博学审问。古人与稽，以求其是非之所在，庶几可得十之五六。若既不出户，又不读书，则是面墙之士，虽有子羔、原宪之贤，终无济于天下。

人们学习，如果无法每天进步，那么就只能每天退步。

【解读】

作者顾炎武是明末清初杰出的思想家、经学家，他曾满腔热忱地参与南明抗清，失败以后决心行万里路，开阔自己的眼界。他学识渊博，在经学、史学、音韵等多个方面均有建树。

作者用与友人沟通的口吻，强调了学习的重要性。学习是一件不进则退的事情，也就是说，如果无法每天获得进步的话，就只能每天退步。这个道理放在当今社会也是十分适用的。社会在变化、知识在更新，拥有知识的人自然就站在发展的前沿，所以不仅要多向书本学习，多向身边的人请教，还要多在实践中学习，养成终生学习的好习惯。

在学习这方面，很多人拥有各种推脱的借口，或是借口工作繁忙，或是借口缺乏学习的机会。鲁迅先生说过："时间就像海绵里的水，只要愿意挤，总还是有的。"真正热爱学习的人，不会给自己找任何借口，随时、随地都可以学习。

尽信书，则不如无书

【经典】

出自（战国）孟子《孟子·尽心下》

孟子曰:“尽信《书》，则不如无《书》。吾于《武成》，取二三策而已矣。仁人无敌于天下，以至仁伐至不仁，而何其血之流杵也？”

如果完全相信书籍，还不如没有这些书籍。

【解读】

这句话旨在告诫人们应该具备独立思考的能力，不能一味地迷信书中的内容。同样，南宋哲学家陆九渊在《政之宽猛孰先论》中也有感慨：“尽信书不如无书。”书籍固然是人们获取知识的来源，是人们日常扩大知识面、提高解决问题能力的指导。但是，面对着日新月异的社会，任何人的知识和思想都可能具有一定的局限性，所以如果任何事情都参照书中所说，一味相信书中所写的内容，显然是存在不足的。

对于书籍中所写的内容、所说明的道理，我们要结合自己的实际情况，用一种学习和参考的态度来看待。凡事要经过自己的独立思考和辨别，才能做出正确的选择和判断。如果不思考直接全盘接收，那么很可能会受到错误的指引，影响我们的判断，对我们造成一定的损失。所以，在加以思考的前提下，多读书、读好书，才能让我们获益匪浅。

好读书，不求甚解

【经典】

出自（东晋）陶渊明《五柳先生传》

先生不知何许人也，亦不详其姓字。宅边有五柳树，因以为号焉。闲静少言，不慕荣利。好读书，不求甚解，每有会意，便欣然忘食。

热爱读书，只求领会书中要义，不在字句上多下功夫。

【解读】

晋代诗人陶渊明自小过着贫困艰苦的生活，二十岁开始游宦生涯，二十九岁于担任江州“祭酒”学官，陶渊明对于官场不感兴趣，很快去职返乡。他热爱读书，但是对于书籍往往只能领会其中的要义，不刻意在字句上下功夫。宋朝理学家陆象山也有过类似的主张：“读书且平平读，未晓处且放过，不必太滞。”意思是说，读书采用涉猎的方法，不理解的地方可以跳过，不必太纠结。

成语“不求甚解”也是出自这句话，本义是不在字句上过分追究，现多指用心不专，多为贬义。其实，陶渊明先生的读书心得并非指读书刻意采用不专心的态度，而是强调不同的书籍要有不同的阅读方法，读书的目的不同，所采用的方法也自然不同。热爱读书，可以博览群书，广泛地涉猎各个领域和各个方面的知识，如果为了钻研某一方面，则应该选取合适的书籍集中精力，多下功夫去研究。很多时候，人们读书为的是陶冶情操，那么这种情况下“不求甚解”便是最享受的态度了。

染于苍则苍，染于黄则黄

【经典】

出自（战国）墨子《墨子·所染》

染于苍则苍，染于黄则黄，所入者变，其色亦变，五入必，而已则为五色矣！

丝用青色的颜料则会染成青色，用黄色的颜料则会染成黄色。

【解读】

这句话用以比喻环境对人的影响之大，现多用来形容外界教育对于儿童或青少年的重要性。从古至今，不少名人伟人在其少年时期都接受过良好的教育，教育背景是他们成功的一个重要因素。不少人误以为，教育是在学校中进行和完成的。其实不然，家庭教育的影响力度也很大。父母或抚养者影响着孩子世界观、人生观、价值观的塑造，家人的言行举止在潜移默化地影响着孩子。举个例子，父母注意卫生、生活习惯良好，孩子自然就会成为这一类人；反之，父母邋遢，不注意卫生习惯，孩子也会受到不好的影响。所以，不可小看环境和教育对于一个人成长的重要性。

孟母三迁的故事，就体现了孟子母亲对言传身教的重视。孟子小时候，家里离墓地很近，孟子受到影响，整日模仿祭拜、丧事的游戏；母亲觉得这个地方不适合孩子居住，搬家到了集市旁，孟子又开始模仿周围做生意和屠宰的样子，母亲觉得不妥，最终将家搬到学宫旁边，孟子开始学习礼仪，孟母欣慰，觉得这才是孩子居住的地方，于是就在这里定居下来了。孟子长大成人后学有大成，这也是母亲重视教化的结果。

人生幼小，精神专利，长成以后，思虑散逸，故需早教，勿失机也

【经典】

出自（北朝）颜之推《颜氏家训·勉学》

人生小幼，精神专利，长成已后，思虑散逸，固须早教，勿失机也。吾七岁时，诵《灵光殿赋》，至于今日，十年一理，犹不遗忘；二十之外，所诵经书，一月废置，便至荒芜矣。然人有坎壈，失于盛年，犹当晚学，不可自弃。

人在幼年的时候精神专注，成人以后思想容易涣散，因此对孩子的教育要从小抓起，不要错失良机。

【解读】

这句话旨在说明幼年教育的重要性。孩子在幼年时期接触的事物比较单一，思想比较单纯，注意力容易集中，是接受教育、塑造性格和培养习惯的好时机。随着年龄的增长，接触的事物会越来越多，思想也较容易涣散。因此，教育要从娃娃做起，重点在于锻炼他们的思维，激活他们的脑神经，发挥其大脑潜能。

中国自古重视幼儿教育，古代对幼儿启蒙教育统称“蒙学”，与小学、大学相并列。旧时有“开蒙”的说法，指的是儿童入书塾，接受启蒙教育，开始识字学习。古代教育理论认为，儿童时期的记忆力最强，应当充分利

用这一条件，熟读成诵。史籍记载，早在西周时期，就有《史籀篇》，这是我国古代出现最早的识字教材。此后历代都有编撰蒙学识字读本，不少读物至今仍然焕发着生命力，对现代人有启迪和教益，如《幼学琼林》《增广贤文》《声律启蒙》等。中华文化源远流长，与中国自古重视蒙学有极大的关系。

授书不在徒多，但贵精熟

【经典】

出自（明）王守仁《传习录》

凡授书不在徒多，但贵精熟。量其资禀，能二百字者止可授以一百字，常使精神力量有余，则无厌苦之患，而有自得之美。讽诵之际，务令专心一志，口诵心惟，字字句句，紬绎反复，抑扬其音节，宽虚其心意。久则义礼浃洽，聪明日开矣。

教授知识不追求数量，贵在让人精通和熟练掌握。

【解读】

这句话强调知识的传授贵精不贵多。讲授的内容和知识多了，因为时间精力的有限，没有办法仔细剖析，接受的人大多也是囫囵吞枣，能够接收和理解的自然也就不多。而授课的目的在于让学生能够真正掌握知识，所以宁可讲授的内容少一些，精一些，抓住要点反复讲解，让学生能够真正把握和理解。

熟练掌握和积累知识以后，通过举一反三，慢慢就可以内化为解决问题的能力，而能力是可以慢慢培养和逐步提升的，这样的授课才能真正达到目的，收到应有的效果。

人生百年，立于幼学

【经典】

出自（清）梁启超《论幼学》

春秋万法托于始，几何万象起于点。人生百年，立于幼学。

人的一生，受益于幼年所受的教育。

【解读】

这句话强调幼儿教育的重要性。梁启超先生一向对孩子的幼儿教育非常重视，即便是在工作十分繁忙的情况下，他总是尽最大努力抽时间陪伴孩子学习，对他们进行言传身教。在他的培养下，梁启超先生的每一个孩子都成为栋梁之才，长子梁思成成为著名的建筑学家，次子梁思永成为著名的考古学家，小儿子梁思礼成为火箭专家。

学校教育固然无可取代，但是人的教育并不是从学堂开始的。家庭是每个孩子的第一所学校，家长就是每个孩子的第一任老师。人生的起步是从家庭教育开始的，甚至可以毫不夸张地说，人在幼年时期所得到的教育会影响人的一生。因此，每个家长都应该加大对于幼儿教学的力度，加大家庭教育的重视力度。

读书有三到，谓心到、口到、眼到

【经典】

出自（南宋）朱熹《训学斋规·读书写文字》

读书有三到，谓心到，眼到，口到。心不在此，则眼看不仔细，心眼既不专一，却只漫浪诵读，决不能记，久亦不能久也。三到之中，心到最急，心既到矣，眼口岂不到乎？

读书要做到三点：用心去领悟，用口去诵读，用眼睛去看。

【解读】

所谓“心到”指的是要用心去领会，明确读书的目的，读书时要聚精会神；所谓“口到”指的是用嘴巴去诵读，读出声音来会帮助我们更好地理解；“眼到”则是指要用眼睛认真地看。这句话启发我们，读书的时候不能光是用眼睛看，或是光是用嘴巴读，还要调动我们的多个器官，让多个器官共同协作，创造更好的效果。如果读书的时候心、口、眼没有同时使用，说明我们在读书的时候不够专注和用心，这将会大大影响到学习效率。因此，读书要做到心、口、眼相一致。

第八章

军事谋略

胸中藏战将，
腹内隐雄兵

贫民伤财莫大于兵，危国忧主莫速于兵

【经典】

出自《管子·法法》

贫民伤财，莫大于兵；危国忧主，莫速于兵。此四患者明矣，古今莫之能废也。兵当废而不废，则古今惑也；此二者不废而欲废之，则亦惑也。此二者伤国一也。

在所有劳民伤财的事情中，再没有比战争更严重的；在所有危及国家安全、让君王忧心忡忡的事情中，再没有比发起战争更严重的。

【解读】

纵观古今中外，再没有比战争对国家和人民的伤害更大的了。只要是战争，不管是正义的还是非正义的，受苦的都是百姓，伤害的都是人民，损伤的都是国力。无数轰轰烈烈的战争最后，往往带来的是人口锐减，经济倒退，民众饥寒交迫。

战争劳民伤财，对经济的危害十分广泛。只要战争开始，军费开支就是一笔惊人的数字，从而影响国家的经济发展。战火波及到的地方，往往一片狼藉，生产收到巨大的破坏。对于战争双方来讲，不管是否战胜，都会产生巨大的伤亡，而且伤亡的往往是青壮年，这些人恰恰是一个国家主要的劳动力，不但影响了经济发展，伤残的军人还会成为社会的长久负担。伴随着经济发展速度的减缓甚至倒退，民生凋敝，社会矛盾频发，国家的统治也就岌岌可危了。因此，战争是最最劳民伤财的行为，不可不慎重。

军之败也，生于不义；法之侵也，生于不正

【经典】

出自《管子·法法》

政者，正也。正也者，所以正定万物之命也。是故圣人精德立中以生正，明正以治国。故正者，所以止过而逮不及也。过与不及也，皆非正也；非正，则伤国一也。勇而不义伤兵，仁而不法伤正。故军之败也，生于不义；法之侵也，生于不正。故言有辨而非务者，行有难而非善者。故言必中务，不苟为辩；行必思善，不苟为难。

军队之所以会战败，是因为他们不是为正义而战；法令之所以会受到侵蚀，是因为不公正。

【解读】

在中国历史中，第一位法家的代表人物是管子，他辅佐齐桓公成为春秋五霸之一。作为法家的代表人物，管子十分注重公正。对于战争，要讲究“师出有名”，也就是要有正当的理由。如果理由不正当，那么战争就是非正义的，战争非正义，士兵作战的时候就会士气不高，自然也就很难取得胜利。对于法令，必须以堂堂正正的方式来颁布，在执行过程中不能掺杂不正之风，否则法的本身就会受到质疑，人们也就不会遵守法令。

管子认为，政治本身就是如何实现公正，这是治理国家的根本。这种追求公平正义的朴素思想，是五千年中华文明的精神财富。古往今来，秉持这一思想的人很多。西汉时期，汉文帝有一次外出途中，一个人突然出现，惊了御马，汉文帝差点被摔下。廷尉张释之负责查办此案，依当时律法，处罚“冒犯车驾，罚金四两”。汉文帝认为处罚太轻了，张释之毫不退让，对皇帝说：“天子和百姓都要遵守法律，不能有偏私的情况。律法有规定，一旦随意加重处罚，就无法取信于民。廷尉是负责国家公正执法的，假如连廷尉也不公正，地方官府就更加不公正，老百姓难免慌恐不安！”汉文帝思考良久，认同了他的说法，说：“廷尉的量刑是对的。”张释之不畏皇权，秉公断案，就是为了公正，这是十分难能可贵的。法律面前，没有特权，

不分贵贱，公正执法，才能维护法律的尊严，社会才会长久安定，推进社会和谐发展。

天时、地利、人和，三者不得，虽胜有殃

【经典】

出自（战国）孙膑《孙膑兵法·月战》

孙子曰：间于天地之间，莫贵于人。战(必三得，五)不单。天时、地利、人和，三者不得，虽胜有殃。是以必付与而战，不得已而后战。故抚时而战，不复使其众。无方而战者小胜以付磨者也。

天时、地利、人和，这三个条件不管少了哪一个，即使胜利了，也必然会付出惨重的代价。

【解读】

孙膑（生卒年不详）是孙武的后代，本名孙伯灵，战国时期齐国著名的军事家。《孙膑兵法》古称《齐孙子》，是中国历史上著名的军事著作之一，曾一度失传，也有学者认为根本就没有这本兵书，只是《孙子兵法》的谬传。直到1972年在山东省临沂银雀山同时出土了这两部兵书，才确定了它的真实性和历史地位。

和孙膑生活在同时代的孟子说过，“天时不如地利，地利不如人和”，详细论述了这三者在战争中的重要性。在《三国演义》中，罗贯中借诸葛亮之口议论将帅，他说“高明的统帅不仅要知已知彼，善用兵将，还要知天时，明地利，懂人生”。可见天时、地利、人和会左右战争的走向，这种观念已经深入人心。

古人所说的天时，除了“顺天应命”这个概念外，也包括气候、气象等天气因素，这些因素对军事行动和军事布置都有很大的影响。例如北宋名将杨延昭在守卫遂城（今河北徐水境内）的时候，辽国大举来犯，而城内兵力不足，一时人心惶惶。当时正值数九隆冬，他命人将井水浇到城墙上，很快就形成了一道冰墙。于是无论军民都士气大振，辽军久攻不下，只好黯然离去。这就是知道利用天时的好处。

“地利”就是地理环境，指挥官要懂得合理有效地利用地形地貌，尽量将战场选在对己方有利的地形上。这种做法可以说是军事常识，例如防守或者阻击的时候尽量选取易守难攻的地方，不进攻有重兵驻扎的山头等。“人和”就是敌我双方国内的民心向背、士兵的士气以及将帅关系、军民关系、文武关系、君臣关系等一系列的人际关系。孙武说“上下同欲者胜”，张预对这句话注释说：“百将一心，三军同力，人人欲战，则所向无前矣。”

能够在天时、地利、人和三个方面都取得优势，取得战争的胜利就没有悬念了；某个方面不如对方，也有可能会胜利，但是士兵的伤亡就要大了；如果两个方面不如对方，就很可能会失败，即使胜利了也是惨胜，得不偿失；如果全都不占优势，就必须另找战机，如果强行作战必败无疑。

一日纵敌，数世之患也

【经典】

出自（春秋）左丘明《左传·僖公三十三年》

秦不哀吾丧而伐吾同姓，秦则无礼，何施之为？吾闻之，一日纵敌，数世之患也。谋及子孙，可谓死君乎？

一朝放跑敌人，会给几代子孙留下隐患。

【解读】

在战争中使用的手段，都是为了取得战争的胜利。据说在春秋时期，有“不鼓不成列”“不逐北”等战争规则，其中“不逐北”的意思就是：敌人如果失败逃跑了，就不能穷追不舍。但实际上，坚守这些所谓“仁义”规则的将领能有几个呢？史载的罕见案例，是宋襄公在“宋楚泓之战”中，固守“不鼓不成列”的规则，不攻击没排成列的敌人，错失战机，导致宋军惨败，宋国的国力从此江河日下，宋襄公本人也贻笑千古，成为迂腐的代名词。

战争是残酷的，局势每时每刻都在变化，能够全歼敌军的良机不是随时都可以找到的，如果有机会，应该穷追不舍，扩大战果；反之，“不逐北”

就是放纵敌人，成为后世的隐患。毛主席说“宜将剩勇追穷寇，不可沽名学霸王”。如果不抓住时机乘胜追击，将敌人全部歼灭，就是放虎归山，给了敌人喘息的机会，等他们力量恢复之后，必然会再次反扑。历史上有太多隐忍十几年、几十年的时间，积蓄力量后复仇的故事，所以哪怕眼前的敌人已经无力抵抗了也不要心软，只有斩草除根，才能把隐藏的威胁消灭掉，不至于为子孙后代留下祸根。

俗话说“慈不掌兵”，对自己的士兵不能仁慈，对敌人更不能仁慈，对敌人的仁慈就是对自己人的残忍，能够把握战机全歼敌人，为本国的人民消除祸患的根源，才是战场上该做的事情。

故凡兵有大论，必先论其器、论其士、论其将、论其主

【经典】

出自《管子·参患》

得众而不得其心，则与独行者同实；兵不完利，与无操者同实；甲不坚密，与俴者同实；弩不可以及远，与短兵同实；射而不能中，与无矢者同实；中而不能入，与无镞者同实；将徒人，与俴者同实；短兵待远矢，与坐而待死者同实。故凡兵有大论，必先论其器、论其士、论其将、论其主。故曰：器滥恶不利者，以其士予人也；士不可用者，以其将予人也；将不知兵者，以其主予人也；主不积务于兵者，以其国予人也。

所以军队最应该评论和研究的地方，第一就是武器，其次是士兵，第三是将领，最后是国君。

【解读】

管仲曾经协助齐桓公九合诸侯，其中有三次是兵车之会。所谓“兵车之会”，说白了就是带着军队用武力进行威胁，强迫对方签下协议。管仲能够做到这些，是因为他在齐国实行了比较先进的军事制度，他本人有着优秀的军事素养，知道决定战争胜败的因素是什么。

在管仲看来，想要进行战争，第一个需要考虑的是武器装备，没有武器装备就是让士兵去送死。士兵都阵亡了，其他的准备工作做得再好也无

济于事。

有了武器装备，还要有训练有素的士兵，只有这样的士兵才能让武器装备发挥作用，这就需要士兵必须训练有素。此外士兵的训练有素还体现在令行禁止、悍不畏死方面，不然就是一群乌合之众，什么样的战争都无法取得胜利。

做到了这两点，接下来就要看领兵将领的指挥能力了。如果将领的能力不足，那就是给敌人送人头和装备的“运输队长”了。一个优秀的将领，可以充分利用天时地利，最大限度地维护军队内的团结、提升士气，可以在错综复杂的形势下寻找战机，能够整合手里所有的资源，将己方的优势发挥到最大。即使是打了败仗，这样的将领也可以最大限度地保存有生力量，将损失减少到最低，为来日的反攻打下基础。

前面这三点说的都是前方的准备，后方的准备也同样重要。后方的准备主要责任在国君身上，他对战争的决心和信心直接会影响到前方的战局。这个决心一方面是后方对前方的支援，有了后方源源不断的人力物力的补充，前方的将士才敢打苦仗和硬仗，哪怕拼消耗都能耗败对手；另一方面是国君对前方将领的支持力度，是否会掣肘他们的指挥。国君身在后方，不了解前线的具体情况，贸然做出的决策不一定会符合实际情况，这时对于将领来说就是一个难题：听了可能战败，不听就是不忠。有了这样的国君，武器再精良、士兵再勇敢、将领再优秀，也打不赢战争！

战争最忌遥控指挥，比如北宋时期，两次幽州之战，宋太宗都对前线将领授予“阵图”，要求前线将领依照阵图打仗，结果一败再败。

胜兵先胜而后求战，败兵先战而后求胜

【经典】

出自（春秋）孙武《孙子兵法·军形篇》

未古之所谓善战者，胜于易胜者也。故善战者之胜也，无智名，无勇功，故其战胜不忒。不忒者，其所措必胜，胜已败者也。故善战者，立于不败之地，而不失敌之败也。是故胜兵先胜而后求战，败兵先战而后求胜。

善用兵者，修道而保法，故能为胜败之政。

能够胜利的军队，是因为它已经具备了胜利的条件，之后才去作战的；打败仗的军队，是因为它不具备胜利的条件却先展开了战斗，希望能够在战斗中谋求胜利。

【解读】

想谋求胜利，要先在总体战略上做好准备，才能开始战争，否则即使打了一两个胜仗，最终结果也会失败。毛主席在《论持久战》中说过，“战争是流血的政治，政治是不流血的战争”。战争是一个复杂的命题，政治、经济、外交等方方面面的因素都会影响到战争的胜败。就像第二次世界大战中的德国，德军的铁蹄一度踏遍了整个欧洲，独立抗衡了苏、美、英三个大国和欧洲的十几个中小国家，战斗力不能说不强大，然而因为各种因素的影响，最终还是成为了战败国。

孙子的军事理念就是，在战斗开始之前，就要做好一切能够做好的准备，将自己的有利条件发挥到极致，同时最大限度地给敌人制造困难，让敌人的战斗力降到最低。准备工作做到了这个地步，孰胜孰败也就没有了任何悬念，胜利已经是手到拈来的事情了。反过来说，如果没有一点儿的优势就贸然投入做战，将胜利的希望寄托在发生奇迹上，想要取得胜利无疑是镜中花水中月。这方面最好的战例是长平之战，当时赵国的统帅廉颇虽然无力打败秦军，但是秦军也无力打破他的防御。而当纸上谈兵的赵括成为统帅后，却贸然与秦军展开野战，最终军败身死。

这条军事原则对我们的生活和工作也有很强的指导性。例如工作上遇到了难题，发动周围的人群策群力，从不同的渠道去一个个解决组成难题的各个小困难，等这些小困难都解决了，难题也就不是难题了，轻而易举地就可以解决。

总之，做好了充分的准备，所有的问题都可以解决；没有一点准备，就不会有成功的希望。

投之亡地然后存，陷之死地然后生

【经典】

出自（春秋）孙武《孙子兵法·九地篇》

犯之以事，勿告以言；犯之以害，勿告以利。投之亡地然后存，陷之死地然后生。夫众陷于害，然后能为胜败。

投入到危机重重的地方，才能够转危为安；投入到随时都可能死亡的地方，才能够起死回生。

【解读】

在战争中，为什么要把士兵投放到亡地、死地呢，这是不是违背了用兵的原则？事实当然并不那么简单。人的本能会趋利避害，在知道前方可能有危险的时候，绝大部分人都会停下脚步，等情况明朗之后再继续前进；人的潜能也是巨大的，在处于危险境地的时候，会爆发出强烈的求生欲和难以想象的力量，让自己脱离危险。显然孙子也是一个心理大师，通晓人的这种心理，故意反其道而行之，用危险来激发士兵的勇气和潜力，把不可能化为可能。

历史上“置于死地而后生”的战例，莫过于项羽破釜沉舟的巨鹿之战、韩信背水列阵的井陉之战。在这两个战役中，项羽、韩信的做法都是违背军事原则的，之所以要这样做，就是他们知道敌强我弱，用堂堂正正的“正兵”是无法击败敌人的，只有用这种看似残忍的方式激发起士兵的勇气和斗志，让他们明白如果不拼死作战，只能是死路一条；如果奋勇前进，还可能有一条生路。战斗的过程也证明他们的决策是正确的，士兵们抱着殊死的决心，以一当十势不可挡，最终获得了巨大的战果。

而兵法中的“围三缺一”，就是对“投之亡地然后存，陷之死地然后生”的灵活运用。被围攻的人看到了唯一的一条生路，心里想的就是如何利用这条生路逃出去，从而失去了拼死一搏的勇气，进攻者的作战难度也就降低了，付出的代价也要比全面包围要小的多。敌军逃散的过程中，士气必然大降，追击仓皇逃命的敌人，避免正面强攻在阵地坚守的敌人，是战争中常用的策略。

用兵之害，犹豫最大；三军之灾，生于狐疑

【经典】

出自（战国）吴起《吴子兵法·治兵》

凡兵战之场，立尸之地。必死则生，幸生则死。其善将者，如坐漏船之中，伏烧屋之下，使智者不及谋，勇者不及怒，受敌可也。故曰，用兵之害，犹豫最大；三军之灾，生于狐疑。

打仗的时候，最大的危害是指挥官犹豫不定；让军队产生灾难性后果的原因，是源于指挥官的狐疑不决。

【解读】

吴起（前440—前381年），战国初期卫国左氏（今山东省曹县）人，曾先后在鲁国、魏国和楚国担任过官员和将领，精通兵家、法家和儒家的学问，有着卓越的政治、军事才能，后世把他和孙子并称“孙吴”。吴起曾著《吴子兵法》四十八篇，可惜大部分都散佚了，现代仅存六篇。《吴子兵法》是中国军事史上的一部重要著作，在宋代被列为《武经七书》（也就是研究军事的七本必读的教材）之一。

统帅是决定战役胜负的关键。战场上的形式瞬息万变，每一分每一秒都会有海量的信息汇总到指挥官的面前，需要他及时地做出决策。如果有足够的情报支持，做出正确的决策并不困难；但是当情报不足时，如何决策就是考验指挥官指挥能力的试金石了。

作为一个将领，哪怕他有再多的优点，只要有多疑难断这一个缺点，就不是一个合格的将领，不能独立领军。战场的战机稍纵即逝，如果不能及时做决定，就可能再也等不到下一个战机；战场上的危机此起彼伏，如果不能及时补救，就可能给部队引来灭顶之灾。纵观古今中外的战争，因为指挥官的犹豫不决，不能抓住战机而导致失败的战例比比皆是。

或许有人会说，如果我贸然做出决定，正确的还好，如果是错误，那不是败得更快、更彻底吗？其实不然，敌我双方是在同一个战场上，我方面临的形势复杂，敌方面临的也是同一个形势，也不会简单；我方不了解

敌方的全部信息，敌方也未必对我方了如指掌；我方会犯错误，敌方的决策也不可能全部都是正确的。有一位西方军事家说过，“战争不是比谁做对的东西多，而是谁犯的错误更少”。正是因为双方都犯错误，那么错的少了就会胜利，错的多了就会失败。从这一点来说，即便是错误的决定，也比犹豫不决迟迟做不出决定要好。

兵无常势，水无常形，能因敌变化而取胜者，谓之神

【经典】

出自（春秋）孙武《孙子兵法·虚实篇》

夫兵形象水，水之形，避高而趋下；兵之形，避实而击虚。水因地而制流，兵因敌而制胜。故兵无常势，水无常形。能因敌变化而取胜者，谓之神。故五行无常胜，四时无常位，日有短长，月有死生。

作战没有百世不易的模式，就像流动的水没有固定的形状一样，能够借助敌方的变化而获得胜利的人，可以称得上战神了。

【解读】

没有能够适应所有战场的作战模式，也没有不能一字不改的作战原则。任何一个战例，不要去学习指挥官做出了什么决定，应该学习的是指挥官为什么要做出这样的决定、他的理由和目标是什么，说白了就是“借鉴”指挥官的思路。这里之所以用“借鉴”而不是“学习”，就是强调所有的战例只有参考作用，而不应只是一个模板。所有机械地遵守战争原则和战斗模式的人，都犯了刻舟求剑的错误，最终会以失败告终，害人害己。

一部《孙子兵法》，读过的人应该有不少，而真正能够读懂其中精髓的又有几人？各种军事院校遍地林立，毕业的学生车载斗量，又有几个人敢说自己能够成为名将？熟读兵书战策的赵括、马谡，谈论起来头头是道，谁也不是他的对手，可是等到实际领兵的时候得到的是败长平、失街亭，这就是教条地遵守军事原则的教训。而反观中国人民解放军开国时的许多将领，他们很多没有上过军校、没有读过这些军事著作，为什么会取得煌煌的战果？这就是知道随机应变、活学活用罢了。

当我们读到历史上那些著名将领的战例时，会发现他们的指挥风格如同天马行空一般不拘一格，各种匪夷所思的举动让人不解的同时，又产生了极好的效果。究其原因，就是他们吃透了各种军事原则，能够根据当时的形势熟练正用、反用、借用，而不是教条地去遵循。同时，这些名将还能够敏锐地发现敌军的变化，及时地改变既定的作战计划，让自己的优势更加明显，使敌方的优势进一步削弱，从而取得最后的胜利。

“因敌变化”对我们的生活和工作也有很强的指导意义，例如，在现代的商业谈判中，在某个条件上无法与客户达成一致，一味坚持有可能导致谈判破裂，这时不妨暂停谈判或者绕过这个焦点问题，研究与之对应的具体情况，相应地改变谈判策略，可能会取得更好的效果。

善用兵者，用其自为用；不能用兵者，用其为己用

【经典】

出自（西汉）刘安《淮南子·兵略训》

故善用兵者，用其自为用也；不能用兵者，用其为己用也。用其自为用，则天下莫不可用也；用其为己用，所得者鲜矣。

善于带兵打仗的人，会让士兵知道他们是在为自己作战；不善于带兵打仗的人，会让士兵觉得自己是在为主帅或者国君卖命。

【解读】

战争中人的因素是最重要的，而人性都是自私的，为了保护自己的利益才会不惜一切代价，而不会因为听了主帅或者国君的命令就轻易卖命。在战争中，如何调动士兵的士气，让他们能够为了胜利勇往直前，一直都是非常重要的课题。最理想的状态就是上下一心，士兵与将领的目标是一致的，将士们心里都明白，他们是为了自己作战，打起仗来自然也就奋不顾身了。

优秀的士兵本来就不容易训练出来，假如他们不理解战争的意义，有厌战情绪，即使再精良的武器、再优秀的将领、再充足的后勤，也不可能打赢战争。这种情况在历史上屡见不鲜。例如，明朝初年，军队保家卫国，

推翻了腐朽的元朝统治，军队战斗力本是非常强悍的；但到了明末，其统治也变得腐朽不堪，官府的军队面对农民起义军，往往刚上战场就开始溃败，甚至临阵倒戈。这是因为士兵们的军饷连年拖欠，家徒四壁，让他们为了保卫统治者穷奢极欲的生活而卖命，自然毫无斗志。

用兵之道，攻心为上，攻城为下；心战为上，兵战为下

【经典】

出自（三国·蜀）诸葛亮《南征教》

用兵之道，攻心为上，攻城为下；心战为上，兵战为下。

用兵的道理是：从心理上打击敌人是最好的战术，用军队攻击敌方的城市是最差的战术；从心理上打败敌人是最好的战果，从肉体上打败敌人是最差的战果。

【解读】

战争是为政治服务的。所有战争的发起原因，不管表面看来是为了什么，归根结底都是为了达成某个政治目的。正是因为一方不同意另一方的要求，另一方才会发起战争，试图用武力压迫对方同意。但是想要达成政治目的不一定非要诉诸武力，在外交、经济、文化等很多领域都可以对敌人造成打击，只要能够让敌人屈服就可以了。在这所有的战争方式中，战场上兵戈相见是效果最差、代价最高的方式，巧妙地运用各种“势”给敌方造成威压，让敌方自动屈服是效果最好、代价最小的方式。

只要双方有了战争，就会有财产的损失和人员的伤亡。财产的损失包括军费、固定资产的破坏、战后的重建等，这些都会严重损害经济的发展，让人民的生活质量下降；而人员的伤亡不仅减少了劳动力，还会让双方产生仇恨的心理，可能几十年、几百年都无法消除。而没有发生战争，这些情况都是可以避免的。

那么，怎么才能避免消耗巨大的正面战争，而从心理上打垮敌人呢？这就要打破敌人精神上赖以凭借的事物，也许是对方的语言文化，也许是对方某个杰出的将领或政治人物，也可能是某种具有象征意义的宗庙建筑，

等等。清代龚自珍对此做过精辟的总结："欲要亡其国，必先亡其史，欲灭其族，必先灭其文化。"在外部的强大压力下，先消耗一个国家的文化自信，破坏其国家认同感，使其心理上感到绝望，甚至自暴自弃、放弃抵抗，全面失败就是其必然的命运了。

上兵伐谋，其次伐交，其次伐兵，其下攻城。攻城之法为不得已

【经典】

出自（春秋）孙武《孙子兵法·谋攻篇》

是故百战百胜，非善之善者也；不战而屈人之兵，善之善者也。故上兵伐谋，其次伐交，其次伐兵，其下攻城。攻城之法，为不得已。修橹轒辒，具器械，三月而后成；距堙，又三月而后已。将不胜其忿而蚁附之，杀士三分之一，而城不拔者，此攻之灾也。故善用兵者，屈人之兵而非战也，拔人之城而非攻也，毁人之国而非久也，必以全争于天下，故兵不顿而利可全，此谋攻之法也。

最好的军事行动就是用谋略挫败敌人的战略意图，其次是用外交瓦解敌人的盟友，再次是两军对战而战胜敌方的军队，最下策的方式是攻打敌方的城池。攻打城池，是不得已而为之。

【解读】

孙子崇尚的是军事上的谋略，而不是一味的战争杀伐。百战百胜，其实并不是最高明的，最高明的手段是不通过战争使敌人的军队屈服。用兵的最高境界是用谋略战胜敌人。具体来讲，"伐谋"和"伐交"，这都属于不战而屈人之兵；"伐兵"和"攻城"指的是要谨慎发动战争。

当与敌方有了矛盾，要通过各种手段对敌人进行打击，同时我方积极进行战争的准备；此外，通过外交方面的努力，让对方得不到盟友的支持，让其在兵员和物资方面支援受限，敌方将军无斗志、将无战心。在这些谋略和外交努力之后，如果仍然不得不应对战争，要尽量在野战中消灭敌方有生力量，实在没有其他办法的时候，直接攻打城池。要打下一座重兵防

守的城池，往往需要付出巨大的伤亡，而且大部分坚城都是用围困的方式打下来的，需要花费的时间和物资，是战争中的下策。

孙子的这些军事原则，经过历史的考验，一直到了现代都在采用。现代的国家关系中，一般会通过经济手段和外交努力解决纠纷，即使有了战争，也会尽量使用超视距武器，使敌方迅速丧失战斗力，残酷的巷战是尽力避免的，这与孙子“其下攻城”的观点类似。

百战百胜，非善之善者也；不战而屈人之兵，善之善者也

【经典】

出自（春秋）孙武《孙子兵法·谋攻篇》

是故百战百胜，非善之善者也；不战而屈人之兵，善之善者也。故上兵伐谋，其次伐交，其次伐兵，其下攻城。攻城之法，为不得已。修橹轒辒，具器械，三月而后成；距堙，又三月而后已。将不胜其忿而蚁附之，杀士三分之一，而城不拔者，此攻之灾也。故善用兵者，屈人之兵而非战也，拔人之城而非攻也，毁人之国而非久也，必以全争于天下，故兵不顿而利可全，此谋攻之法也。

在战争中，百战百胜虽然高明，但并不是最好的；如果能不经过战斗就让敌人屈服，这才是最好的。

【解读】

战争是政治的延续，根本目的还是利益。战争的原因要么是为了保护自己的利益，要么是为了获得利益；然而战争的本质是破坏，破坏从来都要比建设更容易，如何减小战争的破坏性，保证利益的最大化，这是战争中最应该注意的问题。杀敌一千，自损八百，无论胜败，战争带来的损失和付出的代价都是极大的，如果长期处在战争状态，天长日久积累下来，更是一个巨大的数字，会给国家造成巨大的伤害，所以古人才说“国虽大，好战必亡”。

既然战争的根本目的是为了利益，如果采用其他的方式也能够获取或保护利益，无疑是比发动战争更加高明的手段。反观战争本身，其威慑力

最大的时候是在爆发之前。成语“引而不发”，最能够体现出这种“势”的压迫：提出自己的利益诉求，强调自己发起或者应对战争的决心，告诉对方会在这场战争中付出什么样的代价，让对方为了避免更大的损失而让步。而一旦战争爆发，也就意味着损失难以避免，敌方有可能“破罐子破摔”，反正结局再坏也坏不到哪里去了，有可能采取“焦土抗战”“与敌偕亡”之类的御敌措施，使得进攻方即使取得胜利，也必须付出难以承受的代价。所以，一个高明的政治家或统帅，会将战争作为战略威慑，来取得全局利益，而不会贸然发起战争，去强行获得局部的利益，这才是谋略的最高境界。

攻人以谋不以力，用兵斗智不斗多

【经典】

出自（北宋）欧阳修《准诏言事上书》

臣闻攻人以谋不以力，用兵斗智不斗多。前代用兵之人，多者常败，少者常胜。

战胜他人依靠的是谋略而不是蛮力，用兵是否高明看的是智谋的高低而不是士兵数量的多少。

【解读】

中国自古以来就对军事谋略十分重视。据史料记载，姜子牙在辅助周文王、周武王建立周朝的过程中，就多次使用了谋略，他本人也成为后世兵家权谋思想的始祖。到了春秋战国时期，各诸侯国之间征战不休，为了获得军事方面的胜利，各种手段无所不用其极，涌现出了鬼谷子、孙武、吴起、尉缭子等人为代表的一批军事大家，更是将军事谋略推到了登峰造极的地步。而这些军事家留下的兵书，也成为后世军事方面的必读书籍，其“斗智不斗力”的军事思想也对后世的人们产生了深远的影响。

孙武说“兵者，诡道也”，一语道出了用兵要首重谋略这个原则；而“以正合以奇胜”，其中的“奇”不仅说的是各种战术，也是奇谋妙计。从历史上记载的那些战役中，我们可以清楚地看到到处充满了谋略的作用，单纯用武力碾压对手的情况是极少的。例如，战国时期的马陵之战，孙膑用“减灶”计迷惑了庞涓，获得了战役主动权，一举全歼魏军；再如三国时期的官渡之战，兵少粮尽的曹操采纳了许攸的断粮计，奇袭乌巢后，打败了兵马众多的袁绍，奠定了统一北方的基础。

需要注意的是，谋略必须建立在有一定实力的基础上才能够胜利。在很多艺术作品里，好像只要主角略施小计就可以把强大的敌人玩弄于股掌之间，似乎只要有了一个聪明的脑袋，其他什么都不再需要了。这种想法是不对的。用现代的话来说，谋略就是一份巧妙结合当时实际形式的、可行性极高的计划，但是能不能实现，还要看执行计划的人和本身的实力，如果人的能力或者实力不足，再好的计划也无法完成。就像前面提过的官渡之战，曹操实力薄弱，可实际情况是，这些士兵全都是跟随曹操征战多年的老兵，作战意志和战斗技术都很强，否则也无法在战场上正面顶住袁绍的攻击，更不用奢望能够完成夜袭这种高难度的战术了。所以运用谋略的目的是为了提高胜利的几率、减小付出的代价，如果本身实力严重不足，却妄想仅仅依靠谋略来获得胜利，那就无异于痴人说梦了。

将者，智、信、仁、勇、严也

【经典】

出自（春秋）孙武《孙子兵法·始计篇》

将者，智、信、仁、勇、严也。法者，曲制、官道、主用也。凡此五者，将莫不闻，知之者胜，不知者不胜。

领兵作战的将领必须具备五种素质：足智多谋、赏罚有信、爱兵如子、勇敢果断、军纪严明。

【解读】

统帅就是一支军队的大脑，他的能力直接决定了这支军队的作战素养。不管是东方还是西方，对领兵将领的素质都是很重视的，例如东方有“兵熊熊一个，将熊熊一窝”的俗语，西方也有“一头狮子带着一群羊，可以打败一只羊带着一群狮子”的说法。那么，想要判断一个将领是否合格，需要从哪些方面做起呢？孙武就在这里做出了明确的回答，那就是“智、信、仁、勇、严”。

“智”就是智慧、理智。一个智计百出的将领，可以带着士兵以最小的代价取得最大的战绩，所以也会得到士兵们的爱戴；一个连基本军事常识都没有的统帅，最大的可能就是把士兵带到必死的境地，自然也不会受到士兵们的拥护。一个理智冷静的将领，即使身陷重围，也会最大限度地保存有生力量，以图来日再战；而暴躁冲动的统帅，会因为受到刺激而把士兵投入险地，白白浪费了兵力。

“信”就是信用，不能朝令夕改赏罚无度。在战场上，任何一条命令的执行都需要付出血和生命的代价，如果贸然更改，以前的付出将没有任何意义，而且会让士兵产生沮丧的心理，也会对将领的指挥能力产生怀疑，直接影响之后的作战行动。如果将领对违反军纪的行为视而不见，军纪严明的军队就会逐步退化为乌合之众；如果对怯战不前的人徇私枉法，就再也不会有士兵舍身向前，而这样的军队是打不了苦仗、硬仗的。

“仁”就是爱兵如子。爱兵如子体现在两个方面，一个是关心士兵的生活，尽量让他们没有后顾之忧，这样在作战的时候才能够奋不顾身；另一方面是不搞特殊化，生活待遇上要和普通士兵保持一致，能够同甘共苦。这方面做得最好的当属战国时期的吴起，他行军的时候不骑马，自己背干粮，还曾经为他的士兵吮吸毒疮，所以他的士兵在战斗的时候都死战不退。此外，“仁”还表现在把士兵当成活生生的人，而不是一个个冰冷的数字，除了必须付出的代价，不会为了功劳去牺牲士兵的生命。

“勇”是勇敢果毅，不是匹夫之勇、血气之勇。“将有必死之心，士无贪生之念”，将领能够不避矢石在战场指挥若定，士兵们自然会拼死作战；将领如果贪生怕死只在后面安全的地方“遥控指挥”，士兵们也会有样学样应付了事。此外，将领的“勇”还体现在能够对敌人的挑衅淡然处之，做到了不“以愠而致战”，才是合格的将领。

“严”就是纪律严明。只有纪律严明的军队，才能保证将领在指挥的时候如臂使指、令出必行，高效率地完成作战部署和作战计划。如果军纪不严明，下级军官和士兵就会因为自己的利益对将领的命令阳奉阴违，即使执行了也会打折扣。而将领不知道自己的命令没有彻底地执行，在下一步的决策中难免会产生误判，战争的失败也就是可以想象的了。

知兵之将，民之司命，国家安危之主也

【经典】

出自（春秋）孙武《孙子兵法·作战篇》

故兵贵胜，不贵久。故知兵之将，生民之司命，国家安危之主也。

能够深谙用兵之道的将领，他们的手中掌握着百姓的生死，他们的行动决定着国家的安危。

【解读】

手握重兵的将领，往往掌握着国家的安危，可以在历史上发挥重大作用，如战国时期的乐毅、廉颇，南宋的岳飞，明朝的戚继光。因此，将领要注意战争对本国经济民生的影响。战争本身的特点和破坏性，使得战争必须速战速决，在军队士气高昂的时候结束战斗，避免久拖不决，整个国家的资源和老百姓的生活水平不至于被拖垮。

但凡战争，必须考虑兵员和后勤问题，这对国家民生的影响是多方面的，要将后勤物资长途运输到前线，必须有充足的民夫和运输工具，长途运输耗时长久，损耗很大，要占用大量的劳动力。一旦进入了持久战，战备物资的数量和各种物资的产出就会急剧下降，老百姓的生活质量就会下滑。假如战争产生了失误，还要从后方抽调人员和物资补充损失，导致国力更加疲惫，甚至民不聊生，国家的统治也会陷入风雨飘摇之中。因此，对于一个将领来说，应当明白带兵作战对国家政治和经济会产生什么样的影响，并尽量减小这种影响，这样才能够成为军事家。

故兵者，国之大事，存亡之道，命在于将

【经典】

出自（春秋）姜子牙《六韬·龙韬·论将》

兵者，国之大事，存亡之道，命在于将。将者，国之辅，先王之所重也，故置将不可不察也。

用兵作战是一个国家最重要的事情，关系到国家的生死存亡，胜败与否全在于领兵的将帅。

【解读】

战争关系到国家的生死存亡，古人对此早有认识，有“国之大事在祀与戎”的说法。军队体现了一个国家的实力，战争就是这个实力展示的舞台，指挥军队作战的将领就是舞台的导演。一场战争，究竟是精彩的表演还是拙劣的闹剧，都在将领身上。一个高明的将领，能够以弱胜强，在不利的条件下战胜强大的敌人，例如楚汉争霸中的韩信；一个无能的统帅，即使有精兵强将，最后仍然会一败涂地，就像北宋时高梁河之战中的赵光义。

从国家的角度来看，是否有合适的统帅和是否发起战争一样，都是战略性的问题，是非常考验君王的眼光和胸怀的。不同的将领有着不同的才能，有的擅长攻击、有的擅长防守、有的攻守兼备，在不同的战略要求下，挑选出合适的将领才能完成战略性的任务。还用高梁河之战为例，当时的北宋已经灭亡了南唐、南汉、后蜀、南平、北汉等好几个政权，士兵都是百战余生的精锐，将领都是能征善战的良将。在平定北汉后，军队已经极度疲乏，最应该做的应该是采取战略防御的态势进行休息整顿，可惜的是他们的统帅是长于行政、短于军事的赵光义，被攻克太原的胜利冲昏了头脑，也没有考虑到辽国拥有大量的骑兵，便贸然命令部队进攻辽国，试图借灭北汉的余威一举收复燕云十六州。然而战争的规律是人力无法抗衡的，疲惫不堪的宋军在高梁河之战中惨败，这一战役直接打断了北宋统一全国的战略部署，丧失了获取长城这一战略要点的机会，让此后的北宋进入了长期战略防御的态势，也为之后北宋的灭亡埋下了隐患。至于战后赵光义

的贬斥功臣、有功不赏、重文抑武等做法，更是体现出了他不是一个合格的统帅。

这条军事原则在现实生活中也有很强的借鉴意义。例如某项工作的开展，挑对了带头人，就能够让工作顺利地进行，给整个企业带来发展的机会；用错了人，工作的进展就会处处出问题，甚至会拖累整个企业。

将不可骄，骄则失礼，失礼则人离，人离则众叛

【经典】

出自（三国·蜀）诸葛亮《将苑·卷一·将骄吝》

将不可骄，骄则失礼，失礼则人离，人离则众判。将不可吝，吝则赏不行，赏不行则士不致命，士不致命则军无功，无功则国虚，国虚则寇实矣。孔子曰："如有周公之才之美，使骄且吝，其余不足观也已。"

军中的将帅不能骄傲自大，骄傲自大了待人接物就会失去礼节，失去礼节了人心就会疏离，人心疏离了部下就会背叛他。

【解读】

诸葛亮的《将苑》讲述的是为将之道，也就是如何选拔优秀的将领，以及军中将领应该注意的问题，重点指出了严戒"骄""吝"二字。

"骄"的含义是骄矜、骄横。如果将领产生了骄矜的心理，就会看不起周围的人。骄傲轻敌，不但会给对外战争埋下失败的隐患，对军队内部也会产生严重的危害。目中无人的本质就是认为其他的人都不如自己，都是无关轻重的人，即使缺少了这些人也不会对自己造成什么样的损失。有了这种心理，平时的行动、语气、神态、用词等都会表现出来，对周围人的伤害是显而易见的。孟子说"君之视臣如手足，则臣视君如腹心；君之视臣如犬马，则臣视君如国人；君之视臣如土芥，则臣视君如仇寇"。将领对手下是什么样的态度，手下也必然以同样的态度对待他。既然将领认为自己的手下是可有可无的人，那么在手下心目中他同样也是一个可有可无的人，如果大家都是这样的心态，自然也不会同心协力，利益冲突的时候必然会产生矛盾，巨大的诱惑出现时背叛的行为也在所难免。例如三国名将

张飞，平时对手下不够尊重，喜欢鞭打手下的士卒，甚至连将领都不能幸免，结果被麾下将领张达、范强谋杀，一代名将如此下场，实在是令人扼腕长叹。

对于一个将领来说，同僚和士兵是他能够获得胜利的基础和保障，而不能将其视为附属品随意地侮辱，更不能当作损耗品一样随意地让他们送死。要知道战场上能够让自己放心后背的只有自己的战友，能舍弃生命来救自己的也是战友，所以战友的情分也是最珍贵的，作为将领要格外珍视袍泽之情。

上下同欲者胜

【经典】

出自（春秋）孙武《孙子兵法·谋攻》

故知胜有五：知可以战与不可以战者胜，识众寡之用者胜，上下同欲者胜，以虞待不虞者胜，将能而君不御者胜。此五者，知胜之道也。

团队上下为了同一个目标努力，就能获取胜利。

【解读】

这句话强调团结协作的重要性，不仅适用于古代的领兵作战，也适用于我们现代的工作生活。一个团队想要获得胜利，必须上下一心，所有人都有一个共同的目标，团结一致为这一个目标而努力，才有可能获得最后的胜利。相反，如果团队里面有人拉帮结派，有人怀有私心，有人为了个人利益搞小动作，那么这个团队的力量就会分散，无法集中起来，自然难以取得成功。所谓“同舟共济”也是一样的道理，坐在一条船上共同渡河，那么就要为了“渡河”这一个目标，每个人出一份力，才能成功。因此，团结协作，同心协力，才能战胜困难。

运筹帷幄之中，决胜千里之外

【经典】

出自（西汉）司马迁《史记·高祖本纪》

夫运筹策帷幄之中，决胜于千里之外，吾不如子房。镇国家，抚百姓，给饷馈，不绝粮道，吾不如萧何。连百万之军，战必胜，攻必取，吾不如韩信。此三者，皆人杰也，吾能用之，此吾所以取天下也。

在军帐之内做出正确的部署，决定了千里之外战场上的胜利。

【解读】

这是汉高祖刘邦夸赞张良的用语。西汉初年，刘邦为了招待臣子们，在洛阳南宫举行了一场宴会。宴会中，他向大伙儿提出了一个问题："你们说是什么导致项羽失败？而我成功的原因又是什么呢？"高起、王陵回答，因为高祖知人善任，委派贤能之士占领城池和要地，又给立功的人奖励赏赐，所以能够成功；但是项羽不懂得知人善任这个道理，赏罚不明，用人存疑，所以最后导致失败。刘邦觉得他们说的在理，但是这不是最主要的原因。他认为自己才华平平，但是懂得发挥每个人的长处，让每个人都发挥了自己的优势，是这些让自己取得了成功。他夸赞张良："夫运筹策帷帐之中，决胜于千里之外，吾不如子房。"意思是夸赞张良足智多谋，善于调兵遣将。

千军易得，一将难求

【经典】

出自（元）马致远《汉宫秋》

我呵，空掌着文武三千队，中原四百州，只待要割鸿沟。陡恁的千军易得，一将难求！

一千名士兵容易获得，但是得一名好将领非常困难。

【解读】

这句话用以形容良才的难能可贵。楚汉争霸之期，刘邦非常需要一个大将军。此时，宰相萧何向他大力举荐韩信。刘邦并不了解此人，认为不过是不值一提的无名之辈，后来两人坐下来谈话。刘邦问他："萧丞相多次跟我举荐你，想知道将军你能用什么东西来指导我呢？"刘邦这句话暗含讽刺的意味，就是想问他，你到底有何本领？韩信不慌不忙地说："敢问大王，如今与您争霸天下的是项王吧？"刘邦说："对。"韩信说："那行，大王您心中有数，就您个人能力和团队实力而言，与项王有得比吗？"刘邦思忖了很久，说出了三个字："不如也。"于是，韩信跪下叩拜刘邦，连声说："大王很清醒，我也觉得您个人实力、团队实力都比不上项王，但是您是一个实事求是的人。"韩信告诉刘邦，只要发战书到三秦地区，立马可以拿下。刘邦听了，连连佩服，感慨从未见过对局势分析如此到位的人。

作为一军统帅，韩信擒魏、取代、破赵、胁燕、东击齐，南灭楚，名闻海内，威震天下。楚汉之时，人们对其的评价是："国士无双""功高无二，略不世出"。刘邦自己也说："夫运筹策帷帐之中，决胜于千里之外，吾不如子房。镇国家，抚百姓，给馈饟，不绝粮道，吾不如萧何。连百万之军，战必胜，攻必取，吾不如韩信。此三者，皆人杰也，吾能用之，此吾所以取天下也。"而萧何则说："至如信者，国士无双。"韩信的才能，可谓"一将难求"，而刘邦对韩信的任用，的确对他建立汉朝起到了巨大的作用。

以战去战，虽战可也

【经典】

出自（战国）商鞅《商君书·画策》

由此观之，神农非高于黄帝也，然其名尊者，以适于时也。故以战去战，虽战可也；以杀去杀，虽杀可也；以刑去刑，虽重刑可也。

用战争来抑制战争，即便要战争，也是可行的。

【解读】

这句话说明并非所有的战争都是不可取的，求取和平，有时发动必要的战争也是一种有效方式。历史也多次证明了，面对敌人一味苟合，采取绥靖政策，害怕战争，从来不能解决问题。

北宋年间，辽国大军南下深入宋境，宋朝不少大臣又畏惧之心，主张避敌南逃，宋真宗赵恒也有南逃的意愿，宰相寇准力劝其至澶州督战。宋军备受鼓舞，坚守城池，还射杀了辽南京统军使萧挞凛。辽军士气受挫，派人同宋朝和谈。宋真宗畏敌如虎，只想媾和，不顾寇准的苦谏，表示宋朝也不喜欢穷兵黩武，派人与辽国订立和约：辽宋约为兄弟之国，宋每年送给辽岁币银 10 万两、绢 20 万匹，宋辽以白沟河为边界。因澶州（河南濮阳）在宋朝亦称澶渊郡，故史称“澶渊之盟”。

此后，宋辽之间的战争结束了，此后宋辽边境长期处于相对和平的状态，而且宋朝节省了巨额的战争花费，岁币支出不及用兵费用的百分之一，看起来代价不大，却换取了长久的和平。然而，这种行为是只注重短期利益的行为，这种乞求得来的和平，注定是靠不住的。宋真宗有利的形势下却接受求和的结果，此后幽云十六州的大部分土地再也没有收回的可能性，而输金纳绢也导致辽愈发变本加厉，不断索取。后世的王安石和富弼都认为，宋朝真宗、仁宗、英宗三朝“忘战去兵”，禁军河北军和京师军“武备皆废”，武臣地位被排挤。总而言之，北宋从此自以为高枕无忧，不再居安思危，兵备松弛，最终为女真建立的金国击败，失去淮河以北大量土地，被迫向金国称臣。

历代评价宋朝，无不赞叹其文化、经济和科技方面的成就，堪称光辉灿烂，然而，从北宋对辽国的态度就可以看出，宋朝一味避免战争，崇文抑武，导致积贫积弱，始终处于被动挨打的局面。

民勇者，战胜；民不勇者，战败。能壹民于战，民勇；不能壹民于战者，民不勇

【经典】

出自（战国）商鞅《商君书·画策》

不胜而王，不败而亡者，自古及今，未尝有也。民勇者，战胜；民不勇者，战败。能壹民于战者，民勇；不能壹民于战者，民不勇。圣王见王之致于兵也，故举国而责之于兵。

民众勇敢，战争就会胜利；民众不勇敢，战争就会失败。能够让民众全心全力战斗的君主，民众就会勇敢；无法让民众全心全力作战的，民众就不会勇敢。

【解读】

这句话意在强调团结的重要性。这里“壹民于战”，并不是指所有群众都参与战争，而是强调上下一心，齐心协力，团结一致，勇敢作战。对于一个国家而言，不可能每个人都参与到实际的战争中去，但是每个人都可以发挥自己的力量，发挥自己的聪明才智，共同为保卫国家、实现和平愿望出一份力。能够“壹民于战”，也就是团结民众的君主，就能够激励民众勇敢作战，取得最后的胜利。

攻在于意表，守在于外饰

【经典】

选自《尉缭子·十二陵》

威在于不变，惠在于因时，机在于应事，战在于治气，攻在于意表，守在于外饰，无过在于度数，无困在于豫备，慎在于畏小，智在于治大，除害在于敢断，得众在于下人，悔在于任疑，孽在于屠戮，偏在于多私，不祥在于恶闻已过，不度在于竭民财，不明在于受间，不实在于轻发，固陋在于离贤，祸在于好利，害在于亲小人，亡在于无所守，危在于无号令。

进攻在于出其不意，防守在于掩护迷惑。

【解读】

这句话意在强调进攻和防守应当采用不同的策略方式。“攻在于意表”，是指进攻要攻其不备，出人意料，让对方不知道你如何攻击；“守在于外饰”是指防守的关键之处在于外饰，修筑好防御工事了，可以迷惑对方。所以，要获得战争的胜利，进攻与防守需采用不同的战略，才能将最小的兵力发挥到最大的效果。

这方面最著名的案例，就是“暗度陈仓”。秦朝灭亡后，项羽实力最强，自封为西楚霸王，把巴蜀、汉中三郡分封给刘邦，立为汉王。刘邦在去汉中的途中，主动烧毁栈道，表明其没有东扩的意图。刘邦入汉中后，励精图治，待具备了一定的实力后，刘邦决定迅速挥师东进，夺取天下。刘邦按韩信的计策，派大将樊哙带领一万人大张旗鼓地修栈道，并限一月内修好。刘邦的精锐军队从小道翻山越岭，避开雍王章邯的正面防御，突然袭击了陈仓（今陕西宝鸡），出奇制胜，由此顺利挺进关中，一举平定三秦，拉开了他汉王朝事业的大幕。“暗度陈仓”，也成为历史上闪电奇袭的典型案例。

几时拓土成王道？从古穷兵是祸胎

【经典】

出自（唐）李商隐《汉南书事》

西师万众几时回，哀痛天书近已裁。

文吏何曾重刀笔，将军犹自舞轮台。

几时拓土成王道，从古穷兵是祸胎。

陛下好生千万寿，玉楼长御白云杯。

什么时候通过开拓疆土可以成就王道？自古至今穷兵黩武就是国家的祸根。

【解读】

唐朝后期，民族之间常常发生战争。统治者认为战争是为了开拓疆土，成就王道，其实更多的是为了满足个人欲望。战争使得老百姓终日惶惶不安，过上了颠沛流离的生活。诗人发出感慨，到底何时能结束战争，让百姓回归和平的日子？可以看出诗人对百姓民众的关爱和同情，对穷兵黩武的政策的不满。

自古开疆拓土的功业，莫大于传奇历史人物成吉思汗，他统一蒙古诸部，建立大蒙古国，多次发动对外战争，征服西达中亚、东欧的黑海海滨地区。通过一系列的结果，成吉思汗和他的子孙建立了历史上规模空前的帝国，疆域极其广阔，影响力盛极一时。大蒙古国的帝国不可谓不庞大，但是一系列的征服战争只有开疆拓土，给欧亚大陆的众多古老文明带来的却是巨大的破坏，为数众多的民族和国家受到了残酷的压迫，被毁灭的人口和财产不可胜数，给大部分地区带来黑暗的时期。这样的统治非但不能称之为“王道”，而且注定是不能长久的，也是祸乱的根源。成吉思汗 1227 年去世，1260 年忽必烈和阿里不哥争位，大蒙古国随即走向分裂。忽必烈夺得汗位后，建立元朝于 1279 年统一中国，然而这个王朝也是短命的，民间起义从未断绝，元廷 1368 年就逃往漠北，结束了短暂的统治。

出其所不趋，趋其所不意

【经典】

出自（春秋）孙武《孙子·虚实篇》

孙子曰：凡先处战地而待敌者佚，后处战地而趋战者劳。故善战者，致人而不致于人。能使敌人自至者，利之也；能使敌人不得至者，害之也。故敌佚能劳之，饱能饥之，安能动之。出其所不趋，趋其所不意。

攻击时向敌人不方便求援的地方进军，进军时向敌人意料不到的地方挺进。

【解读】

这句话说明对敌进攻时应出其不意，并要注意选择突破点。朝敌人进攻时应把握的一个关键原则是不仅要出其不意，而且要选择敌方来不及增援的地方攻击，使得敌方慌乱不安，指挥系统失灵，而且要迅速、勇猛，时间要恰当，地点也要选准。能够把握这两点，进攻就能轻松获得胜利。

自古以来，出奇兵绕过敌军的正面防御，迂回到敌人守卫空虚、来不及救援的地方，常常是制胜的关键。三国后期，魏军伐蜀，蜀国大将姜维率军据守剑阁，魏军攻之不下，无计可施，时间久了，军粮不继，魏军将领钟会准备退兵。邓艾上书说：“如今贼寇大受挫折，应乘胜追击。从阴平沿小路、经汉德阳亭，奔赴涪县，距剑阁西有百余里，距成都三百余里，派精悍的部队直接攻击敌人的心脏。姜维虽死守剑阁，但在这种情形下，他一定得引兵救援涪县。此时，钟会正好乘虚而入。如果姜维死守剑阁而不救涪县，那么，涪县兵力极少。兵法说道：‘攻其不备，出其不意。’今一定能打败敌人。”

邓艾趁姜维被钟会牵制在剑阁，率军自阴平沿小路向南进军，一路上凿山架桥，迂回七百余里没有人烟的地方，多次陷入困境。在马阁山，无路可走，邓艾身先士卒，用毛毡裹着身体滚下山坡，军队出其不意地直抵江油，迫降守将马邈，占得先机，后又攻占绵竹，蜀军全线崩溃，后主刘禅投降，蜀汉灭亡。姜维在前线尚有大军，然而君主已降，无计可施。

邓艾趁蜀汉的主力部队在前线，后方空虚，避敌锋芒，出奇兵进攻蜀军空虚之地，真正做到了“出其所不趋，趋其所不意”，创造了古代战争史上著名的奇袭战例。

兵以诈立，以利动，以分合为变者也

【经典】

引自（春秋）孙武《孙子·军争篇》

故不知诸侯之谋者，不能豫交；不知山林、险阻、沮泽之形者，不能行军；不用导者，不能得地利。故兵以诈立，以利动，以分合为变者也。

用兵打仗，要以谋略取胜，要以利益作为行动宗旨，以分散和集中作为变化的手段。

【解读】

这里的“诈”，指的是军事谋略的出其不意和灵活机变，不同于道义上所指的欺骗与欺诈。所谓“兵不厌诈”也是这个道理，战争本就是你死我活的斗争，是体力和智力的对抗，战争决胜不仅取决于兵力众寡、装备优劣、战斗力高低，谋略和技巧也是很重要的因素。诈术是用千百年战争总结下来的经验教训，符合战争的规律。

这里的“利”，指的是利益原则、有利可图，也就是说发动战争要有一定的目的，有一定的利益。在遵守利益原则时，要树立大局观，必要时要牺牲局部的小利益，而保全、获取全局的大的利益。

这里的“变”，指的是对诡诈之道的应用。军队部署和军事行动无论是分合、聚散、奇正、虚实、众寡，都要因利而动，因敌而变。

善为兵者阴谋。阴谋之守坚于城，阴谋之攻惨于兵

【经典】

出自（南宋）辛弃疾《九议》

胜兵先胜而后求战，败兵先战而后求胜。故善为兵者阴谋。阴谋之守坚于城，阴谋之攻惨于兵。心之精微，出而为智，行乎阴则谓之谋。

善于用兵的人总是在暗中谋划。暗中谋划比城池能够起到的防守作用更坚固，暗中谋划比军队的进攻所起的效果更加猛烈。

【解读】

这句话强调暗中谋划对于进攻和防守的重要作用。在掌握敌方军情的情况下，基于实际战争情况，进行秘密的军事谋划，采用一定的对策避开敌人的进攻，这种防守将比城池起到的作用更加稳固；通过秘密谋划，选择正确的时间和恰当的地点对敌人发动进攻，这种方式将比万马千军更具备杀伤力。

计熟事定，举必有功

【经典】

出自（唐）刘禹锡《为淮南杜相公论西戎表》

计熟事定，举必有功；苟未可图，岂宜容易。此皆陛下朝夕倦谈之事，前后立验之谋。臣质性顽疏，筹画庸近。受恩非据，敢忘献忠？犬马之心，实所罄尽。

计谋成熟，事情安排好，发动战争的时候就能成功。

【解读】

这句话意在强调事前做好准备是取得最后胜利的重要前提。常言道“凡谋之道，周密为宝”，做好计划和准备才有获胜的可能，也就是强调要做好

周密的谋划和诸事的安排。如果稍有不慎，可能会全军覆没，因而战前必须多思多虑，谋划周密。战争是实力和智商的对抗，必须安排好后方，处理好各种关系，有充足的物质储备，有完备的计谋，才能一举获胜。

无路请缨，等终军之弱冠；有怀投笔，慕宗悫之长风

【经典】

出自（唐）王勃《滕王阁序》

勃，三尺微命，一介书生。无路请缨，等终军之弱冠，有怀投笔，慕宗悫之长风。舍簪笏于百龄，奉晨昏于万里。非谢家之宝树，接孟氏之芳邻。他日趋庭，叨陪鲤对；今兹捧袂，喜托龙门。杨意不逢，抚凌云而自惜，钟期既遇，奏流水以何惭？

尽管和终军年龄相当，但却无处去请缨杀敌；羡慕宗悫乘风破浪的理想，也怀着投笔从戎的志向。

【解读】

终军是汉武帝外派出使南越的使者，“投笔从戎”指的是班超从军的典故；宗悫是南朝刘宋的一代名将。作者认为自己和当年的终军一样都是二十来岁，但却得不到请缨杀敌的机会；自己跟班超一样有投笔从军的志向，也羡慕宗悫“愿乘长风破万里浪”的理想。这几句以一系列的典故，表达了作者建功立业、报效国家的宏伟理想，是千古传诵的名句，可供引用来表现蓬勃奋发，昂扬向上的精神状态。

朔气传金柝，寒光照铁衣

【经典】

出自南北朝民歌《木兰诗》

东市买骏马，西市买鞍鞯。
南市买辔头，北市买长鞭。
旦辞爷娘去，暮宿黄河边。
不闻爷娘唤女声，但闻黄河流水鸣溅溅。
旦辞黄河去，暮至黑山头。
不闻爷娘唤女声，但闻燕山胡骑鸣啾啾。
万里赴戎机，关山度若飞。
朔气传金柝，寒光照铁衣。
将军百战死，壮士十年归。

北方的寒风传来打更的声响，寒冷的月光映照着战士们的铠甲。

【解读】

《木兰诗》是中国南北朝时期北方的一首长篇叙事民歌，也是一篇乐府诗。这两句描绘了作者从军生涯的艰辛，也反映出战士们战地生涯的艰苦卓绝。所谓“金柝”是指古代军中用的一种铁锅，白天用来做饭，晚上用来报更;“铁衣”是指古代战士穿的铠甲，也就是带有铁片的战衣。战士们远离故乡，经常要在艰苦的环境下作战，饱受煎熬，早起晚归，每日操练，常常会有露水打湿铠甲的情况发生。这些细节，都表现了战士的艰辛，其保卫国家的精神令人肃然起敬。

醉卧沙场君莫笑，古来征战几人回

【经典】

出自（唐）王翰《凉州词》

葡萄美酒夜光杯，欲饮琵琶马上催。醉卧沙场君莫笑，古来征战几人回？

喝醉了倒在沙场上，请不要嘲笑，毕竟自古以来出战的人没有几个能重返家乡的。

【解读】

这两句诗出自唐代诗人王翰《凉州词》。诗人通过描写战士们在沙场饮壮行酒的场景，一方面写出了战争的残酷和紧张，另一方面也表达了诗人视死如归、不怕牺牲的豪情壮志。结合前面两句“葡萄美酒夜光杯，欲饮琵琶马上催”来看，“葡萄”“美酒”皆出自于新疆吐鲁番等地，“琵琶”则是西北游牧民族的乐器；“夜光杯”是甘肃酒泉地区用玉石制作的名酒器，这三种事物都是产自于当时的西北边塞，再加上“琵琶马上催”，就说明临行在际，战争一触即发。将士们在利用战斗前的一个短暂的时间，对饮高歌，壮行祝捷，表现出他们甘愿抛头颅洒热血的战斗决心和豪迈之情。

第九章

历史文学

人事有代谢，
往来成古今

疑今者，察之者；不知来者，视之往

【经典】

出自《管子·形势》

得天之道，其事若自然。失天之道，虽立不安。其道既得，莫知其为之。其功既成，莫知其泽之。藏之无形，天之道也。疑今者，察之古；不知来者，视之往。万事之生也，异趣而同归，古今一也。

对当下发生的事情不理解的，可以考察一下古代发生的类似的事情；无法确定事物在将来会演化成什么样子的，可以借鉴一下历史上的类似情况。

【解读】

事物的发展都有其自己的规律，虽然时代的变迁会让事物的外在形象产生改变，但是这种内在的规律是无法改变的。我们在阅读历史书籍的时候，经常会发现古人也遇到过我们当今经常遇到的那些问题，并且提出了完美的解决方案，所以唐太宗说“以史为镜，可以明得失”。

纵观二十四史，我们会发现历史有着惊人的相似性，就像是一个循环般总是在一次次地重复以前发生过的事情，某个问题在上个朝代发生了，下一个朝代仍然会出现，甚至有着同样的后果。例如土地兼并这个封建社会的痼疾，总是在每个朝代的后期愈发严重，等到了恶化到一定程度，衣食无着的农民开始爆发起义，直至建立起一个新的王朝。历代统治者并非不知道土地兼并的危害，每个朝代的开拓者往往会针对性地进行改革，政治清明，努力保证农民不至于因为失去赖以生存的土地而铤而走险。吏治也是如此，每个朝代的初期，统治者因为自己之前就是吏治腐败的受害者，所以都能够廉洁自律；但是随着经济的发展，这些人开始慢慢地追求更奢侈的生活，越来越不在意民众的感受，于是吏治开始腐败；等这种腐败发展到无视民众生死的时候，旧的王朝轰然倒塌。

当出现了一个新生事物，也可以翻越一下历史，看看有没有可以借鉴的规律，推测这些事物最后的发展方向、给社会带来了什么样的影响，这样就可以对新生事物的走向有一个大致的判断了。例如马鞍、马镫的出现，就是对战争中骑兵装备和作战方式的一次革命，让骑兵解放了双手，拥有了更大的战斗力；而火器的发明初期，质量很不稳定，使用起来也十分繁琐；但联想到马鞍、马镫的发展规律，就不会盲目排斥火器这种新生事物，而是重视其在军事上的意义，研究改良武器，以及在此基础上新的作战方式。

明镜所以照形，古事所以知今

【经典】

出自（西晋）陈寿《三国志·吴书·吴主五子传》

里语曰："夫明镜所以照形，往古所以知今。"大王宜深以鲁王为戒，改易其行，战战兢兢，尽敬朝廷，如此则无求不得。

照明亮的镜子，可以让我们知道自己的美丑；了解历史上发生的事件，可以让我们明白现在所做的事情是对是错。

【解读】

这是用人们的生活常识类比来讲道理，人们发明了镜子，才能看得到自己的样子；同样的道理，当我们不知道自己现在的选择是对是错，可以翻开历史，把古人在类似情况下的问题和成败当作镜子，从而得到有益的经验、教训。古人很善于借助历史反思，称为"以史为鉴"，这是中华民族的优良传统。

历史是人类最好的老师。历史总是按照内在的规律向前发展，在漫长的社会进程中，忠实记录下了人类发展的足迹。中国有记载的历史长达几千年，文化源远流长，史籍中有大量治国理政、人文历史等内容。对比历史，后人可以了解古代社会的发展、繁荣与衰落，摸索国家兴盛的内在原因，从历史中总结经验，吸取教训，使国家能够长治久安。对于个人来讲，多读一些历史，也能使人在人生道路上汲取精神财富，少走弯路。

得道者多助，失道者寡助

【经典】

出自（战国）孟子《孟子·公孙丑下》

故曰：域民不以封疆之界，固国不以山溪之险，威天下不以兵革之利。得道者多助，失道者寡助。寡助之至，亲戚畔之；多助之至，天下顺之。以天下之所顺，攻亲戚之所畔，故君子有不战，战必胜矣。

君主施行仁政，支持他的人就多；不施行仁政，支持他的人就少。

【解读】

古人说的“得道”与“失道”，具有丰富的文化内涵。作为一个哲学名词，“道”是一切事物内部运行规律的统称，用在君主施政时其含义是“仁政”，用在战争起因时它的含义是“正义”，用在个人品德方面时它的含义是“道义”。总之，只要我们的所作所为是对社会发展有益的，就可以说符合“道”的要求了。

孟子是反对战争的，但生逢乱世，不得不多次提到战争。有了争端，实行“仁政”、符合道义的一方，才能得到人们的支持，取得胜利。归其原因，民心向背对于战争、政治都具有根本性的意义。人类社会发展了几千年，为了能够更好地发展，难免你争我夺，争夺利益本身并没有对错之分，但是在争夺的时候必须遵循道义，不能不择手段。在大家认可的规则范围之内进行争夺，从某种程度上来说是一种良性的竞争，符合社会发展的潮流和大部分人的利益；违背了道义，就是突破了底线，必然走到大多数人的对立面。

靡不有初，鲜克有终

【经典】

出自《诗经·大雅·荡》

荡荡上帝，下民之辟。疾威上帝，其命多辟。

天生烝民，其命匪谌。靡不有初，鲜克有终。

开始的时候都能够做得很好，却很少有人能够坚持到最后。

【解读】

人生如白驹过隙匆匆而去，很多人到了年老之后才发现，自己的一生都在庸庸碌碌中度过，甚至连一件成功的事情都没有做到。为什么会这样呢?就是因为太多的人只能够“善始”，却无法“善终”，自然也就无法取得成功了。

在我们决定去做某件事情的时候，动机往往是“我想要去做，成功之后我能够得到什么”，于是就满腔热情地开始了，却没有考虑到之后的过程中会遇到什么样的困难，更没有解决这些困难的预案，也不知道会付出什么样的代价。想要成功就必须付出代价，但是付出了代价并不一定能够成功。即使成功了，或许得到的回报远远不及付出的代价。所以懒惰的人做了不久就失去了热情，三天打鱼两天晒网；意志不坚定的人往往遇到了困难就会打退堂鼓；“理智”的人发现所做的事情得不偿失就会放弃；容易受到外界诱惑的人会因为各种原因随意地改变计划，开始做另外一件事情。只有意志坚定、知道自己想要什么，也清楚会付出什么代价的人，才能够坚持到最后。

老子在《道德经》中说过这样一句话，“慎终如始，则无败事”。想要成功，就必须不忘初心砥砺前行，任何时候都不能让自己的热情减退，只要产生了懈怠的心理，就很少有人能够坚持下去。成功的道路既阻且长，最怕的就是丧失了坚持下去的意志，最终功败垂成。

“苟有恒，又何必三更起五更眠；最无益，莫过于一日曝十日寒”。做任何事情，恒心都是必不可少的，有了坚持如初的恒心，即使速度慢一些，也终究会有成功的一天；没有恒心，哪怕开始的时候进展神速，却半途而废，也摘不到成功的果实。

情者文之经，辞者理之纬；经正而后纬成，理定而后辞畅。此立文之本源也

【经典】

出自（南朝·梁）刘勰《文心雕龙·情采》

研味《李》《老》，则知文质附乎性情；详览《庄》《韩》，则见华实过乎淫侈。若择源于泾渭之流，按辔于邪正之路，亦可以驭文采矣。夫铅黛所以饰容，而盼倩生于淑姿；文采所以饰言，而辩丽本于情性。故情者文之经，辞者理之纬；经正而后纬成，理定而后辞畅。此立文之本源也。

思想内容是文章的经线，文辞是思想内容的纬线；就像确定了经线才能将纬线织上去一样，只有确定了情理才会有顺畅的文辞。这也是写文章的根本原则。

【解读】

刘勰（约465—约520年），字彦和，山东莒县人，南北朝时期著名的文学理论家、批评家。《文心雕龙》是一部文学理论专著，有着系统的理论、严密的结构和细致的论述，里面的《情采》一篇则论述的是内容和形式之间的关系。

刘勰认为，内容和形式是一个整体，是相辅相成的：没有内容，形式再美观也毫无意义；没有形式，内容再好也无法表达出来，如果一定要将二者分个先后的话，那就要先保证有内容，然后才能讲究形式。具体到文学作品，那就是要先保证言之有物、合情合理，然后再追求文辞的优美。

当然，有了优美的文辞，才能称得上是文学作品，否则就令人读之无味。但是作者要牢记文辞是为内容服务的，如果华而不实，那也只不过是文字游戏罢了。情感真实文辞优美的，就是优秀的作品；辞藻华丽而内容空洞的，就是炫耀文采的无病呻吟，没有任何的价值。

首先确定主题是什么，然后围绕主题进行合理的架构，再用准确的言辞将主题明确无误地表达出来，这样才可以做出一篇合格的文章。想要让文章优秀，就要在此基础上藻饰文辞，让内容和形式相得益彰。不过在修

饰文字的时候，注意不要用生僻的典故和有歧义的文字，以免让读者看不明白或者引起误解，这就失去了原本的宗旨。

文学史上也有一些诸如回文诗、魏晋时期的骈文等体裁的作品，虽然文字技巧很高，但是因为没有思想内容，最终被归入了文字游戏的范畴。

太山之高，背而弗见；秋毫之末，视之可察

【经典】

出自（西汉）刘安及门客《淮南子·说林训》

太山之高，背而弗见；秋豪之末，视之可察。山生金，反自刻；木生蠹，反自食；人生事，反自贼。巧冶不能铸木，巧工不能斫金者，形性然也。白玉不琢，美珠不文，质有余也。

即使是泰山那样雄伟的事物，背对着它也无法看到；即使是秋天鸟兽身上初生的绒毛那样微小的东西，认真观察也能够看得清清楚楚。

【解读】

这个典故，刘安用看东西作为例子，讲述了人的主观愿望对客观行为的影响是多么大。按照人的生理特点，事物越大越能够看得清楚，越小越看不清晰。而某些人能够看到“秋毫之末”，就说明他的眼睛是没有问题的，然而他却说他看不到泰山，其实不是他看不到，而是他不想看，下意识地将视线避开了能够看到事物的这个方向。

我们在生活中也会经常遇到类似的情况：某个事物正在向不好的方向演变，周围的人都已经清楚地看到了这一点，而且按照常理分析的话，与这个事物有密切关系的某个人更应该早就意识到了问题，但是他却一直没有意识到，当别人提醒他的时候还在振振有词地辩驳根本不可能会发生这样的事情。其实有关的迹象他必然也注意到了，只是他不愿意向事物不好的方面思考，所以他在潜意识里刻意忽略了，认为这样就可以阻止事物的演变。还有另外一种情况，就是某个事物与自己的关系密切，当其发生于己有利于人有害的变化时，就选择视而不见；一旦发生可能会损害自己利益的时候，就立刻跳出来指手画脚，义愤填膺，这同样也是“太山之高，

背而弗见；秋豪之末，视之可察”。

在这个典故中，我们还要注意到“愿意不愿意做”和“有没有能力做”之间的分别。《孟子·梁惠王上》中有一段话，“挟太山以超北海，语人曰我不能。是诚不能也。为长者折枝，语人曰我不能。是不为，非不能也。”让人用胳膊夹着泰山跨过北海，正常人是肯定做不到的，这是能力问题；而让一个人为老人折下一段树枝，是每一个正常人都可以做到的，如果还要说“我没有能力做”，那就不是能力问题了，而是为不愿意做寻找的借口。“愿意不愿意做”是态度上的问题，“有没有能力做”是能力问题。人的能力有大有小，不能一概而论，知道自己能力有限还愿意去做，而且愿意在做的过程中逐步提高自己的能力，这是一种积极的态度，是值得肯定的；而用能力不足为借口，根本就不去做，连试都不敢试，就是消极的态度，是应该受到批评的。用积极的态度面对人生，人生就会越来越精彩纷呈；用消极的态度去面对人生，人生就会越来越黯然无色。

风翻白浪花千片，雁点青天字一行

【经典】

出自（唐）白居易《江楼晚眺，景物鲜奇，吟玩成篇，寄水部张员外》

澹烟疏雨间斜阳，江色鲜明海气凉。
蜃散云收破楼阁，虹残水照断桥梁。
风翻白浪花千片，雁点青天字一行。
好著丹青图画取，题诗寄与水曹郎。

微风拂过江面，翻卷出的白色浪花如同片片花瓣；大雁掠过蓝天，排成的队伍就像在天空点染出一行文字。

【解读】

“风翻白浪花千片，雁点青天字一行”是历史上的一个名句，也是这首诗的点睛之笔，一个“翻”字，将风本身附带的效果变成了主动行为，让原本静谧的画面变得生动起来；一个“点”字，将雁群无意识的行为变成了大自然的鬼斧神工，让诗因为融入了美丽的景象而传神。

作为中唐时期的伟大诗人，白居易在遣词用字方面的能力是毋庸置疑的，但是他对于如何遣词用字和以“推敲”著名的贾岛有着本质的不同。贾岛所推敲每一个字的目的，是如何凝练、准确地表达作品的意境，而白居易的推敲是为了让作品更通俗、让文化水平不高甚至是没有文化的人也能够理解。据说他每当有了新作之后，都会读给家里的一个老婆婆听，如果老婆婆听不明白，他就会继续修改，直到她能够准确无误地理解作品的含义之后才会定稿。

创作一篇作品，自然需要用凝练的字词让作品显得不那么臃肿，用合适的文字来准确表达自己的意愿，用妥帖的语句让更多的人接受自己的观点，但是当雕琢文章变成炫耀自己的文采，甚至因为使用生僻的典故影响大家阅读的时候，其实就是对自己作品的一种不负责任。白居易的“野火烧不尽，春风吹又生”是历史上的名句，但是其朴实的语言不但没有对意境造成影响，反而因为通俗易懂而传播得更广。

写文章的目的，有时候是抒发自己的情感，有时候是为了表达自己的观点或者感想，只有让人能够读懂，才能够达成自己的目的，如果让人都无法明白，那么创作文章又有什么意义呢?

褚小者不可以怀大，绠短者不可以汲深

【经典】

出自（战国）庄子《庄子 · 至乐》

颜渊东之齐，孔子有忧色。子贡下席而问曰:“小子敢问：回东之齐，夫子有忧色，何邪?”孔子曰:“善哉汝问。昔者管子有言，丘甚善之，曰‘褚小者不可以怀大，绠短者不可以汲深’。夫若是者，以为命有所成而形有所适也，夫不可损益。”

口袋小了，必然装不下大东西；井绳短了，定然提不出深井里的水。

【解读】

这个典故后来演化成了两个成语:“褚小怀大”和“绠短汲深”，前者通常用来说明气量狭小的人无法成就大功业，后者常用来讽刺才能低下的

人无法委以重任。

我们常说格局的大小决定了事业的高度，胸中的格局大，视野就大，那么能够供他施展的舞台也会大，能够取得的成就也就会高；胸中的格局小，他的视野就会狭窄，做什么事就会觉得束手束脚，可供发展的范围也会很小。所谓的格局，它是一种精神空间，也是一种心理结构，更是综合素养的体现。一般来说，决定一个人格局大小的因素有这么几个：一是境界的高度，是为个人、小团体谋利益，还是为了整个团队乃至整个民族、整个国家谋利益；二是胸怀的广度，是为了一点小事就斤斤计较，睚眦必报，还是胸怀宽广，宠辱不惊；三是眼界的宽度，是只顾一时一地，还是胸怀全局放眼长远；四是思想的深度，观察、思索事物是流于表面浅尝辄止，还是直指本质明辨是非；五是执行的力度，是流于形式，得过且过，还是知行合一，踏实肯干。

俗话说“人贵有自知之明”，自己能做到什么、不能做到什么一定要心中有数，不要去做那些力所不及的事情，不然只会弄巧成拙成为别人的笑料，也会失去别人的信任。更重要的是，长此以往，就会迷失自己的定位，对自我失去信心，更难以成功。

舟车所至，人力所通，天之所覆，地之所载，日月所照，霜露所坠。凡有血气者，莫不尊亲，故曰配天

【经典】

出自（春秋至秦汉）《礼记·中庸》

溥博如天，渊泉如渊。见而民莫不敬，言而民莫不信，行而民莫不悦。是以声名洋溢乎中国，施及蛮貊。舟车所至，人力所通，天之所覆，地之所载，日月所照，霜露所坠，凡有血气者，莫不尊亲，故曰配天。

（只要是）船和车能够到达的地方，人能够走到的地方，苍天能够覆盖的地方，大地能够承载的地方，日月能够照耀到的地方，霜露能够落下的地方。只要是有血气的人，没有人不尊敬他，不爱戴他。因此说，圣人的美德可以与天相配。

【解读】

儒家一直都在强调要提高个人的修养，只有个人的修养提高了，才能够做事，而且做事情的时候还能够得心应手。像孔子说的“学而优则仕”中的“学”，不仅是对学问的研究，还包括了个人品德的涵养，只有学问、修养达到了一定的程度，而且还有优裕的时间和精力，才能够出去做官。在儒家的理想中，个人的修养需要不断地去提高，直到能够达到圣人那样的高度，如此一来，这个人也就有了圣人的境界。

那么个人的修养到了什么程度，才能算是达到圣人的境界呢？子思认为，能够做到博爱如天、深厚如渊的地步才可以。有了这种修养，见到他时没有人不尊敬的，他所说的话没有不听的，他的行为没有不叹服的。

或许不同国家、不同民族的人对什么是修养有着不同的解释，但是对于要提高自己的修养这一条却都是一致的，也都愿意亲近、尊重那些有修养的人，认为那些修养极高的人能够“德配天地”。

当然，能够达到圣人那样修养的人古今中外也没有几个，可是对于我们来说，即使把自己的修养只提高了一点，也是一个进步。如果每个人的修养都提高了一小步，那么整个社会的修养就会提高一大步。

笼天地于形内，挫万物于笔端

【经典】

出自（西晋）陆机《文赋》

罄澄心以凝思，眇众虑而为言。笼天地于形内，挫万物于笔端。始踯躅于燥吻，终流离于濡翰。

天地万物虽然纷纷纭纭，但是都可以用我们的笔端进行描绘，并概括进有形的篇幅之中。

【解读】

陆机（261—303年），字士衡，吴郡吴县（今江苏苏州）人，西晋时期著名的文学家、书法家。他所著的《文赋》是一篇文艺理论作品，是文学作品在摆脱经学的附庸地位后，独立发展并有了大量实践创作之后的理论结晶，在我国文学历史上第一次提出了创作的过程、写作的方法、修辞以及写作技巧等问题，在文学理论方面的发展有着不可磨灭的贡献。

一个人在文学方面的素养主要体现在两个方面，一个是“读”、一个是“写”。“读”主要体现的是理解能力，“写”体现的是表达能力。能读懂别人的作品，说明已经有了一定的文学基础，而能够将自己的意愿准确、精炼地写成能让别人明白的文章，就需要有驾驭文字的能力和一定的写作技巧了，所以“写”要比“读”显得更重要一些。

在纸张、毛笔发明之前，文学创作的一个基本要求就是用最少的文字来概括最多的事物，也就是要求篇幅尽量短小。例如甲骨文中的记载一般都是言简意赅的几句话，甚至还有单字，单篇超过100字的都不多，这是因为用来刻写文字的骨、甲的面积有限，而且刻写繁琐，必须将整件事情用最短小的篇幅叙述出来。木简的发明无疑对文学的发展有极大的促进作用，但是用刀子在木片、竹片上刻字只不过比在骨头、龟甲上刻要容易一些，其难度同样不小，所以同样对篇幅有着极大的限制。

到了先秦时期，文学的创作已经不再是为了祭祀和占卜，开始向抒发胸臆和表达自己的观点方面转化，于是得到了极大的发展，也出现了《庄子》《道德经》这类洋洋洒洒几千上万字的作品。然而限制篇幅已经成为人们根深蒂固的一个习惯（这个习惯到了现代仍然是文学作品的一个重要要求），而世间可供文学创作的素材是无穷无尽的，如何用优美的语言、简练的文字去描述它们，亟待理论上的指导，所以陆机《文赋》的出现无疑就是久旱之后的甘霖，“笼天地于形内，挫万物于笔端”更是其中的点睛之笔。

观古今于须臾，抚四海于一瞬

【经典】

出自（西晋）陆机《文赋》

其始也，皆收视反听，耽思傍讯，精骛八极，心游万仞。其致也，情曈昽而弥鲜，物昭晰而互进，倾群言之沥液，漱六艺之芳润。浮天渊以安流，濯下泉而潜浸。于是沉辞怫悦，若游鱼衔钩而出重渊之深；浮藻联翩，若翰鸟缨缴而坠曾云之峻。收百世之阙文，采千载之遗韵。谢朝华於已披，启夕秀于未振。观古今于须臾，抚四海于一瞬。

须臾间浏览古今，眨眼间周游四海。

【解读】

艺术起源于生活而又高于生活，文学艺术自然也无法摆脱这个规律，可以说是对生活中的现象进行了归纳和总结之后的结晶。文学的创作是自由的，它可以超越时间和空间的限制，在艺术的殿堂里随意飞翔。

陆机认为，在构思文章的时候必须打破时空的限制，不能拘泥于一时一地一事，要充分地发挥自己的想象力，并且从古今中外的作品中汲取有用的东西。在开始构思的时候精神要高度集中，让自己的思绪进入一种空虚宁静的境地，对自己想要表达的事物进行深入的思索，同时对不同的表达方式进行对比，以期找到最合适的那一种。在这个思索、想象、对比的过程中，需要表达的事物的形象会越来越清晰，需要表达的情感也会越来越鲜明。当能够“观古今于须臾，抚四海于一瞬”的时候，整篇文章也就呼之欲出，剩下的就是如何用文字将之记录下来罢了。

即使到了现代，“构思”仍然是写出一篇好文章的关键。清代文学家袁枚说“文似看山不喜平”，就是说的构思的重要性，有了好的构思，才能鲜明地突出主题，让读者有读下去的欲望；没有好的构思，哪怕立意再好，也会因为叙述混乱而影响理解，让人不忍直视。特别是在应试性的命题作文中，一定要做到“意在笔先”，动笔之前要列好提纲，对如何布局谋篇、起承转合都要精心地策划，如何点题、如何结尾都要做到心中有数。

前事之不忘，后事之师

【经典】

出自（西汉）刘向《战国策·赵策一》

臣观成事，闻往古，天下之美同，臣主之权均之能美，未之有也。前事之不忘，后事之师。君若弗图，则臣力不足。

不忘记过去的经验教训，以做后来之事的借鉴。

【解读】

西汉初年著名的政论家、文学家贾谊曾发表过一段论证。他说："先王懂得借鉴周文王、周武王的治国之道，设置官职，整饬法令和刑罚，使天下得以大治……然而，到了秦朝，因为没有借鉴过去正确的治国之方，所以无法维持多久。俗语说'前事之不忘，后事之师也'，要想治国有道，就要借鉴古代的方法，参考他人的成败，结合当下的情况，加以运用，这样才能长久，使国家社会得到安宁。"

在历史发展的进程中，很多事情的发生都成为后来推动历史和人类进步的重要经验。类似的，俗语"吃一堑长一智"，成语"前车之鉴"，表达的都是同一个意思。这句话告诉我们，要记住过去发生的事情，领会过去的经验和教训，在后来发生的事情中，将它当作重要的参考依据，就会将事情做得更完善稳妥。

武人之刀，文士之笔，皆杀人之具也

【经典】

出自（清）李渔《闲情偶寄·词曲部·戒讽刺》

武人之刀，文士之笔，皆杀人之具也。刀能杀人，人尽知之；笔能杀人，人则未尽知也。然笔能杀人，犹有或知之者；至笔之杀人较刀之杀人，其快其凶更加百倍，则未有能知之而明言以戒世者。

武士的刀剑，文人的笔，都是用来"杀人"的工具。

【解读】

众人皆知，刀剑是可以杀人的，但是很少有人知晓原来文人手中的笔也可以成为"杀人"的凶器。文人常常会在文章当中采用写作手法来借古讽今，扬清抑浊，其犀利的程度不亚于刀剑匕首。

文士之笔，蕴含巨大的力量。东汉末年，天下大乱，袁绍号召天下的州郡，一同起兵攻打曹操，官渡之战爆发，袁绍的下属陈琳写了一篇著名的檄文《为袁绍檄豫州文》，此文列举曹操罪状，痛骂其家族，文章十分精彩，也极富煽动力。曹操当时正苦于头风病发作，卧床不起，在病榻上读了陈琳檄文，当场惊出一身冷汗，突然坐起，头风病当时就好了。后袁绍大败，陈琳被曹军俘获，曹操深爱其才，让他担任司空军谋祭酒，军国书檄多为陈琳和阮瑀所作，对于陈琳的作品，曹操有时审阅，竟然不能为之增减一字，可谓文士之笔的千古佳话。

当然，也有一些文人用捏造事实、恶语中伤的方式发表一些不实之言，这样的文字对人造成的伤害也是非常严重的。也正因为此，古书《韩诗外传》里提醒道，君子要小心翼翼地躲避三种锋利的东西：武士的锋端、文士的笔端、辩士的舌端。

立身先须谨重，文章且须放荡

【经典】

出自（南朝·梁）萧纲《诫当阳公大心书》

汝年时尚幼，所阙者学，可久可大，其唯学欤。所以孔丘言，吾尝终日不食，终夜不寝，以思，无益，不如学也。若使墙面而立，沐猴而冠，吾所不取。立身之道，与文章异，立身先须谨重，文章且须放荡。

为人处世要保持严谨小心的态度，写文章要释放出心中的豪迈之情。

【解读】

立身处世要合乎礼法，端正态度，言行举止要谨慎小心，心中要有道德的底线。写文章则不同，可以释放自己的思维，充分展露自己的心胸，甚至可以突破礼法的束缚，让自己的思绪插上翅膀飞翔，让自己的用词挣脱条条框框的桎梏，这样写出来的文章才能够在有理有据的同时，真正打动人心。

吟安一个字，捻断数茎须

【经典】

出自（唐）卢延让《苦吟诗》

莫话诗中事，诗中难更无。

吟安一个字，捻断数茎须。

险觅天应闷，狂搜海亦枯。

不同文赋易，为著者之乎。

写诗的时候为了选一个合适的字思索甚久，甚至捻断了好几根胡须。

【解读】

这首诗形容创作者的艰辛和煞费苦心。从字面上来看，古代诗人通常都是蓄须的，创作的时候常常会苦思冥想，为了推敲、斟酌选择一个合适的用词，常常要反反复复思考，一边思考一边习惯捋胡子，因为思忖的时间过长，所以不知不觉拈断了好几根胡须。诗人用这个生动形象的细节，从侧面反映出打造文学作品的难度之高，同时也反映出诗人精益求精的创作精神。

言以载事，而文以饰言，事信言文，乃能表见于后世

【经典】

出自（北宋）欧阳修《代人上王枢密求先集序书》

某闻《传》曰："言之无文，行而不远。"君子之所学也，言以载事，而文以饰言，事信言文，乃能表见于后世。《诗》《书》《易》《春秋》，皆善载事而尤文者，故其传尤远。

语言是用来记录事情的，文采是用来修饰语言的，事情记录得真实可靠，语言又兼备文采，这样的文章才能流传于后世。

【解读】

作者认为，好文章需要具备两个原则，一是把握好语言，用实事求是的语言去记录事情；二是要具备文采，文采用以对语言进行修饰，能够提升文章的可读性和鉴赏价值。这是欧阳修自己对写文章的体会，具备这两个因素的文章，才能经得起历史的考验，才能做到经久不衰。

文章切忌参死句

【经典】

出自（南宋）陆游《赠应秀才》

过宋不见元城公，渡淮不见陈了翁；当时人人皆太息，至今海内倾高风。老夫七十居乡县，龌龊龙锺何足见；辱君雪里来叩门，自说辛勤求识面。我得茶山一转语，文章切忌参死句。知君此外无他求，有求宁踏三山路？

文学作品最忌讳的就是刻板地去模仿前人的句子。

【解读】

作者认为，做文章应该讲求一个"活"字，如果把问题看得太死，或只是在钻研前人的作品后进行模仿，那么文章就会失去吸引人的魅力。好的文章，能够引发人的共鸣和思考，其关键之处在于保持"活"，也就是保持创新和发展。前人的文章再好，语句再妙，毕竟是他人的作品，也已成过去。我们能够参考，但不能生搬硬套，要注重创新，保持文章的活力。

炼句不如炼字，炼字不如炼意，炼意不如炼格

【经典】

出自（南宋）魏庆之《金针诗格》

诗有四炼：一曰炼句。二曰炼字。三曰炼意。四曰炼格。炼句不如炼字；炼字不如炼意；炼意不如炼格。

锤炼句子不如锤炼字词，锤炼字词不如锤炼意境，锤炼意境不如锤炼风格。

【解读】

这句话旨在强调创作诗歌要形成独特的风格。写诗有四个方面需要千锤百炼，一是句子，二是字词，三是意境，四是风格。然而这四个方面于诗歌的重要性来说，并不是并列的。诗歌的句子再工整，也不如诗句当中有美妙恰当的字词重要；字词的使用再美妙，也不如意境那般扣人心弦；而意境再美，也比不上形成诗词独特的风格重要。对于诗歌而言，内容第一，有了充实的内容需要以精美的形式搭配，但最关键的，是要锤炼其独具匠心的风格。

闭门觅句非诗法，只是征行自有诗

【经典】

出自（南宋）杨万里《下横山滩头望金华山》

山思江情不负伊，雨姿晴态总成奇。

闭门觅句非诗法，只是征行自有诗。

关起门来寻觅诗句不是创作诗词的方法，只有出门远行才能写出好诗。

【解读】

这两句诗的意思是：关起门来冥思苦想的作诗是不行的，其实在那辽阔的大自然中，在那山程水驿中，便有不尽的素材等着诗人去吟咏。这首诗是诗人对自己的创作经验的总结，他认为：大好河山为创作者提供了无限的灵感和素材，而一味地闭门造车，只会故步自封，不是值得提倡的创作方法。

但写真情与实境，任他埋没与流传

【经典】

出自（明）都穆《学诗》

学诗浑似学参禅，语要惊人不在联。但写真情并实景，任它埋没与流传。

只要抒发真实的感情，反映实际的情况就可以了，不管这些作品是被历史埋没还是能够流传后世。

【解读】

作者认为，诗歌是否能够流传于后世是不确定的，但是怎么去创作诗歌则可以由诗人决定。如果创作诗歌抱有功利的目的，希望自己的诗歌能够流传久远，可能会因此刻意去追求一些过分华丽的形式或内容，因而无法创作出能够真正打动人心的诗歌。所以，作者提倡创作只要能够反映出真实的情况，能够表达自己的真情实感就可以了，用端正的态度去创作，而不要过于关注诗歌的命运如何。

才生思，思生调，调生格。思即才之用，调即思之境，格即调之界

【经典】

出自（明）王世贞《艺苑卮言》

古乐府选体歌行，有可入律者，有不可入律者，句法字法皆然。惟近体必不可入古耳。才生思，思生调，调生格。思即才之用，调即思之境，格即调之界。

诗人的才气产生了构思，构思产生了格调，格调形成了作品风格。也就是说，构思是人的才气发生了作用，格调是构思所形成的风貌，而风格则是格调所提升的境界。

【解读】

这句话阐述了诗歌创作艺术的四种因素之间的关系。作者认为，诗人的才气是作品格调的基础，离开才气，无所谓作品的格调，或是说风貌、意境。他又认为，“思即才之用，调即思之境，格即调之界”，即艺术构思是才气的使用，风貌决定艺术构思的意境，品格决定作品风貌的差异。从才思来谈格调，就进一步深入到艺术意境的探讨了。王世贞在评论晋代阮籍《咏怀》诗提出：佳境应是“远近之间，遇境即际，兴穷即止，坐不着论宗佳耳”，也就是说，诗人完善的构思在适当境况下的表现就是意境，意境离不开才思，诗人创作时，要将一切素材融化其中，但又不能在作品中露出融化的痕迹。

物须见少方为贵，诗到能迟转是才

【经典】

出自（清）袁枚《箴作诗者》

倚马休夸速藻佳，相如终竟压邹枚。

物须见少方为贵，诗到能迟转是才。

清角声高非易奏，优昙花好不轻开。

须知极乐神仙境，修炼多从苦处来。

物品稀有罕见才珍贵，诗歌能够流传久远才能显示作者的才华。

【解读】

袁枚是乾嘉时期代表诗人之一，与赵翼、蒋士铨二人被合称为“乾嘉三大家”，又与赵翼、张问陶二人被合称为“性灵派三大家”，他提倡“性灵说”。袁牧对于诗歌的看法是，要经得起岁月的洗礼和考验，才能体现出诗歌的魅力和作者的才华。那些因为某些原因受到短时间欢迎，但是时间长了被逐渐淘汰的作品，只能说明作品本身经不起推敲。所以，评价一部作品，短时间看不出价值高低，要将其放在岁月的长河当中，让其接受时间和世人的考验。

都云作者痴，谁解其中味

【经典】

出自（清）曹雪芹《红楼梦》

满纸荒唐言，一把辛酸泪。

都云作者痴，谁解其中味？

众人都认为作者痴傻，可又有谁能真正理解书中的意味呢？

【解读】

这句话出自《红楼梦》。第一句是“满纸荒唐言”，为什么说它是“荒唐言”？作者选择了小说这样一个在古代不被广泛应用和接受的文体，本身就有几分荒唐。作者曹雪芹在小说里描写的一些情节，常常给人一种不太现实的感觉，颇有“荒唐”的意味，还有一些描述写出了家庭亲情的荒唐、人和人之间关系的荒唐。而“一把辛酸泪”则描写了除家道的衰落，人际关系的恶化以外，《红楼梦》中还表达了一种价值的失落。“都云作者痴”，“痴”在这里可以理解为执着，作者曹雪芹在作品当中体现出了其对于爱恨情仇的执着，也表达了他对于艺术的执着。《红楼梦》是一部被后人广泛阅读和评价的伟大作品，尽管不少人都研究它，不少人都参与评论，但是其中的意味又是否真的有人能懂呢？这就是最后一句“谁解其中味”的意思。

诗有天然物色，以五彩比之而不及，由是言之，假物不如真象，假色不如天然

【经典】

出自（唐）遍照金刚《文镜秘府论·论文意》

诗有天然物色，以五彩比之而不及。由是言之，假物不如真象，假色不如天然。如此之例，皆为高手。如“池塘生春草，园柳变鸣禽”，如此之例即是也。

诗歌能够描写事物天然的色彩，这是五彩所无法比及的。也就是说，虚假的事物不如真实的现象，虚假的颜色不如天然的色彩。

【解读】

作者认为，文学作品应当反映出事物天然的具象和色彩。自然万物的色彩是丰富多样的，而不是单纯地用“五彩”来指代。在作品中，应当更加形象生动地加以描绘，如果只是运用单调的描绘色彩的字词，那么颜色就不够真实，作品就会缺乏说服力和魅力。因此，作者认为，虚假的事物不如真实的事物，虚假的色彩不如天然的色彩。

句中池有草，字外目俱蒿

【经典】

出自（南宋）杨万里《和李天麟二首其一》

学诗须透脱，信手自孤高。

衣钵无千古，丘山只一毛。

句中池有草，字外目俱蒿。

可口端何似？霜螯略带糟。

诗句要清丽脱俗，信手拈来，倍具艺术美感，但在内容上也要充满忧世爱民之情。

【解读】

诗人杨万里是南宋吉州吉水人。宋朝时期江西地区的诗人汲取不少佛教禅宗的思想，并将其运用于诗歌的创作当中。诗人杨万里也不例外，这首诗从“透脱”和“信手”的角度出发，阐述了自己关于诗歌创作的见解。“句中池有草”，这一句源自谢灵运《登池上楼》诗中的名句：“池塘生春草，园柳变鸣禽。”杨万里之所以如此推崇谢灵运的这一联诗，主要是因为其具有独创性。“字外目俱蒿”这一句，源自《庄子·骈拇》有“蒿目而忧世之患”之说，后人用“蒿目”一词来比喻关心现实的政治社会。诗人杨万里认为，诗歌表现现实最好不要直说，而应该见之于言外，使读者看出其弦外之音。

文章最忌百家衣

【经典】

出自（南宋）陆游《次韵和杨伯子主簿见赠》

文章最忌百家衣，火龙黼黻世不知。

谁能养气塞天地，吐出自足成虹蜺。

渡江诸贤骨已朽，老夫亦将正丘首。

杜郎苦瘦帽擪耳，程子久贫衣露肘。

写文章最忌讳的就是从别人的作品中东拼西凑。

【解读】

这里所说的“百家衣”，原指过去父母为了让刚出生的孩子长命百岁而与各家各户讨要布料拼凑制成的衣服；这里用以比喻文章拼凑而成。作者认为，从他人的作品当中摘取出来的字词句子，尽管可能是比较好的素材，但是将所有的素材拼拼凑凑，为我所用，这样的作品没有作者自己的构思和原创性，是一种变相的模仿和抄袭，这种写文章的方法最为忌讳，写出来的作品自然也称不上深刻。

写出此身真阅历，强于钉饾古人书

【经典】

出自（清）张问陶《论诗十二绝句》

胸中成见尽消除，一气如云自卷舒。写出此身真阅历，强于饤饾古人书。

写出自己真正的生活阅历，比从古书经典中寻找典故堆砌的文章要强得多。

【解读】

这里的“阅历”，指的是创作者自己亲身经历过的事情，以及对阅历的理解、体会或收获。人的每一天都会接触到各种各样的事物，每一天都会进行各种各样的思考，这些都是生活阅历，都是创作灵感和素材的来源。

然而，许多博闻强识的创作者会从古书当中选择各种合适的典故，将其堆砌于自己的作品中。古书当中的典故和案例虽然都是很具代表意义的素材，但是经过历史长河的洗礼，被众多的创作者所引用过，缺乏新意，吸引力和可读性不强。而作者自身的生活阅历是独一无二的，而且能够饱含真情实感，将其写进作品当中，会使其充满新鲜感和活力，可以增强文章的魅力。